ARCHITECTURE
IN MODERN OSAKA

発掘 the OSAKA

酒井一光 著

青幻舎

酒井一光氏遺稿集の刊行に際して

酒井一光さんは一九九六年春、若くして大阪市立博物館に学芸員として赴任された。当時新たに建設される歴史博物館の計画を目前にしていた頃で、まもなくその展示計画に関わられ、二〇〇一年秋に大阪歴史博物館は特色の多い展示を整えて開館した。それ以来氏は歴博における建築分野の学芸員（二〇一三年春より主任学芸員）として資料収集と研究、様々な企画展示の推進の他、文化・教育活動においても多大な功績を残されてきた。

博物館を拠点とする酒井さんの活動は、館内に留まるものではなく、日本建築学会、日本建築協会をはじめとする種々の場での調査や研究にも広がり、専門的な領域における多くの研究成果を挙げられてきた。一方で歴博におけるシンポジウムや講演会、そして各地の近代建築を訪ねて現地講義を行うユニークな土曜講座「近代建築探偵団」の活動を一九九八年に始められ、歴史的建築や都市への関心を社会に広げる活動にも進んで取り組まれた。こうした様々な場で、筆者も酒井さんからよく声をかけられ、講演会や見学会の折々に出会いを重ねてきた一人であり、氏の誠実なお人柄に触れ、いつも熱く楽しげに語られる酒井さんの見事な語り口は夙に知られており、酒井さんのファンも各地に広がっていた。

そうした最中の二〇一六年末に病に見舞われ闘病生活に入られたが、他界される直前まで仕事をつづけられた氏の強い使命感には、驚きを禁じ得ない。その悲報より、年が明けた春、職場の有志、研究仲間が集い「酒井一光さんを偲ぶ会」があり、氏の様々なご業績と親しまれるお人柄について語り合い、早世した酒井さんを偲び交流した。そうした時を経て、歴博の澤井浩一氏、近畿大学の高岡伸一氏を中心に酒井さんと身近に並走してきたメンバーにて、氏の様々な「論考」「記録誌」より代表的なものを収録し刊行しようと「酒井一光遺稿集刊行委員会」（巻末に記す）を二〇一九年春に立ち上げた。

周知のように酒井さんの主著には、二〇〇六年に刊行された『窓から読みとく近代建築』があり、独自の視点で建物の特色と魅力を解き明かされた高著であるが、少し以前のものとなっている。つづいて多数の共著書、図録に収めた論考など、氏が残された遺稿、記事は膨大で、労作の研究論文はじめ多岐に亘るのである。そうしたなかで酒井さんの際立った仕事として、大阪を中心とする近代建築を様々に取り上げられた『大阪人』での評判連載記事「発掘ｔｈｅ ＯＳＡＫＡ」と、タイルに着目して近代建築とタイルの美に光を当てた『タイルの本』誌上連載「新タイル建築探訪」の二つのシリーズは価値高く、再読したいものとして第一に選出された。加えて、学術論文の類を集成した論集の刊行を合わせた三冊シリーズの刊行を目標としつつ、先ずはこれら二冊をまとめ、故酒井一光氏の三回忌を前に上梓しようと進めてき次第である。両連載のヴォリュームは膨大であったが、編集者の提案とスキルによってスマートな書物として蘇り、建築を捉える酒井さんの思いを伝える書籍として、読者の諸氏と酒井さんのご縁者にお届けできれば幸いである。なお、現在三冊目の論集刊行の途上にあるが、酒井一光遺稿集の刊行をご支援いただいた大阪歴史博物館、そして出版を引き受けて頂いた青幻舎の諸氏に深く謝意を表したい。

山形政昭（大阪芸術大学 名誉教授）

発掘 the OSAKA

目次

酒井一光著『発掘 the OSAKA』解題

ある建築がこの世から失われるのは、やるせない。そうであって欲しくないから、人に価値を理解してもらいたいと考えて、これがかつての地域や時代を象徴するから大事なのだと語る時がある。反対に、唯一無二だと言うこともある。つまり、有名な建築家による特殊な作品であることや、教科書に出てくるような史実の生き証人であること、ここにしか見られないデザインや素材について語気を強めて述べるのだ。建築を描く際に、それを一般性に帰結させる、あるいは、唯一性に回収するのはまとまりが良いやり方で、それなりの説得力も持つ。何か違うと思いながら、私もそんな風に言ったり、書いたりすることがある。

けれど、本書の酒井さんは、それとは違った伝え方があることを教えてくれる。著者の語り口は、それぞれの建築を単に当時の普遍性の代表とするものでもなければ、特殊性を強調するのでもない。それでいて、というよりも、それだからこそ、一つ一つの建築のかけがえなさが、読んだ人の心に宿る。タイトルの通りに、この本はたくさんの「発掘」に満ちている。そして最後に「the OSAKA」が見えてくる。なぜだろう。少し考えてみたい。

七十二の文章に通底しているのは「散策するような気分」である。そう思わせるものは何か。ここから述べる三点が、特に大きいのだと思う。

第一に、専門用語に頼っていないことがある。例えば、三手先、擬石、モダニズム…。建築の世界には、日常であまり使わない部位やつくり、あるいは概念を示す用語がある。不要なわけではない。それを使わないと大概、深い解説ができない。したがって、本書もそれらを用いている。ただし、説明となる文章を前後に補っている。著者は博物館の学芸員である。専門用語の普及を図ることは、その仕事の一つと言える。こまめな配慮の奥に、社会的な役割を静かに引き受けようとする実直な書き手の顔が見える。

ただし、強調したいのは、そこではない。本書の叙述は、読む人の腑に落ちる。文章が生きているからだ。建築を解説の束に腑分けするものではないのである。その代わりに、著者は実際に建築の内外を歩んで、言葉で編んでいく。編み糸のうち、最も太いものが「空間」であろう。

著者が生前に刊行した唯一の単著は『窓から読みとく近代建築』（学芸出版社、二〇〇六）だった。本書と同時出版されるのが『タイル建築探訪』（青幻舎、二〇二〇）だ。タイルに対する研究成果は本書の至るところに織り込まれている。窓に対する読解も同様である。ここで「28京町ビル」を例に出すのは、この改題を書いている今、解体中であるということからだけなのだが、やはりここでも、専門家ならではのタイルや窓に対する解説と愛着が描写に効果を上げていて、同じものが他にない建築が消滅してしまうことへのやるせなさも、読むと一層増すのである。

その上で、描出された建築がしっかりと建っているその中心には、空間があることに気づく。初めに外から見たビルの印象が語られる。その印象の出どころが壁面デザインの構成であることが、専門用語を避けて巧みに伝えられていく。続くタイルやテラコッタの解説で読者の目は細部にクローズアップされ、さらに内部へと誘われて、身体を圧迫するような安心感を太い円柱がつくり出している空間を抜けて、最後に上階の窓から街を眺めることで、先ほど外から建物を見ていた時の感覚と今の自分とを重ね合わせる。文章を通じて、読み手が空間を歩む行程（ジャーニー）が設計されているから、かけがえなさが身に染みるのだ。

　細部や様式や専門用語に耽溺しない著者は、意外にもモダニストではないかという思いは、たまたま直前に掲載されている「27 鶴満寺観音堂」でより強まる。こちらは和風である。しかも、建築として採り上げられることの乏しい近代の寺院であるが、書き手は困らない。関心の軸が「空間」にあるからだ。

「迷宮のような空間」という言葉によって、幼い頃の記憶が語られ、発掘する過程であるかのように内部を進み、文章には江戸時代からのの庶民信仰も、現代建築への連想も編み込まれている。建築を外からの専門用語や地域性・時代性で語って終わりではなく、読者の心の中に響くように描いて、それぞれの個性を明らかにしているのだ。記述の中心は空間にある。だからこそ、本書は専門の世界で分断されがちな第二次世界大戦以前の建築と以後の建築を一つに編み上げるという成功を、さりげなく達成している。

　第二に、本書の性格が散策に似ているのは、ふと人間に出会うからだろう。多くの文章を読み終えて印象に残るのは、途中に遭遇した顔である。冒頭の「01 高麗橋野村ビルディング」からしてそうだ。最終部に置かれているのは、竣工以来このビルで営業を続ける写真館について発掘された事実である。建築そのものには関係ないと思われるかもしれない。けれど、この記述が謎めいた建物のデザイン、それに設計者・安井武雄の個性と共振し、昭和初期という時代の大阪の空気を確かに感じさせる。

建築の専門書の多くには、ともすると建築の設計者しかいなかったりする。本書は違う。一例を挙げたい。「52 大阪中央郵便局」の本文中に、設計者である吉田鉄郎の名は登場しない。そのことがかえって、きめ細やかな設計を実現させた窓の製作者やタイルの施工者の姿とともに、設計者の固有の顔を浮かび上がらせている。村野藤吾の名を極力出していない「48 輸出繊維会館」についても同様で、ここに著者の姿勢を見るべきだろう。建築の価値を伝えるとき、建築家とよばれる人物の名に安易に頼らないのである。

その代わりに、本書は建築を実際につくった人々を描き出す。あるいは、それをつくらせた人を、受け継いできた人間を、喝采を送ったであろう市民を発掘する。設計者もそんな人間のひとりである。目の前にある建築は、その誰が欠けても存在していなかったものとして、取り替えが効かないのだろう。読者は、建築がいわば生きていることを、巧みな散策を通じて理解することになる。

第三に、散策の気分を高めているのが、まさに歩き回って発掘した感覚であるのは言うまでもない。通天閣近くの「07 ギャラリー再会」は、大阪発の建築イベント「生きた建築ミュージアムフェスティバル大阪」（イケフェス大阪）が二〇一三年に始まった頃から公開いただいている建物だが、これが建築家・石井修の若き日の秀作であることを突き止めたのは酒井さんだ。

発見の面白さを感じさせる文章は、他にもたくさんある。愛らしい木造駅舎の「11 阪堺電気鉄道」、モダン銭湯の「17 第二末広湯」、通り過ぎてしまいそうな「38 印度ビルディング」はタイルや窓などの専門知識を通じて輝き出し、「53 久金属工業株式会社」の小物の描写は映画か小説のようで、内部の空間を進んでわくわくさせられる点で「59 三津寺」も印象的だ。

改めて気づかされるのは、本書に収められた七十二の文章が、みな等価であることだ。先ほどは通常の書き手なら採り上げないと思われる建築の一部を列挙したのだが、それらに対しても、「44 阪急百貨店大阪うめだ本店」や「65 高島屋東別館」といった目立った建物に対しても、著者の向き合い方は変わらない。すでにある評価を借りることも、いまだかつてない発見だと自慢することもない。手が抜かれた文章は一つもないのである。それぞれにふさわしいルートで、建築を読者に散策させ、その固有性を実感させる。

タイトルに掲げられた「発掘」とは、そのようなものではないか。すなわち、目の前にある建築の中を進み、空間体験と史料から歴史をうがち、生き生きとした人間に出会うという一連の行程、一瞬の発見とは異なる研究が「発掘」と呼ばれるものであり、本書に刻まれているのは七十二の旅だ。

それらの総体が「the OSAKA」を描く。といっても、一つの全体ではない。あらかじめ用意されたような「大阪」ではないのだ。「12 小林新聞舗」の中にある平野、「16 NTT西日本研究センタ 万国博記念体育館」が象徴する都島区、「39 貞徳舎」に見る歴史的な寝屋川、「40 イトーキ船場ビル」から雄大に語られる中世主義の船場、「47 中西金属工業」の天満や「61 大阪信愛女学院本館」の川口などはもっと微細で、確かな、その建築からたどらないと分からないような地域性であり、たどれば分かる歴史性である。

地域や時代をまとめて象徴することが建築の価値なのではない。同時に、どの建築も孤立したものではありえない。私たちも知らない私たちへと通じる、それぞれの具体的な行程であるから、失われてはならない。安定した情熱、つまりそれは建築と社会に対する誠実な献身ということなのだが、それを示す本書には、そんな思想が流れているように私は思う。

とはいえ、建築は消えゆくことがある。しかし、それぞれの建築が明らかにしてくれたものは、残っている。総体へと通じる行程は、本書に収められている。いつでも文章でたどることができる。建築の価値を見つけ、残したいと思う私たちを、ずっと助けてくれる。七十二の文章はどれも酒井さんにしかなし得ない旅だが、開かれた性格と表現の巧緻を通じて、ここに公共的なものとなった。彼の両足の運びが、双眼の動きが、脳内の閃きが、本書に生きている。

倉方俊輔（大阪市立大学 准教授）

OSAKA BOOK

01

高麗橋野村ビルディング

東洋のアール・デコ

角っこの曲面は御堂筋のガスビルと重なるイメージがある。

三越の前から見た堺筋に面する外観周囲ビルや町家とは異質で、「東洋風」と呼ばれることが多い。

所在地｜大阪市中央区高麗橋2-1-2
竣工年｜昭和2年（1927）
設　計｜安井武雄
施　工｜大林組
構造・階数｜鉄骨鉄筋コンクリート造
地上7階、地下1階
（ただし7階部分は増築）

内部見学不可。

堺筋の異彩

堺筋に面してひときわ異彩を放つビルがある。町家でも現代のオフィスビルでもなく、洋風建築でもない。なんと形容していいかわからない。強いていえば「東洋風」だろうか？　この高麗橋野村ビルディングのある堺筋は明治三十年代に拡幅された。昭和初期の御堂筋拡幅以前は、大阪のメインストリートといってよい。しかも北浜から高麗橋は大阪随一の金融街である。また近くには三越大阪店も偉容を誇っていた。三越より小ぶりとはいえ、地上六階建てだったこのビルは、高さばかりでなく、デザイン的にも異色の存在だった。

デザインを見る

黄土色の外観と見慣れない意匠がこのビルのわかりにくさだが、デザインを順番に読み解いていこう。建物は南北に長く、逆に奥行は薄い。大阪の伝統的な町家の敷地をイメージさせる。外観には各階の境目に斜めにせり出した水平な帯が走っている。もしこの帯がなかったら、建物の印象はメリハリのないものになってしまっただろう。角が丸っこくなっているのも特徴だ。

アーチには特注の黒焼き物が使用されている。ここから見えるエントランスホール天井の立ち上がり部分も緩やかに曲面を描いている。

八角形のエントランスホール床の十二支の文字盤は方位を示す。中心から旋回するストライプ模様や天井の照明器具はアール・デコ風のデザイン。

各階の窓の下を走る帯には、すべて特注の瓦が並ぶ。等間隔に並ぶ窓のデザインにも注目。

エントランスホール壁面の茶褐色のタイルは15.2cm×6.3cmが基準サイズ。設計者・安井武雄がタイルの割付に苦心した様子がうかがえる。

しかしこの角っこをよく見ると不思議な魅力がある。全く印象は異なるが御堂筋のガスビルがこうした角の丸みを持つ。さて、近寄ってみるといっそう不思議な印象がある。茶色いタイルと、何よりも入口の門松のような装飾が目に付く。しかも最上部は三日月形をしている。こうした装飾は何に由来するのだろう？

八角形のエントランスホールに一歩足を踏み込むと、まず郵便受けと床の模様に目がいく。郵便受けは各階から投函できるようになっていた。今でも残っているものは数少ない。さらに注目すべきは床の文様だ。中心の方位をあらわす十二支の文字盤はもちろん、周辺の黒と白のストライプにも注目してほしい。中心から旋回するように配置されている。さらに黒と白の帯の間には五ミリほどの金のラインが入っている。設計者は非常に細かいパターンまで計算していたことがうかがえる。この文字盤の中心に立つと、なんだか世界の中心にいるような気分になる。

アール・デコ

このビルのデザインは「東洋風」と形容されることが多いが、「〜様式」と呼ぶのは難しい。強いていえばアール・デコと言えるだろう。アール・デコ（装飾芸術の意）は一九二五年四月二十八日から十一月八日にかけてパリで開催されたアール・デコ博覧会に由来する。このビルの竣工は一九二六年で時期的にもちょうどよい。ジグザグ模様の照明、床のパターン、角っこの曲面など、意匠的にもアール・デコ建築の特質の多くを備えているといえよう。高麗橋にあって、世界的な流行を取り入れ、かつ東洋風という地域色、時代色を濃厚に出した建築である。

小川月舟写真場・待合室　創業時からある写真場。ポートレートを得意とした小川月舟は野村徳七らの肖像写真も手がけていた。

設計者・安井武雄

さて謎めいた魅力に満ちたデザインであることを紹介したが、その設計者は安井武雄という人物である。彼は明治四十三年（一九一〇）東京帝国大学卒業後、満州にわたり、その後大阪で活躍した建築家である。先ほどみた入口の門松状の装飾は満州時代の経験によるものだと指摘する人もいる。安井は大阪で片岡建築事務所に所属したが、野村徳七に才能を買われて独立した。野村徳七は野村銀行の創設者で、得庵の号を持つ数寄者としても知られていた。高麗橋野村ビルの設計もその縁があったのだろう。後に安井はこのビルの六階に事務所を構えていた。ガスビルもまた、彼の六年後の作品である。

創業以来の写真場

高麗橋野村ビルは現在でも偉容を誇っている。竣工以来、このビルの中で営業を続ける写真館がある。小川月舟（げっしゅう）写真場である。元は三階で営業し、昭和五十年代に六階に移転したが、店の雰囲気は往事をよく伝える。小川月舟は明治から昭和初期にかけて活躍し、肖像写真を中心に多くの作品を残した。現在の写真場代表・田中栄太郎氏によれば、月舟野村徳七の肖像写真を手がけた縁でここに写真場を開設したという。

アール・デコの隠れた名作には、近代大阪の歴史を物語る人々の歴史が今も息づいている。

初出
『大阪人』二〇〇二年五月号（第五十六巻五号）

ターミナルの面影を求めて

天六阪急ビル

天六のランドマーク

地下鉄、阪急の天神橋筋六丁目駅をあがったところに七階建の目立つビルディングがある。「あの建物はいったいなに？」と思った方は案外多いかもしれない。一階にはスーパー・阪急共栄ストアや銀行が入っているが、上の方はオフィスビルだろうか？　裏側に回り込むと、ますます不思議な光景が待ちかまえている。二階から飛び出した駐車場の存在感がひときわ目をひく。いったいこの建物の正体はなんだろう？

所在地｜大阪市北区天神橋7-1-10
竣工年｜大正15年（1926）
設　計｜渡辺節建築事務所
施　工｜大林組
構造・階数｜鉄骨鉄筋コンクリート造
地上7階、塔屋付
屋根形式｜陸屋根

現存せず。

正面外観　外装材は変わり、一部増築が見られるが、竣工当時の堂々とした雰囲気は変わらない。側面最上階に3つごとにならぶリズミカルな半円アーチ窓の配置に注目。

北摂、京都からの玄関口

　大正から昭和の初めにかけて大阪市内にはオフィスや工場が建ちならび、通勤に便利な郊外にも住宅地が形成された。阪神間や堺などとならび、市内への通勤に便利な千里山、吹田、茨木、高槻も郊外住宅地として発展するようになる。これら北摂地域、そして京都から大阪への玄関口が天神橋筋停車場、つまり現在の天神橋筋六丁目駅だった。いま訪れると駅から直結していないのでわかりにくいが、この天六阪急ビルこそ、北摂、京都と大阪を結んだ新京阪電鉄のターミナルビルディングである。

　新京阪が開業したのは大正十四年十月十五日。はじめは天神橋―淡路の短い区間だったが、大阪で初めての高架鉄道であった。この開業により、市電や阪神北大阪線への乗り換えの

ホームの跡　2階には大阪初の高架の鉄道が発着するプラットホームがあった。現在も北側からみると5スパン分の電車の出入り口が確認できる。

便利な天六がにぎわいを見せるようになる。そしてこのビルディングの竣工は翌十五年のこと。同年にやはり七階建の大軌（現・近鉄）上本町停車場も完成し、大阪の北と南にそれぞれ巨大ターミナルビルが出現したのである。

　さて、新京阪は昭和三年一月十六日には淡路―高槻間、同年十一月一日には高槻―西院間が完成し、昭和六年三月三十一日には四条大宮まで直通で結ばれた。北摂、京都からの玄関口として天六はますます発展してゆく。戦時中の昭和十八年、新京阪は京阪神急行（現・阪急電鉄）に合併され、新たに阪急としての歴史がはじまった。このビルディングも大阪の玄関口として発展する天六にふさわしい格式を備えたものだった。それではこの天六阪急ビルの正体を探ってみよう。

スケールと構造技術

　まず建物のスケールに注目したい。今でこそ七階建というのは珍しくないが、当時としては市内、あるいは全国を見まわしても、かなり大規模なビルだったといえる。時は関東大震災が起こった直後。鉄骨・鉄筋コンクリート造という、地震国日本で当時開発途上にあった最新の構造技術が用いられた。こうした技術が大規模な高層建築を可能にした。このビルの設計者が渡辺節（せつ）と聞いてピンときたら、かなりの建築通であろう。渡辺節はアメリカンスタイルのオフィスビルを得意とした建築家で、同時期に中之島の大阪ビルディング（ダイビル本館）を設計している。彼の設計の特徴は機能的なプランニングと、要所に重点的に配した豪華な装飾にある。

　天六阪急ビルでは残念ながら竣工時の外観はわずかしか残っ

7階装飾　廊下の突き当たり2カ所にある。円弧など幾何学的な形態を組み合わせたもの。

大階段細部　雄大な階段であるが、細部を見ると手すりのカーブ、石材やタイルの組み合わせなど、非常に凝った意匠。

7階廊下　どの階の廊下もゆったりとして天井が高い。柱の本数や太さは標準的だが、天井を見上げると通常より多くの梁（水平の構造材）が見られ、丈夫な構造であることがわかる。

ていない。最上階の半円アーチ窓と各階の三連の縦長窓（三つがひとつのまとまりに配置された窓）が当時をしのばせる。しかし当初は正面二階部分に大アーチの架かる華麗な建築だった。

時代先取の内部空間

内部をみてみよう。一階の阪急共栄ストアから二階にかけて、西側の大階段が当時のまま残っている。高架鉄道であったため、ホームも二階にあった。当時もこの階段が大阪への玄関口の役割を果たしていたのであろう。

南側外壁と塔屋　塔屋の最上部には竣工当時のままロンバルディアバンド（半円アーチの連続した装飾帯）が残る。

ホームのあった二階は当然、階高が高いが、ほかの階も同時代の建築にくらべ階高が高く、廊下もゆったりしている。当時、役員室があったという最上階の廊下の突き当たりにはユニークな装飾が残されている。

階高、廊下の広さなど、現代のオフィスビルと比べても引けを取らない設計、要所要所に施された華麗なデザインや装飾。ターミナルビルとしての役割が終わった今も、オフィスビルとして十分機能しているのは、建設当初の質の高さと行き届いた管理によるものだろう。地下鉄が開通し、駅が地下になった今、駅から直接このビルに入ることはできなくなってしまった。しかし北摂、京都からの玄関口としての顔は、いまもその存在感を示している。

初出
『大阪人』二〇〇二年六月号（第五十六巻六号）

窓と煙突　窓枠は外壁からわずかに外に飛び出している。煙突は地下のボイラー室につながり、冬季は暖房用に使われている。

北東側のエントランスホール　写真右手の天井から一直線に伸びる筒は各階から手紙を投函するメールシュートだが、いまは使われていないという。

OSAKA BOOK

03

ビルディングの醍醐味

大阪農林会館

控えめな細部の力

一歩足を踏み入れたとたん、懐かしい雰囲気に誘われる。もちろんこのビルに初めて入る人であっても、そうした思いを抱くかもしれない。

北東側の入口は決して派手でも、大きいわけでもない。作り込まれ、使い込まれているが、汚れたところがない。この時代のビルの例に漏れず、さまざまな素材が使われている。その中でもタイル。入口の重厚な扉の脇には布目状の褐色タイルがある。床に使われている七十五ミリ角のタイルは四枚一組になり、格子柄を描く。エレベータのあるエントランスホールはその面積に比して天井が高く、階段が「コ」の字を描きながら取り囲んでいる。もちろん階段の手すり、踏面（ふみづら）（階段の水平な面）など、派手ではないが手が込んでいる。当たり前の細部の寄せ集め、しかしそれらの集積がみごとな調和を見せている。

ゆとりの内部空間

二階から五階にはさまざまなテナントが入っている。最近、レトロビルという言葉をよく耳にする。一九二〇年代から六〇

所在地｜大阪市中央区南船場3-2-6
竣工年｜昭和5年（1930）3月27日
設　計｜三菱合資会社地所部
施　工｜大林組
構造・階数｜鉄筋コンクリート造
地上5階、地下1階、塔屋付
屋根形式｜陸屋根

南東から見た外観　1階正面の斜めになったところが、当時のメインゲート。いまはスーパーになっている。上階への入口は東側奥（写真右手奥）にある。

金庫の扉　2階から4階の廊下には三菱商事時代の名残の金庫がある。扉は厚さ20cm、裏側には「大日本東京大倉製」のマークがある。

階段手摺　踊り場の親柱は横長のプロポーション。渦巻き紋などをモチーフにした装飾が見事。

年代頃の古いビルに、若い世代を中心とした新しいテナントが入居することがブームになっている。このビルもそうした流れのひとつだが、ちょっと印象が違う。レトロビル人気の背景には高い天井、いまのビルには見られない重厚さや細部の凝ったつくりがある。このビルはそうした条件を満たしながら、なお違った魅力がある。それは内部が非常にゆったりとしていることによるのだろう。南船場という場所で、この贅沢さは現在では得難いものである。この「ゆとり」は広さだけでなく、内部の八角形の柱、緩やかなアーチの心地よい曲線、そして幅広い窓にも起因している。

窓の建築

　窓、それは建築にとってもっとも大切な部分といってよい。大阪農林会館の窓は一見、特徴がない感じがする。しかし昭和五年当時の他のビルとくらべると、窓の幅が広い。おそらく同時代の通常の窓にくらべ、幅が一・三倍近くあるのではないだろうか。そのことは、小さなことに思えるが、その結果、広い室内には明るい外光が贅沢に射し込んでいる。

　窓の形態は当然、外観にも影響している。やはり最初は平凡な外観に思えるが、窓の比率が他の建築と比べて際だっている。さらに驚くべきことは、この時期の建築の窓は外壁から奥まったところにあり、彫りの深い外観になることが多い。しかしこのビルでは窓枠が壁面より、わずかながらせり出してついている。そのため壁の表面が平坦な印象になり、今日のビルに近いものになっている。

5階廊下　5階の廊下や各部屋には天井の装飾がよく残っている。八角形の柱、その上の緩いアーチにも注目。

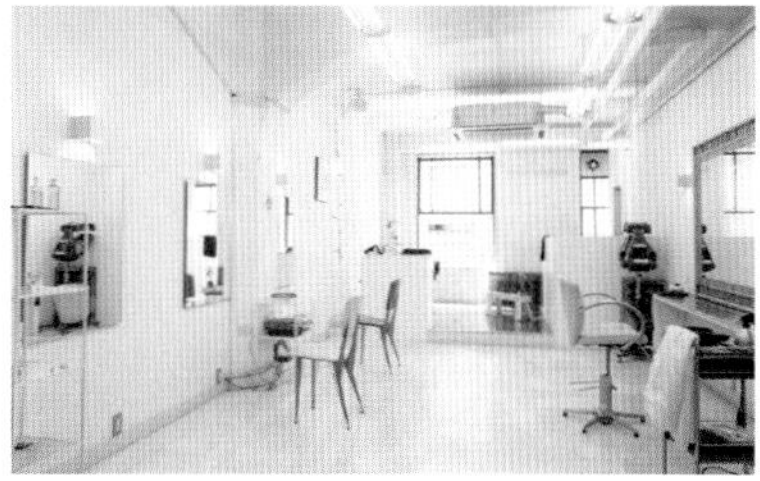

2階美容室「reju hair」　各階の部屋はゆったりとして広い。内装を白でまとめたこの美容室は大きい窓から射し込む光が鮮やか。

土佐稲荷神社　屋上に南面して祀られている。毎月16日に西区北堀江の土佐稲荷神社からお祓いに来る。

ビルの魅力

ところでこのビルは当初、何だったのだろうか。実は当時の玄関は三休橋筋と安堂寺橋通りの交差する南東面にあった。現在、ここはスーパーマーケットの入口で、その中は柱が林立し、緩やかなアーチが飛び交う大空間になっている。実はこのビルはかつて、三菱商事大阪支店だった。スーパーのある一階は営業室だったのだろう。そういえば各階の廊下に唐突に思える大きな金庫扉があることも、もとが三菱商事と聞けば謎が解ける。

そのことに留意して振り返ると、確かに広々としたゆとりある空間も納得がいく。このビルの本質は凝った装飾や外観でなく、明るく広々とした快適な執務空間を追求して設計した点にあるといえるだろう。階段や廊下も派手ではないが、落ち着いたこだわりがある。

梵寿綱（ぼんじゅこう）という建築家がいる。さまざまな職人や芸術家との共同により、装飾性あふれる建築を得意とする。彼は自分が設計したビルに「美留（びる）」という当て字を使っている。大阪農林会館は、作風こそ異なるが、まさに美を留める「美留」という文字で表現したくなる建物である。

一見普通。しかし控えめながらこだわりある細部と空間は、見れば見るほど味わいがあり、まさにビルディングを楽しむ醍醐味を教えてくれる建物といえるだろう。

※梵寿綱：一九三四年東京生まれ。「梵寿綱と仲間たち」として、芸術家、職人とともに独自の世界観に基づく装飾的な建築を制作する。代表作に「マインド和亜」、「ムンディアアニムス」など。

初出
『大阪人』二〇〇二年七月号（第五十六巻七号）

OSAKA BOOK

04

がんばる王道派建築

岩出建設株式会社大阪本店

外観　銀行らしい重厚な外観。細部装飾も本格的である。対称性を強く意識しているが、実際は左手のみなと通り側がひとまわり大きい。右手奥は増築部分。

所在地｜大阪市西区千代崎2-25-9
竣工年｜大正9～10年（1920～21）頃
設　計｜三菱合資会社地所部
構造・階数｜鉄筋コンクリート造 地上3階、一部地下1階
屋根形式｜陸屋根

現存せず。

みなと通りのもと銀行建築

国道一七二号線「みなと通り」。当時の大阪の海の玄関口・築港から旧川口居留地を経て市内中心部を結ぶ道である。明治三十六年に開通し、同年、大阪最初の市電もこの道を通った。西区千代崎周辺のこの通り沿いには、いまも銀行が多い。今回紹介する岩出建設大阪本店もそのひとつ。大正九～十年頃、三菱銀行九条支店として建てられたものだ。

大阪は「経済都市」といわれてきた。しかし市内にはそれらを象徴する建造物、例えば近世の両替商の建物はすでにない。また戦前の銀行建築は両手の指の数ほどし

正面玄関　正面玄関はかつて市電九条停車場のあった交差点に面している。両脇の柱は円柱、下の方には溝彫りがみられる。

か残っていない。銀行といえば近代建築の王道を行くものが多い。都市のメインストリートを飾ってきた銀行建築が次々と姿を消す中、岩出建設大阪本店が堂々と構えている様は、何とも頼もしい。

見どころ満載の外観

交差点に面して四十五度にふった西側を正面とする。対称性を意識した石造風の外観。この威厳に満ちた表情は、顧客の信頼を重視する銀行や証券会社の建築にふさわしいもの。もとは二階建であったのだろう、二階まででひとつの完結した形になっている。外壁を眺めると、一階部分は粗い石積み、二階部分は平坦で、全体にどっしりと安定感がある。

正面入口の両脇には円柱がある。柱の上部、柱頭（ちゅうとう）と呼ばれる部分は渦巻き型の装飾がつくイオニア式。その上には水平の部材がのり、さらに三角形のペディメントがある。その両脇にはアクロテリオンとい

増築部分の照明器具　東側（右手）の増築部分は壁面が1、2階とも平坦な仕上げ。増築当時の照明器具がアクセントになっている。

みなと通り側の入口　柱は角柱で、装飾もやや省略が見られる。正面玄関に対して幾分シンプルなデザイン。

う装飾がある。入口としては上等なものだ。玄関の上、二階窓も中央に三つの窓をまとめて配しておりバランスがよい。

みなと通り側にも入口がある。正面と異なるのは柱が角柱の付け柱であることや、アクロテリオンを省略していること。正面に対してやや控えめな意匠にしている。

これらのまとまりの良い構成をみると、銀行建築に習熟した建築家の手になったことがうかがえる。

銀行から建設会社へ

岩出建設株式会社は昭和十三年、岩出組として創業した岸和田市に本社をおく総合建設業である。昭和二十九年に再建された岸和田城の施工も手がけた。大阪営業所の開設は昭和三十三年のこと。もと三菱銀行九条支店のこの建物を入手し、利用している。

さて、建物の中に入ってみると銀行の面影が良く残っていることに驚かされる。戦前の銀行の多くは高い吹き抜けの営業室とその手前の待合いスペース、両者を隔てるカウンターが特徴である。

ここでも玄関を入ると、待合いスペースとカウンターが面影を留めている。営業室は当時吹き抜けだったが、今は二階に床を張り事務室としている。おそらく当時、吹き抜けの営業室を囲んで二階周囲にギャラリーがめぐっていたのだろう。一階から見上げたときのギャラリー部分の天井が当時のまま残っている。

二階に上がると、大きな五角形の事務室がある。部屋の広さにくらべ、天井があまり高くないが、これは一階から続く吹き抜けをふさいで部屋にしたためである。

三階部分は戦前に増築された部分で、一、二階の壁面からやや後退したところにある。内装などは時代に応じて変化しているが、会長室の応接セットなどが当時をしのばせてくれる。また今は使われていないが、もと「電話交換室」だった部屋もある。

1階待合いスペース　銀行時代の待合いスペース。左側天井を見あげると、かつてギャラリーだった部分に昔日の面影が残る。営業室上部はかつて吹き抜けだった。

2階事務室　銀行の吹き抜けの営業室に床を設けて事務室とした。交差点に面したこの部屋は、5角形をしている。

3階会長室に面した屋上　左手の突起は正面最上部の装飾の裏。右手には昭和初年に完成した宇川病院がみえる。このあたりは往時の繁栄を偲ばせる建築が多い。

金庫室　重厚な扉と内側の格子戸。戦後に新しくしたものかもしれない。扉裏側に「Kumahira　Safe Co. Inc.」のプレートあり。

見落とせない設備

デザインばかりでなく細部もおもしろい。古いディテールがよく残っている。例えば玄関の鉄扉、窓の戸締まり金物やシャッターボックス、背面の窓の防犯用の鉄格子、内部のスチーム暖房器具などである。また大きなものでは一階のクマヒラ製の金庫がある。もちろんすべてが当初というわけではないが、現在では見られないタイプのものが多い。その多くは銀行時代の高い防犯性を備えたものという点も興味深い。

建設会社になった今も、堂々とした風格、銀行らしい空間と細部を残す銀行建築の王道をいく建物だ。

初出
『大阪人』二〇〇二年八月号（第五十六巻八号）

05

軒の曲線と窓　普通の家の屋根との違いがわかりにくいが、よく見ると微妙なカーブが多用されている。

遊び心ある曲線・芸術家父子の家

日髙邸（旧光写真館）

所在地｜大阪市東住吉区南田辺
竣工年｜昭和11年（1936）
設　計｜日髙卯三郎
構造・階数｜木造　2階
屋根形式｜［旧写真館］切妻造
平入スパニッシュ瓦葺
［座敷部分］入母屋造桟瓦葺

内部見学不可。

異彩をはなつ写真館

長居公園の北、山阪神社のあたりは昔ながらの住環境がよく残っている。区画整理された一直線の広い道、昔のままの曲がりくねった道がぶつかり合うのもこの辺り。神社の杜（もり）、下町と山の手の雰囲気がともに感じられる魅力的な場所だ。

かつてこの近くの商店街を歩いているとき、古い日覆いを見つけて驚いたことがある。商店街といえば今ではアーケードが中心だが、昔は日覆いの白い幕だった。今でもビニールシートになったものはたまに見かけるが、昔ながらの竹とロープ、白い幕を使った日覆いが健在なのにはびっくりした。

さてそんな町並みに一軒、風変わりな建築があり気になっていた。通りに面した大きな格子状のガラス窓、これは戦前の写真館によく見られるスタイルである。しかしそのほかのデザインは非常に個性的。おもわず「頑張っているなあ」と独り言がでてしまいそうだった。

設計者はゴールキーパー

設計したのはこの光（ひかり）写真館の主人、日髙卯三郎（うさぶろう）。彼の活動範囲は幅広く、関西中等学校、明星高等学校時代はサッカー部に所属。ゴールキーパーとして活躍し、そのプレーと研究熱心さは今も後輩

遠目にもよく目立つのは、個性的なデザインとならんで階高が非常に高いため。奥の座敷の2階にくらべ、ひときわ高い表側の2階をこの家では「3階」と呼んでいる。

もと写真館内部　四角い部屋ではなく、随所にカーブ、段々状の壁が使われ、豊かな表情を生み出している。外光の射し込む大ガラスと垂直に梁がのびる。

もと写真館のガラス面　当初は床面まで大型の格子状ガラスがはまっていたが、昭和60年代に現在のように下半分の格子をなくし、大きなガラス面とした。

たちの語り草になっている。また写真以外でもさまざまな芸術分野に精通していたというが、建築家でない彼が設計したと聞いたら驚くほど、この建築は新奇性に富んだデザインである。とりわけ外観意匠にそのことは現れている。

まず気づくのは入口の大胆な構成だろう。向かって右側には円弧の曲線とそれを受ける太い円柱が構える。緩やかさと、どっしりとした安定感がある。いっぽう左側は四角く段々状に切り欠いたシャープな印象。その上部の庇に着目すると、強い反りの曲線を持っている。また入口左手の格子のガラス面は当初床まで続いており、非常に大きな面積を占めていた。これらの多様な要素は一見するとバラバラに見えるが、黄色いタイル面に白い縁で表現され、全体でひとつのコンポジションの絵画を見るようなまとまりがある。

二階の軒にも注目してほしい。二階は一階にくらべると平凡に思える。しかし通常は一直線であるはずの軒の両端が反り上がり、中央も山形のふくらみを持つ。まるで城の千鳥破風や唐破風などの軒の曲線を意識して、自分流にアレンジしたかのようだ。

表現主義とは一九一〇～三〇年代、ドイツを中心に世界的に見られた建築を含む造形の潮流で、自由で流動的な造形、とりわけ曲線を多用した建築を特徴とした。この家はそうした影響を受けた建築家の設計といわれてもおかしくない。だが建築家ではない彼だからこそ、より自由になれたのかもしれない。

写真館からアトリエに

入口を入ると天井の高い写真館だった部屋がある。天井は梁を露出したデザインで、当時の日本でもチューダー様式の住宅に多く見られたもの。ここでは部屋の広さに対してたくさんの梁が使われているため、リズミカルな印象を受ける。当時のまま残る窓にも彼独

座敷への玄関　こちらは一変して純和風の玄関。しかし細部の木の割付などに、設計した日高の遊び心が垣間見られる。

もと写真館の窓　下部は両開き、上部は中軸回転式の窓。デザインばかりでなく開閉方式にも変化を持たせている。

アトリエの和室　この部屋で日高正子さんの日本美術院出品作が制作される。また近所の人たちに絵画教室も開いているという。正面床の間の床柱や落とし掛けはゆるやかに曲がった竹が用いられている。

特の曲線が見られる。卯三郎は昭和二十二年（一九四七）四十三歳の若さで他界、その後は娘の正子さんが住居兼アトリエとしてこの家を使っている。正子さんは芸術家の父の血を引き、日本画家として活躍中の日本美術院特待画家。毎年大作をこの家で制作している。もと写真館部分には現在、正子さんが手がけた作品群がならび、創作活動は奥の和室で行っている。

和室にみる遊び心

もと写真館側の入口とは別に、奥の和室に通じる入口が左手にある。こちらは洋風の写真館とはがらりと変わり、門、露地、玄関からなる落ち着いた和風の構成である。敷地奥の床の間のある二間続きの和室には机がならび、ここが現在のアトリエになっている。正面にある床の間は写真館の外観同様、微妙な曲線を描く竹が用いられている。伝統的な座敷の中にも、卯三郎の遊び心が効いている。このカーブこそ、和洋の併存するこの家のデザインを統一する要素といえるかもしれない。

「作品が家から影響されることはありません」とは画家として活動する正子さんらしい言葉であるが、父の設計した空間には芸術家を生みだす空気が宿っているように私は感じた。

初出
『大阪人』二〇〇二年九月号（第五十六巻九号）

OSAKA BOOK

06

本願寺津村別院

モダニストの法隆寺

門の見上げ　柱、垂木（たるき）などすべての構成材がコンクリートである。上部の三角形の部分は扠首（さす）とよばれ、法隆寺回廊などに見られる。コンクリート表面の型枠（かたわく）跡の仕上がりの美しさに注目。

御堂筋の隠れた名品

「灯台もと暗し」という言葉があるが、建築とはまさにそんなものだと思う。御堂筋を行き交うひとは多い。御堂筋の名の由来が津村別院と難波別院の両御堂によることを知るひとも多いだろう。しかし、その建物を正確に思い浮かべることができるひとがどれくらいいるだろうか。今回は御堂筋の顔、両御堂のひとつ、北御堂・浄土真宗本願寺派津村別院を取り上げる。

　この建物がわかりにくいのも無理はない。御堂筋に面して石垣があり、階段を上って門をくぐると

所在地｜大阪市中央区本町4-1-3
竣工年｜昭和39年（1964）
設　計｜岸田日出刀（岸田建築研究所）
施　工｜清水建設大阪支店
構造・階数｜鉄筋コンクリート造
地上5階、地下1階
屋根形式｜［本堂］宝形造本瓦葺
［門］切妻造平入本瓦葺

本堂から見た門　一直線にのび、軒反（のきぞ）りは両端部にわずかに見られるのみ。瓦屋根の下にはコンクリート打放しの柱が軽快にならび、ピロティのようである。北側（左手）に親鸞聖人、南側（右手）に蓮如上人の像が立つ。

ようやく境内が広がるからである。普段の視線では見過ごしてしまうことも多いだろう。じつは御堂筋より高い位置に境内があるのは、江戸時代までさかのぼる。朝鮮通信使の宿泊などに使われた由緒ある場所だったため、幕府から境内を高くすることの許可が下りた。昭和二十年（一九四五）三月の空襲で焼失した後、再建された現在の御堂にも、この高い敷地の構成は踏襲されている。

コンクリート打放しの寺院

境内にいたる階段の途中からコンクリート打放しの門が現れる。この時点で敬遠してしまう人がいるかもしれない。なぜなら寺院建築が好きな人は古刹におもむき、白木の古びた感じを愛することが多いからだ。逆に近代・現代建築が好きな人は寺院にはあまり注目しない。このようなことから、見過ごされた名建築は意外と多いもので、北御堂はそのひとつだろう。

本堂の欄間　「卍」をモチーフにしている。法隆寺金堂の高欄はやはり「卍崩し」とよばれ、津村別院よりも「卍」の崩し方が激しい。

本堂前の照明　巨大な寺院にふさわしく、直線的で重厚な造形。背後の本堂の壁には表面に荒い凹凸のあるタイルが使用されている。

さてよく見てみると、コンクリート打放しの門はその規模と柱の太さの割には鈍重な感じがしない。これは屋根の厚みが薄く、思いのほか軽快な印象があるからだろう。また敷地いっぱいに建つ非常に細長い建物で、太い柱の林立するさまは法隆寺中門や唐招提寺金堂のようでもある。柱最上部を結ぶ梁上には三角形の部分がある。これは「扠首（さす）」といい、法隆寺の回廊にもみられる構造である。

寺院建築の源流を追求

門をくぐると視界がひらける。芝生敷きの境内の中央に巨大な本堂が構える。境内にたくさんの建物が建ちならぶ寺院や神社の見慣れた風景と異なり、日本のお寺ではないようだ。本堂は境内からさらに高い基壇上に建ち、いっそう迫力を増している。屋根は宝形造（ほうぎょうづくり）という寺院で伝統的にみられるものだが、そのスケール感が周囲を圧倒している。本堂にはやはりコンクリート打放しの太い角柱がならび、上部には変わった欄間がある。この欄間もコンクリート打放しだが、よく観察すると「卍」をモチーフにしている。ここで古建築に詳しいひとは、法隆寺の金堂や五重塔に見られる卍崩し（まんじくずし）の高欄を思い浮かべるだろう。詳細に観察すると両者はかなり異なるが、着想の原点を法隆寺に求めたことは想像できる。近代以降の寺院建築の傾向のひとつに、宗派を問わず仏教の源流に造形の規範を求める動きが見られたからだ。例えば津村別院とおなじ本願寺派の築地別院（築地本願寺）では、昭和九年（一九三四）、伊東忠太（ちゅうた）の設計により遠くインドの建築様式で本堂を造営した。

本堂内部は椅子式の参拝者席で極めて天井が高い。また天井が中心へ行くほど段々状に高くなる。正面の一段高い部分が外陣（げじん）、さらにもう一段高い部分に内陣がある。内陣中央には須弥壇（しゅみだん）、宮殿（くうでん）があり、伝統的な構成になっている。

本堂内陣　巻き障子の内側が内陣。中央の金色の須弥壇（しゅみだん）とその上の宮殿（くうでん）は真宗寺院の形式に基づく。

本堂内部　本堂は3階にあり、参拝席はすべて椅子席。正面1段高い部分が外陣（げじん）、さらに1段高い部分が内陣。

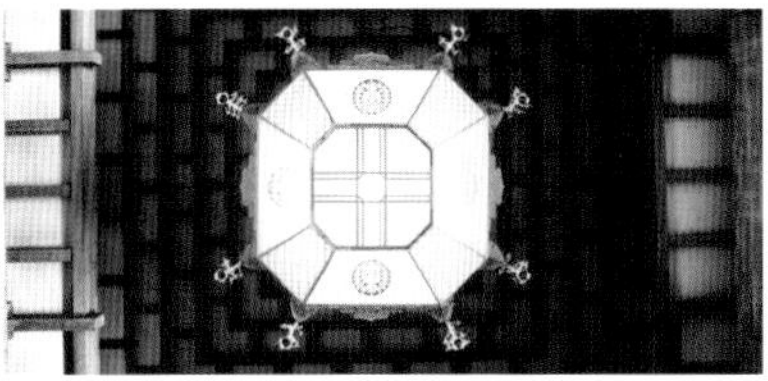

本堂天井見上げ　逆ピラミッド形で中心に行くにしたがい、段々と上昇する。

門から本堂を見る　本堂屋根は宝形造（ほうぎょうづくり）本瓦葺で両端が激しく反り上がる。伝統的な寺院の意匠の一方で、その非凡なスケール感はオリンピック競技場のような雄大さがある。

六十年代モダニズムの面影

北御堂を語るとき落とせないのは、設計者・岸田日出刀（ひでと）である。岸田は日本に欧州の新しい建築運動を紹介したひとりで、ウィーン分離派の建築家『オットー・ワーグナー』などの著書でも知られる。東大建築学科の助教授・教授時代に東大キャンパスの計画や施設設計に関わり、昭和十五年（一九四〇）の幻の東京五輪の施設計画にも関与した。戦後、各地の庁舎建築をその弟子・丹下健三らとともに手がけた。そして昭和三十九年（一九六四）のオリンピック施設委員も務めた。

改めて津村別院の建築を振り返ると、一九六〇年代の庁舎建築に見られるモダニズムの造形要素がみられる。本堂側から門を振り返ったとき、それはピロティにもみえる。広い境内に巨大にそびえるコンクリート打ち放しの本堂は、まるで東京オリンピックの施設のようでもある。法隆寺など日本の仏教の源流を参照しつつも、モダニズムの美学で全体を貫いたところに、モダニスト岸田の本領がうかがえる。御堂筋の顔は、見落としていた最上の空間の持ち主でもあったのだ。

初出
『大阪人』二〇〇二年十月号（第五十六巻十号）

OSAKA BOOK

07

ギャラリー再会

街角に咲く一輪の花

玄関　奥まった入口は周囲の喧噪を離れ、訪れる者を優しく迎え入れてくれる。扉上部のチューダーアーチ(扁平な尖りアーチ)や照明器具のねじり柱に注目。

玄関付近から見る　喫茶店時代の雰囲気がそのまま残る。当時なじみ客が多かったのは銀幕スターたちが集う場所柄だけでなく、入念で心やすまる細部の意匠にもよるだろう。

「再会」との出会い

気にかかる建築には物語があることが多い。そして私たちを呼び止める。

「ギャラリー再会」は通天閣の北側に悠然と昔の面影を漂わせている。その瀟洒（しょうしゃ）なたたずまいはこの一帯では逆にひときわ際立っている。どのまちにもひとつはありそうな建物。しかしそれが、通天閣のすぐ近くにあるというのが意外である。

はじめこれは戦前の建築だろうと思ったが、現在のオーナー田前二郎さんにお話をうかがうとそうではないらしい。昭和二十八年（一九五三）、建築家・石井修氏の設計で喫茶「再会」として建てられたことがわかった。普通、洋風建築は戦前のもの、戦後はほとんど無装飾の建築に変わってしまうと考えがちである。一般的な傾向としてはそうなのだが、今回紹介する「ギャラリー再会」のように、昭和二十年代後半から三十年代前半頃には戦前の系譜をひく建築がまだまだみられた。

ところで今回の物語の糸口は、建築家・石井修氏である。まちなかの小さな建築の設計者がわかることはまれで、今回設計者がわかったことは大きな喜びだった。同時にそれが石井氏であったことは驚きでもあった。石井修氏は「目神山の一連の住宅」で昭和

所在地｜大阪市浪速区恵美須東1-4-16
竣工年｜昭和28年（1953）
設　計｜石井修
構造・階数｜木造　2階
屋根形式｜切妻造妻入

平成19年（2007）国登録有形文化財。
現在は催し等開催時以外は内部見学不可。

正面外観　新世界の中でここだけが南欧風のたたずまい。平成9年に改修を終え、新築のように見えるが、約50年前のデザインはそのまま残っている。

階段　どの角度から見ても違ったつくりに見え、それぞれに美しい。2階から見下ろすと、縦長の2連アーチ窓との対比が特に鮮やかである。

1階奥から見た店内　3本の柱が空間を二分。柱を縫うようにS字型の手摺があり、床に15cmほどの段差がある。天井の造作もそれぞれ違う。背後から見る階段はひときわ軽快で美しい。

六十二年（一九八七）日本建築学会賞作品賞を受賞した建築家として知られる。日本建築学会賞とは毎年、優れた建築二～三件が選ばれ、設計者に与えられる賞である。大正十一年（一九二二）、奈良県明日香村に生まれた石井氏は昭和十五年（一九四〇）大林組に勤務し、昭和三十一年（一九五六）に美建設計事務所を設立した。「ギャラリー再会」は建築家として独立する直前の作品だったのである。

抑揚の利いた外観

外観は落ち着いた表情だが存在感がある。一階は中央部に大きな窓、左手に小さな勝手口、右手の奥まったところに玄関がある。窓は二本の細いねじり柱や斜材により可憐な表情を醸しだし、壁に張り込まれたタイルはほど良いアクセントになっている。二階は一階より前にせり出し、左側の大きな縦長窓、右側の二連の半円アーチを支える太いねじり柱が目をひく。

さらに屋根の切妻面にクロス模様があしらわれている。左右対称とせず、一階、二階、妻面と構成を変えながら、全体としてはまとまりを持たせている。一階は手が込んでいながら、全体の中でもっとも控えめで奥まった感じがすることも、中へはいる人を安心させる。逆に上部へ行くほど遠くからでも目立つデザインになっているところに、作者の力量が感じられる。

衝撃の階段

外観から受けた期待は、中へ入っても裏切られることがなかった。内部は間口にくらべて奥行きが長い。そう広くはないが、さまざまな要素があり、見飽きない。最初に飛び込んでくるのは中央の列柱である。柱上部のアーチが空間を縦長に二分している。二つの空間は床に段差があり、天井も異なる。さらに列柱の間を縫うようにS字型の手摺（てすり）がめぐる。戦前の洋風建築に劣ることがない繊細な

2階　部屋の中央には表面の荒い煉瓦を用いた暖炉。天井の小屋組（木部）には加工跡が装飾的に残されている。ピアノが置かれ、時折コンサート会場としても使われる。

千恵蔵が贈った時計と鏡　2階の鏡には「御祝 千恵蔵」と書かれている。喫茶「再会」の常連客だった俳優・片岡千恵蔵の寄贈。千恵蔵は京都太秦の自邸の増築を石井修に依頼した。

細部は大林組で鍛えたものだろうか。

細部意匠もさることながら、この空間の最大の見せ場は階段にある。過去の様式から解放されたまったく独創的なディテールを持っている。この階段は入口付近から緩やかなカーブを描いて二階へと昇っていく。その構成材料をみると、踏み板とそれを下で支える鉄板、手摺である。踏み板を下で支える部材を力桁（ちからげた）とよぶ。この階段の曲線美は、力桁の三次元的なカーブに負うところが大きい。一階から二階まで続く力桁の鉄板は、一枚あたり高さ一二三ミリ、厚さ十二ミリほどで、途中一カ所で継いでいるだけである。また力桁と踏み板のみの構成は、背面から見ると特に軽快に見える。図面を描くのも大変であっただろうが、まだ戦後で十分な材料がなかった時代、この精度で階段を制作することは大変なこだわりだったと想像できる。

よみがえった「再会」

設計者の石井氏はこの建物がすでに壊されてしまったのではないかと思っていた、というエピソードをうかがった。しかし独立直前に設計した喫茶「再会」はその後も地域の人々に親しまれ、大切にされていた。喫茶が閉店した後も、近所に住んでいた現在のオーナーに引き取られ、阪神大震災後の平成九年（一九九七）に再びもとの設計者の手で改修を終え、「ギャラリー再会」としてよみがえった。戦後のものとはいえ、地域に生きてきた名作である。街角に咲く一輪の花のように、これからも多くのひとびとを振り向かせることだろう。

初出
『大阪人』二〇〇二年十一月号（第五十六巻十一号）

OSAKA BOOK

08

日本基督教団　天満教会

アーチが生んだ安らぎの空間

シンプルな構成

建築を設計する際、戦前の日本の建築家には大きく二つの選択肢があった。ひとつは伝統的な様式、造形を新しい建築にも採用すること。もうひとつは過去の様式にとらわれずに自由に発想すること。明治時代はおおむね前者が普通であり、大正時代頃から後者が台頭した。今回紹介する建築は後者の代表である。教会でありながら、教会らしさを感じないデザインで統一されている。外観も十字架や看板がなければ教会とはわからないし、内部の礼拝堂の造作もいたってシンプルであり、一見すると教会らしい荘厳な装飾は見あ

所在地｜大阪市北区天神西町4-15
竣工年｜昭和4年（1929）
設　計｜中村鎮
構造・階数｜鉄筋コンクリート造 地上4階
屋根形式｜陸屋根、増築部切妻造

平成27年（2015）国登録有形文化財。

礼拝堂内部　幅と奥行きの大きさの割には低い天井に、ゆったりとした4対のアーチがかかる。この空間は胎内にいるかのようなゆったりとした落ち着きがある。張りつめた緊張感とは別の厳かな雰囲気が感じられる。

たらない。この教会はプロテスタントの教会であり、カトリックにくらべると装飾は控えめである。この礼拝堂には目立った装飾はなく、かわりに四対の大アーチが空間の美を生んでいる。

アーチの曲線美

このアーチを実現するために建築家が心血を注いだであろうと想像される。教会の伝統的造形や装飾にとらわれないばかりか、このアーチ自身も単純な円弧などでなく、それまでにない曲線が使われている。まさにこの礼拝堂の空間のために生み出された線といえる。構造美を表現する点では、同時代の橋梁のデザインと共通する。だがこの礼拝堂にたたずむ時、不思議と安らぎを感じる。教会ではよく垂直性を強調するデザインを見かける。高さを志向したゴシック時代の影響である。しかしこの礼拝堂は全体の広さに対して天井高がそれほど高くない。いや低いと

側壁　コンクリートブロックを積み上げた外壁。1階が教会学校、2、3階が礼拝堂。1階のブロックは高さ約17cm、幅35mm。2、3階は1階と幅が同じで高さが約半分のブロックを使用。

正面外観　当時はまわりを見下ろす高い建築だったが、現在は天神橋筋から少し入った位置にあるためそれほど目立たない。しかし1、2階を貫くすらっとした柱や背後のフラットな壁は、竣工当時の斬新さを伝える。

いったほうが適当だろう。またアーチもそれに対応して非常に緩やかである。この両方の条件により、過去の教会堂の造形とは異なりながら、安堵感ある信仰の場を実現したといえるだろう。

コンクリートブロック造

教会堂の設計者は中村鎮（まもる）という。彼は明治二十三年（一八九〇）福岡に生まれ、大正三年（一九一四）に早稲田大学を卒業した。コンクリートの技術開発にたずさわり、中村式コンクリートブロック（鎮ブロック）を生み出した。彼は単なる技術者にとどまらず、自ら設計も行い、建築評論も手がけただけあり、この教会の設計も細部にまで神経が行き届いている。惜しむらくは、彼が竣工の五年後、四十三歳にして他界してしまったことだろう。この礼拝堂のアーチはまさに彼の真骨頂といえる。また教会全体が彼の開発したコンクリートブロック造である。正面外観は改修によりタイルが目立つが、正面の階段面や礼拝堂側面の壁を見れば、コンクリートブロックが使用されているのがわかる。通常、コンクリートは現場で打ち込むため、品質にばらつきが生じやすいが、ブロックの場合、工場で成形するために高品質の製品を安定して供給することができる。構造面でもこうした新たな工夫が随所に見られたのである。また竣工当時、一部四階建という高さは、この界隈で並ぶものがなく、遠くからも見渡すことができたという。

創設時の精神をいまに

ところで天満教会は明治十二年（一八七九）、梅花女学校の創立者としても知られるキリスト教教育者・沢山保羅（ぼうろ）を初代牧師に迎え設立した。民家を利用した礼拝堂にはじまり、明治十九年（一八八六）に木造二階建の新教会堂を献堂した。さらに教会設立五十周年に当たる昭和四年（一九二九）に現教

正面階段　外壁に用いられているブロックで床模様を描いている。天井から吊られた細長い照明は、柱のスレンダーさを強調している。

礼拝堂にかかるアーチ　一見すると橋梁の構造のようだが、かぎりなく緩やかにのびる曲線はこの空間特有のもの。3階のギャラリー部分はかつては聖歌隊席だった。その奥にはガラスの引き戸を隔てて第一集会室がある。

会堂が落成した。建設費六万九千円は牧師や会員らの寄付や奉仕、バザーの収益などでまかなわれた。

当初は三階（一部四階）建で一階が教会学校、二、三階が礼拝堂とギャラリー（聖歌隊席）になっていた。このほか通りに面して牧師室、図書室、応接室などがあり、ブロック敷きの屋上庭園は集合場として利用されていた。昭和三十五年（一九六〇）、屋上に四階を増築し、集会室などとして利用している。このとき正面の外観もタイル張りになるなど、今日の形が整った。

1階教会学校の椅子　椅子も当初からのものがよく残っている。子どもから大人まで3種類の高さの椅子がある。子ども用でも背もたれが大きめなのが特徴。

ところで現会堂の建設にあたり、中村鎮の設計をもとに教会会員の織田輝男が模型を制作した。これを初めてみた牧師はその偉容に震撼し、次のように熱弁、慟哭したという。

父よ父の御栄光を世に顕さん為に、又全会員を悦ばせん為、世の多くのさまよえる羊を導き憩わせん為に是非この際、此処に此の通りの新しき会堂を与え給え、身命を賭して願い上げ奉る（『天満基督教会建築報告書』より）

取材に訪れた日も、朝から丁寧に掃除され、建設時の理念が生き続けていることを感じさせられた。早逝した中村鎮の数少ない作品は、阪神淡路大震災でもほとんど被害がなく、今日にその美しい姿を伝えている。

初出
『大阪人』二〇〇二年十二月号（第五十六巻十二号）

OSAKA BOOK

09

一丸株式会社

洋と和のスマートな共存

北側から見下ろした外観　4階のペントハウスは戦後の増築。上から見ると通りに面した間口が小さく、奥行きが比較的大きい伝統的な町家の地割りを継承していることがわかる。

3階外壁　交差点に面した最上部にメダイヨンをつけ、ほどよいアクセントとしている。その下に扉があるのは、かつてバルコニーのあった名残だろう。

一丸(いちまる)株式会社は以前から気にかかっていた建築である。ひとつは小柄ながら整った目鼻立ちをしているためである。白い小口(こぐち)タイルと擬石(ぎせき)によるスマートな外観。そして要所に控えめにおかれた装飾は上品なイメージを与える。そしてもうひとつは立地である。船場の西端、昔の西横堀川にほど近い場所にこのビルは建っている。堀川が水上交通の要衝であった頃、御堂筋と四つ橋筋の間には、その繁栄を象徴する建築がひしめき合っていた。

旧新町演舞場との類似性

一丸株式会社にとてもよく似た建築がある。西区のなにわ筋に面した大阪屋の建物である（P.128）。この建物、もともとは大正十一年（一九二二）に竣工した新町演舞場だった。片岡建築事務所の設計で、現在の玄関のある南側は赤煉瓦状のタイル貼、北側は一丸株式会社と同じく白色タイル貼である。そしてタイルをぬうように、擬石による帯と幾何学的でシンプルな装飾が程良く配置されている。大阪屋の南側の煉瓦状タイルは貼りかえられたものだが、北側はより古い状態の部分が残っている。また各壁面には縦長窓と柱型をリズミカルに並べている。一丸株式会社はこの大阪屋の、特に北側壁面と外観構成がよく似通っている。ま

所在地｜大阪市中央区高麗橋4-6-19
竣工年｜大正時代後半（推定）
構造・階数｜煉瓦造及び木造 地上3階 地下1階、ペントハウス付
屋根形式｜陸屋根、ペントハウス部分は寄棟造桟瓦葺

現存せず。

外観　交差点に面した北西角に入口を構える。白色タイルとグレーの擬石、幾何学的な装飾が明るく上品な雰囲気を生んでいる。1階入口を柱形からやや後退させているところも控えめで落ち着きがある。

和室　この写真から建物の外観を想像することは難しいだろう。縦長窓が唯一、洋風を意識させるが、窓両脇の柱の納め方で和室として違和感なくまとめている。

た交差点に面して角を落とし、そこを入口としている点も共通する。一丸株式会社は戦前は小林医院という病院であった。昭和十七年（一九四二）、現在のオーナーの手に渡り、事務所として使われてきた。一方はもと自宅を兼ねた病院、他方はもと劇場というまったく種類も規模も違う建物ながら、当時の流行の先端を敏感に反映したという点では共通する。

軽やかな先端性

　では当時の流行の先端とは具体的にどのようなことだろうか？

　ひとつはタイルと擬石の配色にある。白色タイルが外観の大部分を占め、建築の最上部と低層部、それに窓台にグレーの擬石が見える。そのため建築全体が上品ながら、非常に明るく軽快な印象を与えている。それまでの日本の洋風建築が石造や赤煉瓦をおもな構成要素としてきたために重厚な印象を与えていたのにくらべ、この建築はそれとは逆の軽やかさを備えている。装飾についても同様にシンプルで軽快である。柱型上部も縦の溝を切り込んだだけのシンプルなもので、その上の花飾りも四角い縁の中に幾何学的に表現されている。唯一具象的なものは角地に面した最上部のメダイヨン（メダル型の装飾）くらいだが、こちらも正面のアクセントとして程良いもので、全体に平面的である。このように白く明るく軽快でいて、グラフィカルな印象を与えている点がこの建築の新しさに敏感な点である。

和室から眺めた西横堀川

　角地に面した入口から中に入ってみよう。扉や窓などの建具は当初の面影を伝えてくれるが、事務所として使う中で改装された部分も多い。その中で勾配（こうばい）の急な階段は竣工当時の雰囲気をよく残している。

　階段を登って三階にでると、意

階段　敷地が狭いため、勾配は急である。親柱には幾何学的な装飾がある。外観と同様、ゼツェッションの影響がうかがえる。

3階のタイル　和室と隣り合う洗面所入口のタイル。色鮮やかなタイルは表面がツルツルのものや絹目のざらついたものが混ざり、全体に美しい肌合いを醸し出している。

1階ドアクローザ　扉とともに当初の雰囲気をとどめる。

外な光景があらわれる。流行の先端をいっていたはずのこのビルの最上階で、突然和室と遭遇することになるからだ。日本の、とりわけ関西の近代建築を見る中で、和室が併存している光景は特にめずらしいものではない。しかし今回は驚かされた。おそらく規模が小柄で、外観が洗練された洋風であったため、和室を想像させる隙を与えなかったためだろう。

　病院時代からここは居室として使われてきたのだろう。縦長窓も和室の雰囲気と調和するようにうまく処理されている。ここに佇んでいれば船場のごく普通の町家の座敷にいるような気分になる。

　戦後しばらく、ここから西横堀川を行き交う舟や、瓦屋根の向こうに八階建の大同生命ビルの華麗な姿が見渡せたという。西横堀川はその後暗渠となり、その上を高速道路がはしるようになった。大同生命ビルも超高層に建て替わったが、今ではそれを見るのも難しい。

　古い建築を見ながら感傷に浸ることは好きではないが、この時ばかりは窓越しに水都全盛期の光景を思い描いてしまった。

初出
『大阪人』二〇〇三年一月号（第五十七巻一号）

記念館内部　大日本製薬創業以来の資料が展示されている。左手にみえるのは創業時に使用されていたドイツ製のろ過器。

OSAKA BOOK

10

「薬の都」の記憶
大日本製薬大阪工場

赤煉瓦の建築はどことなく懐かしい雰囲気をたたえている。今回紹介する建築もその例にもれない。

大日本製薬大阪工場のある福島区海老江周辺は、市内各地と同様に再開発のさなかにある。工場が郊外に移転し、そのあとに高層マンションが建ちつつある風景がここでもみられる。だからこの建築に出会ったとき、本当に残っていてくれてよかったと思った。その場所がかつてどのような歴史を歩んできたのか、その土地に建つ建築が物語ってくれるからだ。歴史的な建築を通して都市の歩みを振り返ることは、なにも遠くへ旅したときばかりではないことを、この建築は教えてくれる。

所在地｜大阪市福島区海老江1-5-51

［記念館］
竣工年｜明治31年（1898）
構造・階数｜煉瓦造　平屋
屋根形式｜切妻造妻入桟瓦葺

［レンガハウス］
竣工年｜大正11年（1922）
構造・階数｜煉瓦造　2階
屋根形式｜切妻造平入桟瓦葺

共に現存せず。

記念館外観　赤煉瓦とツタの緑、噴水の水しぶきが工場とは思えない美しい景観を見せている。

さて、薬といえば道修町が全国的に知られている。道修町が薬種商の町として発達するのは江戸時代初期、寛永年間にさかのぼる。近代になると薬の主流は和漢薬から洋薬に変わるが、道修町は薬種問屋の町として継続的に発展した。洋薬の製造工場は明治半ば頃から当時の大阪近郊にあたる現在の福島区や北区、淀川区周辺に誕生していった。

大日本製薬は明治三十年（一八九七）の創業である。製薬工場を現在地にもとめ、同三十二年（一八九九）に開業式を行った。このときの工場内の建築はほとんどが木造であったが、なかに数棟の煉瓦造建築が含まれていた。そのうちの一棟が今も残る赤煉瓦の記念館である。

華やかな妻壁

現在ではこの記念館が大阪工場操業当時から残っている唯一の建物で、もとは煮沸室だった。当初

レンガハウス2階内部　木造のキングポストトラスと呼ばれる洋風の小屋組が屋根を支えている。改修に際して建築本来の持つ素材や構造の美しさを上手に表現している。

記念館の窓　縦長の窓で上部はアーチになっている。壁面の煉瓦の積み方は「長手積」とよばれ、煉瓦の長い方向のみを目地をずらしながら積んでいる。

はこれとほぼ同規模の建物が数棟、南北にならんでいた。位置は北側の正門近くに曳屋され、移動している。この建築の特徴は赤煉瓦であることとならんで入口上部の妻壁（つまかべ）のあつかいにある。切妻造の屋根の場合、妻壁は屋根形状に合わせて単純な三角形でよいところを、小さなこの建築には大きすぎるとも思える突起状の装飾を中心と両端にそれぞれ配置している。その結果、大変華やかな印象を与えている。それは私たちのいだく工場のイメージとかけ離れてはいないだろうか？　あるいはこの建築をみることで、工場に対する期待の大きさが伝わってくるといえるだろう。創立五十周年を迎えた昭和二十二年（一九四七）、この建物は記念館として永久保存されることが決まった。

内部は現在、展示室になっている。ここには道修町にあった旧本社ビルの獅子頭の装飾も展示されている。床には建設当時の煉瓦が敷かれており、そのいくつかには煉瓦製造所の刻印もみられる。

生まれ変わった煉瓦倉庫

記念館の裏側にはもう一棟、煉瓦造の建物がある。大正十一年（一九二二）に完成した二階建の三号倉庫である。この建物も昭和五十九年（一九八四）、従業員の厚生施設として生まれかわった。愛称は従業員から公募し、レンガハウスに決まった。一階は休憩用の座敷があり、二階はレセプションやパーティー会場にも使える空間になっている。改修は自社の工務部が行ったというが、その腕前は見事なものである。特に二階は屋根を支えていた木造の小屋組を露出させたまま、山小屋のような雰囲気で再生された。建設当初の部材が使われているレンガハウスには、新築のレトロ調の施設では実現できない味わいがある。

レンガハウス外観　風格を感じさせる外観。壁の厚みは1階で煉瓦2枚分（約45cm）、2階で煉瓦1枚半分（約34cm）ある。

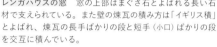

レンガハウスの窓　窓の上部はまぐさ石とよばれる長い石材で支えられている。また壁の煉瓦の積み方は「イギリス積」とよばれ、煉瓦の長手ばかりの段と短手（小口）ばかりの段を交互に積んでいる。

記念館の床　床には煉瓦が敷かれており、表面に六稜星など数種類の刻印がみられる。こららの刻印は煉瓦を製造した工場のマークである。

獅子頭の装飾
道修町の旧本社屋正面についていた飾り。旧本社屋は昭和5年（1930）、宗（そう）建築事務所の設計で建てられた。なお道修町の現本社にも旧社屋の外壁の一部が残っている。

「薬の都」の記憶を伝える

道修町には現在も製薬会社の本社が建ちならぶ。しかし往時の面影を残す建築は年々少なくなっている。そんななか、都市近郊につくられた製薬工場が残っているのはうれしい限りである。記念館、レンガハウスとも改修されてから時間がたつものの、最近の保存再生の例にくらべてもひけをとらない上手な改修であり、大切に使われているのがわかる。赤煉瓦に対する社員の愛着がそうさせたのだろう。「薬の都」という言葉があったわけではないが、道修町をはじめ薬といえば大阪のイメージがある。建築が「薬の都」の記憶を伝えていく存在として、これからも頑張ってもらいたい。

初出
『大阪人』二〇〇三年二月号（第五十七巻二号）

姫松駅待合所　ルナパーク、四天王寺、住吉大社、浜寺公園と昔から沿線に名所の多い阪堺電車らしい優美なデザイン。閑静な住宅地とも調和したスケールが嬉しい。この建物で唯一の曲線が柱からのびる持ち送り。上へ行くほど少しずつすぼまっていく。簡単な形だが、建物全体に与える影響はなんとも大きなものである。内部には今はベンチがあるだけだが、当初は券売所があった。大きな改造を受けながらもかつての面影が残り、心地よい雰囲気。

OSAKA BOOK

11

リゾート気分を伝える建築群

阪堺電気軌道 姫松駅・住吉駅・住吉公園駅

［姫松駅待合所］
所在地｜大阪市阿倍野区帝塚山1-8-1
竣工年｜明治43年（1910）頃
構造・階数｜木造　平屋
屋根形式｜寄棟造平入波板鉄板葺

［住吉駅待合所］
所在地｜大阪市住吉区長峡町1-1
竣工年｜明治43年（1910）頃
構造・階数｜木造　平屋
屋根形式｜寄棟造平入鉄板瓦棒葺

［住吉公園駅舎］
所在地｜大阪市住吉区長峡町3
竣工年｜大正2年（1913）
構造・階数｜木造　平屋
屋根形式｜切妻造妻入

路面電車のある町に行くと、ぜひとも乗ってみたい気分になる。路面電車のスケールとスピードは昔ながらのまちなみや生活と切り離せないものに思えるからだ。

大阪に唯一走っている路面電車は阪堺電気軌道。天王寺駅前から住吉公園前間の上町線四・六キロメートルと、恵美須町－浜寺駅前間の阪堺線十四・一キロメートルである。今回は上町線に乗ってみよう。

瀟洒な待合所・姫松駅

阿倍野区の閑静な住宅街を通り抜ける。南港通りにさしかかる手前に姫松駅はある。とはいっても、

住吉駅待合所　姫松駅待合所とよく似ているがひとまわり小さい。やはり屋根の雰囲気が損なわれてしまったことが惜しまれる。

ホームはあるが駅舎は見あたらない。西側に小さな待合所があるだけだ。なんともかわいらしいこの待合所、木造洋風建築のおいしいところを独り占めしているかのようである。屋根は寄棟造、現在は波板鉄板葺で、少しかわいそうな気がする。おそらく開業当初は同じ金属板でももっとハイカラな印象で葺かれていたのではないだろうか。

「姫松駅の待合所がレコードジャケットになっているんですよ」とはこの近所に住む友人から聞いた話である。昭和四十九年（一九七四）、加川良がキングレコードから出したアルバム「アウト・オブ・マインド」のジャケットに描かれていたのはまさしく姫松駅であった。しかもそこに描かれた待合所は現状とはちょっと違う。どうも改造される前の姿らしい。

さて、この待合所の建設年代は確かな記録が見あたらないが、全体に明治後半の雰囲気をよく伝えている。阪堺電車の源流のひとつ、

姫松駅待合所背面　縦羽目板貼（たてはめいたばり）になっている点はめずらしい。

住吉駅待合所の持ち送り　柱から伸びる曲線状の持ち送りは姫松駅とほぼ同形である。住吉駅の柱の根本は鉄の柱礎である点が姫松駅と異なる。

大阪馬車鉄道が走ったのは明治三十三年（一九〇〇）のこと。四天王寺正門前から東天下茶屋までであった。その後、馬車鉄道は電化され、社名も幾度か変わりつつ、路線を徐々にのばし発展していった。大きな転機は明治四十三年（一九一〇）、路線が住吉神社前（現・住吉）駅までのびたことである。路線が電化され、住吉駅まで開業した明治四十三年頃、姫松駅の待合所も完成したのではないだろうか。

双子の違いを探す楽しみ

　さて姫松駅の四つ先の住吉駅にも、姫松駅とよく似た待合所が残っている。ここは上町線と阪堺線が交わる乗換駅。しかし大通りに面しているせいか、ホームも待合所もとても小さく感じられる。実際、姫松駅待合所よりほんの少しだけ小さい。

　姫松駅の待合所とくらべながらこの待合所を見てみよう。まず両側の柱上方からのびる曲線の支えは姫松駅とよく似ており、この建物のポイントでもある。屋根も寄棟造で、金属板の葺き方が違うだけで、はじめは同じ形だったかもしれない。これも当初の状態に直してあげたらどんなにきれいだろうかと惜しい気がする。ただ正面が開放され、中間の柱が無いところは異なる。姫松駅と住吉駅、微妙に違うが双子のような雰囲気で沿線の旅を彩ってくれる。

住吉さんへの玄関口

　さて上町線の終点は住吉駅からわずか二百メートルほど先の住吉公園駅。この距離感がなんともいい。終着駅に降り、東へ出るとすぐ住吉社の灯籠、松原、太鼓橋が迎えてくれる。この駅舎も旅情をかき立ててくれる雰囲気に満ちている。ホームにおかれた石製の手水鉢（ちょうずばち）は住吉さんと関係があるのだろうか？　待合いのベンチも非常に古そうである。ホームを過

住吉公園駅ホーム　ホームはY字型のバタフライ屋根になっており、その谷の部分には大きな雨樋がついている。

住吉公園駅側壁　正面と同様、石貼りの意匠が見られる。アーチの下部には茶色いスクラッチタイルが見られる。スクラッチタイルは大正末から昭和初期に流行したもので、そのころ改造した部分と思われる。

加川良「アウト・オブ・マインド」
（キングレコード、1979年復刻、小林淳男氏蔵）
1974年発売当時の姫松駅待合所が描かれている。そのころは正面の両側の壁がなく、中に券売所があったことがわかる。

住吉公園駅外観　住吉大社と住吉の浜のリゾートを味わうのにふさわしい雰囲気。西側（写真左手）が切り縮められたほかは当初の雰囲気が良く残っている。

ぎ、駅舎を抜けると、やはりいい雰囲気が残っている。天井には大きな木製の梁が短い間隔でならんでいる。腰壁にはところどころ昔のままの光沢のある細長いタイルがみられる。駅舎を出て振り向くと、そこには駅舎ができた大正二年（一九一三）当時の面影がそのまま残っている。庇をささえる重厚な鎖が、この駅舎にほかにはない風格を与えている。

大阪は猛スピードで発展し、拡大する経済都市の印象が強い。しかし上町線で出会ったものは小さくてゆっくりしたものばかり。スローなものがもてはやされる時代、まさに阪堺電車とその駅舎はいつのまにか時代の先端を走っている気がする。

初出
『大阪人』二〇〇三年三月号（第五十七巻三号）

OSAKA BOOK

12

小林新聞舗

歴史のまちに洋風の息吹

カウンターのある土間　ここでは新聞の配達地域別の仕分けが行われていた。照明器具や天井も美しい状態で昔の面影を伝えている。なお、写真のカウンター左手部分には小さな地下室がある。

2階窓部分　柱形の間には2つ1組になった半円アーチ窓がリズミカルにならぶ。石造アーチを忠実に再現した石の割付が見事。1階の入口上部には鍾馗(しょうき) さんが祀られている。

平野の中心部、平野郷は中世以来の伝統をもつ歴史都市である。杭全（くまた）神社や大念佛寺、全興寺（ぜんこうじ）をはじめとする古社寺や伝統的な町家が軒を連ね、大阪でも有数の歴史的な町並みを形成している。また今も昔も活気がみなぎっているという点では全国的にも注目されたエリアである。その元気の素のひとつが「平野町ぐるみ博物館」。まちなかの小さな博物館が寄り集まって博物館群を構成している。今回紹介する小林新聞舗もそのひとつであり、平野郷の「へそ」にあたる商店街に面して建つ、地元でも有名な洋風建築である。

洋風の看板

現在の店舗が完成したのは昭和三年（一九二八）のこと。もともとあった明治三十年代の町家の正面部分を改造し、今日の外観の基礎が築かれた。しかしその翌年には早くも改修をほどこし、使い勝手や利便性の高めるように手入れがなされた。なぜそんなにも急に手を入れるのかと不思議に思われるかもしれないが、当時はこうしたこまめな改修が日常的に行われ、建物の寿命を保っていたのである。こうして完成した洋風の店舗は、伝統的な町家が主流を占める旧平野郷の中に新しい息吹をもたらすこととなった。

所在地｜大阪市平野区平野本町4-12-3
竣工年｜［店舗］昭和3～4年（1928～29）
　　　　［座敷］明治30年代
施　工｜芝崎工務所(昭和4年改修時)
構造・階数｜木造 2階、一部地下1階
屋根形式｜切妻造平入桟瓦葺

平成19年（2007）国登録有形文化財。
新聞屋さん博物館を併設している。

正面外観　商店街のなかでもひときわ目をひく洋風の外観。グレーの壁面に「朝日新聞」のマークが鮮やか。1階の低層部分は実際の石が、その上は人造石が使用されている。なお写真左手には近年増築した部分があり、ここが「新聞屋さん博物館」になっている。

玄関　高い吹抜の天井を見上げると、屋根を支える小屋組が見える。屋根に設けられた天窓と、2階部分の高窓から自然光が差し込む明るい空間になっている。

1階の窓　外側からもアクセントになっている印象的な窓。

建築の通りに面した主要な外観をファサードと呼ぶが、小林新聞舗のファサードはこの商店街の顔にもなっている。それではファサードを詳細に観察してみよう。商店街に面して柱形がならび、ファサードを横に四等分している。一階部分には柱間いっぱいの出入口と、やや小ぶりな引き違い窓が交互にならんでいる。二階は柱間ひとつに対して二連の半円アーチ窓をならべている。アーチ上部の石の割付を見ると、頂部にキーストーン（要石）をおき、円弧にそって放射状に石を割り付けている。この点はアーチの構造をよく理解した秀逸なデザインといえる。

ところでこの建築の特色は石造建築を思わせる重厚なつくりであるが、同時に平面的で軽快な印象も感じられる。これは正面は石造風であるがその裏側が木造になっているためで、その結果、窓の奥行が小さく石造建築が本来持っている彫の深さが感じられない。しかしそのことはかえって、重厚な様式建築を追い求めた明治期とは違う、昭和初期らしい新鮮な気風を感じさせる結果となっている。ちなみにこの建築のように正面だけを洋風にしたものを「看板建築」といい、昭和初期に流行したスタイルである。

和洋を行き来する内部空間

大きな引き違い戸の入口を入ると、カウンターのある土間になっている。ここでは昔、地域ごとに新聞の仕分けをしていた。ピーク時には十数人がここから加美、八尾、松原方面にも配達に向かったという。またカウンターでは集金のほか、官報などの販売も行っていた。現在では小林新聞舗の本店は同区内の流町一丁目に移り、カウンターは静かな佇まいを残している。

この土間を奥へと進むと玄関、そして座敷が続く。玄関は高い吹抜で、ここから先は平野の伝統的な町家空間が展開する。敷地一番

応接間　商店街に面した洋風の応接間。暖炉には古風なガスストーブが現役で活躍している。天井の中央は和風の格天井（ごうてんじょう）だが、洋間の意匠の中で違和感なくまとめられている。

奥座敷の廊下　数寄屋風の軽快な意匠の廊下。右手の障子の奥の座敷には、戦時中の建物疎開に備えて床柱を切ろうとした跡が残っている。

奥の座敷には、戦時中の建物疎開に備え、床柱を一部切断しかけた痕跡が残っている。幸い建物疎開の前に終戦を迎えたが、このような傷跡も建物の歩みをかたる重要な部分だろう。

　仏間は小ぶりながら床の間、仏壇、位牌堂が横一列にならんだ珍しい構成である。ところで和室の建具は引き戸、洋間は開き戸というのが一般的であるが、この仏間には開き戸の扉がある。だがこの扉は襖状になっているため、和室と調和しており違和感がない。押入の扉にしては立派だなと思いながら開けてみると、その先にはなんと別世界が広がっていた。そこは商店街に面した洋風の応接間だったのだ。襖状の扉の裏側、つまり応接間側は洋風のデザインになっていた。そのため扉を閉めれば応接間は隣に仏間があることを感じさせない純粋な洋間となる。さらに応接間にあるもうひとつの扉を開けると、そこは最初に紹介したカウンターのある土間につながっていた。扉を開けるたび、つぎつぎと変化する空間展開には驚かされる。

　小林新聞舗のファサードはまちに洋風の息吹をもたらした。しかし内部には伝統と洋風が行き来する空間が秘められていた。外観だけでなく、こうした内部の変化に富んだ豊かさは、まるで歴史都市・平野の奥行きの深さの縮図を見るような思いがする。

仏間　左手より床の間、仏壇、位牌堂がならぶ。右手の開き戸の奥は洋間になっている。扉の仏間側は襖状になっており、閉めたときには奥に洋間があることは想像できない。

初出
『大阪人』二〇〇三年四月号（第五十七巻四号）

大阪市交通局曾根崎変電所

御堂筋に浮かぶ巨大な船

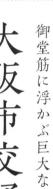

御堂筋に面した外観　窓の上下などに水平のラインを強調した外観。適度な曲線の使用や上に行くに従いセットバックする形態など、全体として船をイメージさせる。平成14年1月に外壁を塗り直し、鮮やかによみがえった。

梅田と淀屋橋を結ぶ御堂筋には絶えずたくさんのひとびとや車が行き交う。そこになにやら風変わりな巨大建築があり、気になっている人も多いのではないだろうか。ちょっと変わったオフィスビル？　あるいは体育館のようでもあるが、人の気配はあまりない。それならなにかの倉庫だろうか？　そんな疑問がわいてくる。よくよくみると建物の上の方に「曾根崎変電所」という文字が見える。ここでなるほど、と思いたくなるところだが、それではこれがいつから、どうしてここにあるのかという疑問は残ったままだ。

市電・地下鉄とともに

一般に変電所とは発電所で送電された高電圧の電気を、低い電圧にするための施設である。そのほか鉄道用に交流を直流に変えて送電する変電所もあり、曾根崎変電所もそのひとつである。この建物のすぐ前には御堂筋が走っている。昔は市電の交通路であり、昭和八年（一九三三）には梅田―心斎橋間の地下鉄が開通した。まさに大大阪時代の交通の要衝に設けられた施設といえる。

　ところで建築を紹介する際には、まず外観から内部へ、とい

所在地｜大阪市北区西天満2-7-9
竣工年｜昭和11年（1936）
構造・階数｜鉄筋コンクリート造 地上3階
屋根形式｜陸屋根

内部見学不可。

1階内部　現在は変電設備が小型化したため、天井の高さや奥行きがよりいっそう際立っている。

2階北東側の縦長窓　上げ下げ窓になっており、上部にはシャッターが収納されている。窓枠の桟の細さなど、機能性とデザイン性を同時に満たしたつくりになっている。

西側階段　重厚で存在感のある階段。骨太で直線的な意匠は昭和10年前後の公共建築の特色である。

うのが一般的な道筋だが、今回は変電所の機能を支える内部から紹介することにしよう。

　変電所の内部はたくさんの機械がならび、その間をわずかな通路が通っていると思っていたが、いざ扉を開けてみると一、二階とも倉庫のような大空間が広がっていた。通常のビルの二倍はありそうな高い天井もその印象を強めている。市電全盛時代にはもっとたくさんの設備があったが、現在は機械の小型化もあり内部は広々と感じられる。それでも今も地下鉄に送電するための七五〇V直流変電所としての役割を立派に果たしている。ところで一、二階とも大空間の中で、柱と柱の間にたくさんの小壁がつきだしている光景が目をひく。これは「銅バー」と呼ばれる電力線の母線の間に設けられた隔離壁である。

魅力的な窓や階段

　変電所のような産業遺産の場合、設備とそれを収める大空間だけでも十分魅力的であるが、ここでは建築的な細部にも目を奪われる。この建築の窓は縦長の上げ下げ窓が標準的に用いられている。窓枠、金物、網入りガラスなど、ほとんど建設当初に近い状態で残されている。窓上部にはシャッターボックスも備えられている。

　最近リニューアルされた近代建築の中には、窓枠や窓ガラスを新しくしたものが目に付く。冷暖房の効率や防犯性能の向上など、利便性のためにはやむを得ない面もある。しかし私はこのことが残念に思えてならない。建築における開口部は、ひとの顔でいえば目、鼻、口にあたる大切な要素である。だから窓や扉が変わってしまうと建築の印象は大きく変わってしまうのだ。

南東から見た外観　中層部には細かく小壁が張り出し、遠くから見ると全体が曲面的なシルエットに見える。手前（南西側）には当初丸窓が上下1列にならんでいた。この窓が現役ならば、船のイメージはより強いものになっただろう。

旧電力司令所　3階は電力司令所だった。縦長窓が連続してならび、1、2階とは違った明るい執務空間であった。

動力変圧器用遮断器と隔離壁　動力変圧器用遮断機につながる銅バー（電気の母線）を隔てる隔離壁が、変電所独特の内部空間を形成している。

その意味でも、曾根崎変電所の窓が古いままであるのはうれしい。

この建物には東西二カ所に階段室がある。この階段室も当時の面影を良くとどめている。住宅やオフィスビルなどの近代建築と違い、この建築の階段室の面積は狭く、主役とはいえない。しかし脇役の階段もデザイン面での遊び心を感じさせる。

巨大船舶のような外観

最後に外観を見てみよう。昭和初期に拡幅された御堂筋を大河に見立てるなら、この建築はあたかも巨大な船のようなデザインである。それは主観的過ぎる見方だといわれそうだが、曾根崎変電所が竣工した頃に建てられた大型建築のいくつかは、実際に船の形を連想させるものが多かった。倉庫や工場などの無個性な外観になりがちな巨大建築を、都市の景観のなかにどう配置するか、建築家たちが取り組んだひとつの解答といえる。

変電所は本来、窓をあまり必要としない。曾根崎変電所では三階が電力司令室になっていたため、事務所的な窓を必要としたが、原則的には設備の放熱ができれば十分である。そんな変電所の外観に変化を持たせるため、船のイメージとならんで、南側にたくさんの小壁を設けている。これは内部の母線の隔離壁をイメージしたのかもしれない。

自動車や地下鉄交通の時代に、なぜ「水の都」を感じさせる船のイメージをもたせたのだろうか。今となっては想像の域をでない。しかし変電所の建築は、相変わらず大阪の大動脈を行き交うひとびとや地下鉄を見守っている。

初出
『大阪人』二〇〇三年五月号（第五十七巻五号）

OSAKA BOOK

14

装飾のユートピア

大阪市交通局庁舎

正面車寄せ付近　1階を徳龍石の石積み、2〜4階を縦長窓の規則的な配置、5階をアーチ窓とする3層構成。車寄せは装飾に埋め尽くされた彫りの深いデザイン。よく見ると車寄せの柱は下へ行くほどすぼまっている。

所在地｜大阪市西区九条南1-12-52
竣工年｜昭和5年（1930）
設　計｜大阪市電気局建築課（新名種夫ほか）
施　工｜合資会社清水組
構造・階数｜鉄筋コンクリート造　地上5階、地下1階、塔屋付
屋根形式｜陸屋根

現存せず。

建築を形容する際、しばしば食べ物にたとえることがある。大阪の食べ物はさっぱりした味付けのものが多いと思うが、建築では濃厚な味付けが目立つ。デコレーションケーキ、あるいはソースとマヨネーズのたっぷりかかったお好み焼き。今回紹介する大阪市交通局庁舎はそんなこってりとした味わいの建築である。

電気局の誕生

この建築は当初、大阪市電気局庁舎として昭和五年（一九三〇）に完成した。交通局の前身である電気局の前史は、明治三十六年（一九〇三）九月の市電・築港線開

外観　通りに面した北側の外観をほぼ1：2に分割する位置に塔を配置するのは、建築の重心の取り方としては絶妙なバランス感覚である。この塔にはかつて電気大時計があり、まちのシンボルとなっていた。

通にさかのぼる。その後、三十九年に市電の延長経営のために電灯電力供給事業を市営とすることが議決された。大正十二年（一九二三）十月、大阪電燈株式会社を買収・継承し、電気局が誕生した。電気局が交通局と改称したのは昭和二十年九月のことである。

市電が近代都市の発展に不可欠な要素であったのはもちろん、そのための電力もなくてはならないものだった。また電気は新時代の象徴として、ガス灯にかわり照明の首位の座を占めていた。電気局庁舎は交通と電気という時代の花形産業の庁舎として、市電開業ゆかりの築港線沿いに建設されたのである。

時代の先端産業であれば、その建築も流行の最先端だったのではないだろうか。それはある意味で当たっているのだが、この建築は交通や電気からイメージされる明るさやスピード感とは異なる、どこか古めかしく荘厳なイメージも持っている。

エントランスホール　広々としたホールに立つと、まず国産とイタリア産の大理石が乱貼りされた色鮮やかな床に目がいく。また見上げれば天井の中央は吹き抜けになっており、目を休める間もないほど豊穣な空間に仕上がっている。

エレベータ文字盤　左右対称の植物や三日月のような模様があるが、抽象とも具象とも判じがたい。外壁のスクラッチタイルとともに、アメリカの建築家F.L.ライトの影響を感じさせる。

百花繚乱時代の一典型

電気局誕生から三年後の大正十五年（一九二六）には庁舎の調査設計が開始され、昭和三年（一九二八）に起工、一年十ヶ月後の昭和五年三月に完成した。ちょうどこの時期は、日本の近代建築史上もっとも多様なスタイルが出そろった時代である。その中でも目立ったものが、茶褐色のタイルで覆われた外観と独創的な装飾を随所にちりばめた建築で、大阪では特に多くみられた。

電気局庁舎の様式は「欧風に東洋風手法を加味した近世式」（『大阪市概要』昭和七年、大阪市役所）といわれている。この字面を読んでも何のことかわかりにくいが、要約すれば当時の欧米の事務所建築に東洋的な装飾を用いて飾った建築、というような意味である。建築全体ではヨーロッパの古城のような雰囲気であるが、個別に細部を見ていくと驚くほどの多様性がある。

総工費は百十八万円であったという。翌年に再建された大阪のシンボル・大阪城天守閣が総工費四十八万円、船場の繁栄を物語る名建築・綿業会館が百五十万円であったことを考えても、同時代を代表するにふさわしい建築といえるだろう。

この建築は単なる庁舎ではなく、竣工当初から五階に電気普及館があり、翌年には一階に「市電の店」がオープンした。電気普及館は料理講習室や照明比較室、舞台照明室などを備え、電気や照明知識の紹介とともに電気調理講習会などを開催していた。「市電の店」では照明器具などの販売も行い、電気のサービスステーションの役割を果たしていた。電気、交通と市民生活を結ぶ大切な窓口だったのである。

尽きることのない見所

建築細部の装飾は具象とも抽象と決めがたいものが多い。しかし

北階段3、4階の踊り場　階段の床（踏み面）はタイル貼り、手摺は大理石、手摺の下は内側が人造石で外側が漆喰塗りと素材も変化に富む。手摺の大理石には時折、アンモナイトなどの化石がみられる。

東側吹き抜け　エントランスホール上部の吹き抜けは最上階まで続き、幾何学的で明快な構成である。当初は3、4階境にガラス床があり、巨大なシャンデリアが吊られていたという。

西側吹き抜け　事務室に面した西側にもうひとつ採光用の吹き抜けがある。窓はアーチ形に統一されている。窓ガラスは網入りで六角（亀甲）模様と菱形模様があり、前者が当初のガラスであろう。

2階第1会議室　柱の上部、梁（はり）の接するところにはユニークな持ち送りがある。遠くから見ると和風建築の組み物のようにもみえる。壁には歴代局長の写真が飾られている。

それらが全体として統一感をもってデザインされている。また見所が装飾だけでないことは、一歩中に足を踏み入れれば明らかである。エントランスホールには最上階までの吹き抜けがあり、天窓から自然光が降り注ぐ。吹き抜け周辺は抽象的なデザインでまとめられ、外観と違って白系の色を多用していることも空間の透明性を高めている。だが、それでも天井装飾の彫りの深さ、床や壁の鮮やかな色使いとパターンは、この建築の透明な空間よりも装飾による密度高い表現が勝っていることを印象づける。

　電気や交通を直接イメージしたのではなく、それらのもたらす豊かな社会を設計者はこの建築に込めたのだろう。装飾のユートピア、そしてなにより大阪らしい建築である。

初出
『大阪人』二〇〇三年六月号（第五十七巻六号）

階段　1階から2階に通じる階段。主に人造石が使われているが、3段目以上の踏み面は板敷きである。踏み板の摩耗が時の流れを感じさせる。階段の親柱や1、2段目は個性的な曲線を描く。

3階和室　淡路町通りに面した3連アーチ窓の内側は8畳の和室。棹縁（さおぶち）天井の本格的な造りだが、窓の上から長押（なげし）をまわす点や、床が廊下より13cmほど高いことなどから、途中段階での改造である可能性が高い。

OSAKA BOOK

15

淡路町ビル（旧中井歯科商店）

形態は眺望に従う

心斎橋筋と淡路町の交差点の南西角、と書けばすぐにその場所が思い浮かぶ。それは歴史的な町割りを残す船場の魅力である。道修町、平野町には薬品会社が多いが、そのすぐ南側の淡路町にもかつては医療、薬品関係の店や事務所が散見された。

二つの対照的な顔

こげ茶色のスクラッチタイルの外観に、額縁のように切り取られたクリーム色の平坦（フラット）な壁面。この対照的な二つの顔が淡路町ビルの最大の特徴である。

額縁状に縁取られたクリーム色の壁面は、心斎橋筋と淡路町の角に面して大きな面積を占めている。一、二階には壁から少しだけ飛び出した付け柱がならぶが、壁面全体としてはフラットな印象が支配的である。西洋の古典的な建築では窓の彫りが深く、凹凸ある表情を持つことが多いが、ここでは壁面と窓面が同一面に近づいている。外壁を平坦にみせようとする努力は、この近くの綿業会館などでも見られるもので、昭和初期の建築家たちが古典的な建築様式から離れ、モダニズム等の新時代の表現に移行しようとした試みのひとつである。

ビルのもうひとつの顔、茶色のスクラッチタイルの壁に注目してみよう。このタイル面だけみても、

所在地｜大阪市中央区淡路町3-6-12
竣工年｜大正末期（伝）
構造・階数｜鉄筋コンクリート造 地上3階、塔屋付
屋根形式｜陸屋根

内部見学不可。

外観　写真右手が淡路町通り、左手が心斎橋筋にあたる。茶色いスクラッチタイルの間から、クリーム色の平坦な壁面が顔をのぞかせるユニークな外観。クリーム色の大胆な彩色はいつ頃からかはわからない。

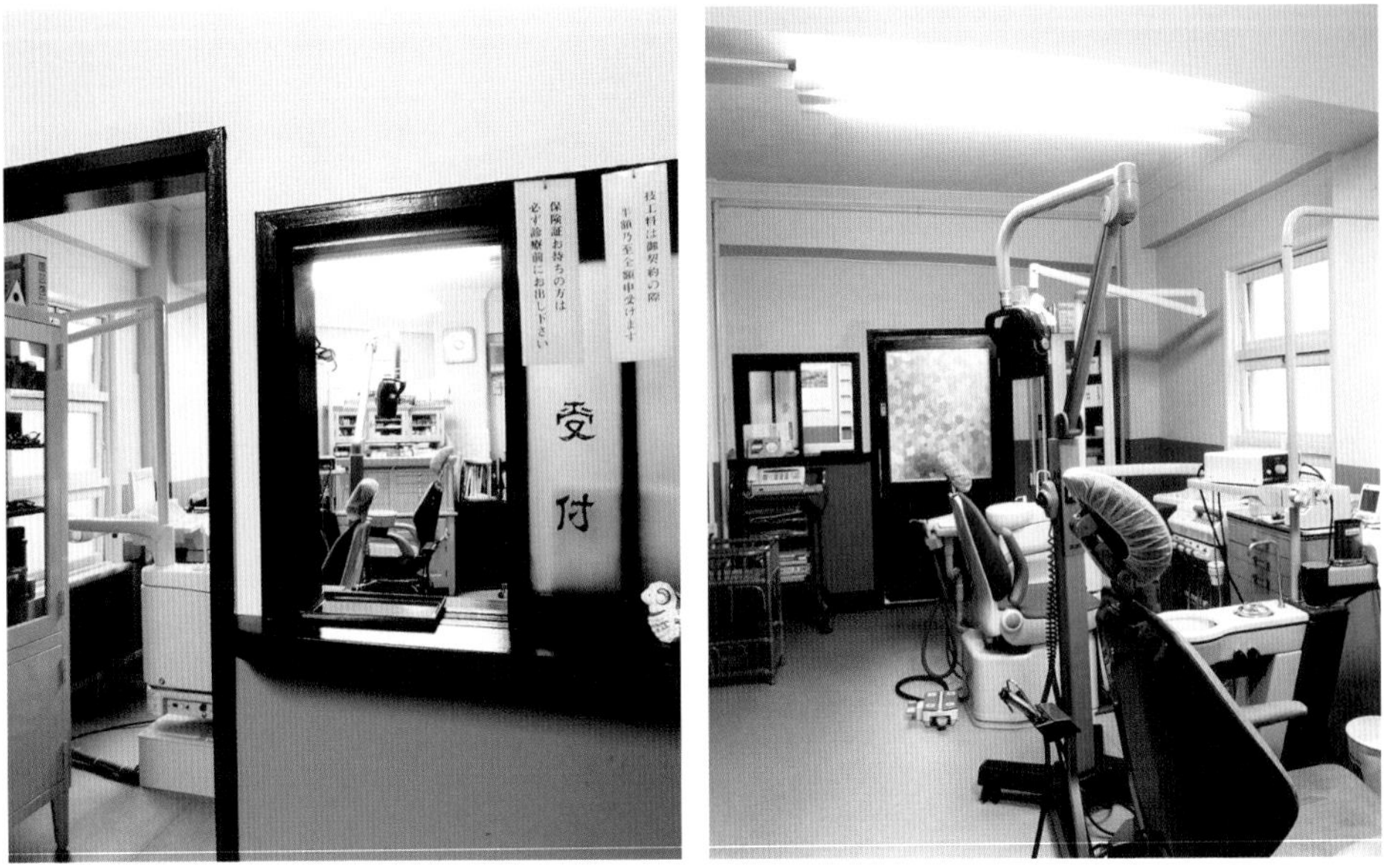

2階 板谷歯科医院　板谷歯科医院は現院長の父がシカゴの大学を卒業後、シアトルで10年間開業し、日本へ帰国後ひらいたもの。大正6年の開院で、ここには昭和13年に移転してきた。

ひとつの建築として成り立つような力強い表現である。だが淡路町側の三階にアーチ窓を使う点や、外壁最上部に装飾帯を用いる点は、クリーム色の外壁部分より古風な印象を与える。しかし窓の奥行きが浅いことは両者に共通した特徴でもある。

古風な茶色い壁面から額縁で切り取られたようにクリーム色のモダンな壁面が顔をのぞかせる外観（ファサード）。このビルが古典的で重厚な表現から、新時代の軽快な表情へと脱皮しようとする姿にもみえる。

多彩な窓の表情

淡路町ビルはその規模に比して、窓が変化に富むことが注目される。二階の一部の窓枠は改修されているものの、十種類ほどの窓の形が確認できる。窓の多彩さがこの建築の表情を豊かにしていることは確かであるが、どうしてこのようなことになったのだろうか?

現在、一階のスポーツ用品店のアトリエ（工房）として使われている三階にあがったとき、そのヒントが少しみえてきた。北東向きではあるが角地に面しており、たくさんの窓からふんだんに外光が射し込む。この部屋は心斎橋筋と淡路町通りを一望する展望台のような部屋だったのだ。角地には正方形に近い大窓を設け、そのとなりにはアクセントとなる丸窓が付いている。東側の壁面には暖炉があり、それを取り囲むように大・小・大とリズミカルに窓がならぶ。暖炉まわりくらい壁にしても良さそうであるが、可能な限り窓を増やした結果、このような窓配置になったようだ。しかし、これだけの窓から何を眺めていたのだろう?

心斎橋筋は塔の筋

二階の板谷歯科医院は、このビル最古参のテナントである。中井歯科商店として建てられたこのビルに昭和十三年（一九三八）から入居しているという。医師の板谷禎

2階廊下　こじんまりとしているが、床板や手摺の親柱は当時の雰囲気がよく残っている。

3階アトリエの暖炉　心斎橋筋側にある暖炉。この時代は電気ストーブをおいていたと思われる。背後のタイルは燃えさかる炎をイメージしたものだろうか？

板谷歯科医院表札　ビルの南東側入口にある。石板に「T.ITATANI D.D.S. 歯科ドクトル板谷辰次」と彫られている。

3階アトリエ　角地に面して縦長窓が2つ、ほぼ正方形にならぶ。かつて、ここからは瓦屋根の町並みが見渡せたという。

二氏は「この建物は四つ辻の角に建っていますが、向かいや隣はすべて瓦葺きでした。なにしろこの辺は織物屋さんの町ですが、瓦屋根がほとんどでした。ちなみに心斎橋筋は塔のある建物の筋だっていうんですよ。木造瓦葺きの屋根ばかりが並ぶ中で服部時計店などの塔が目立ったんですね」と振り返る。淡路町より南側は当時、北側ほど高い建物が少なく、戦後しばらくまで瓦屋根や塔を望めたのだろう。もちろんこのビルの三階南側にも多数の窓が残っている。

　町を見晴らす望楼のような建物であったことを考えれば、この建物の窓の多さとその形の多様さ、そこにかけた情熱も理解できる。かつてアメリカ近代建築の巨匠ルイス・H・サリヴァン（一八五六〜一九二四）は「形態は機能に従う」との名句を残したが、ここではさながら「形態は眺望に従う」といえそうだ。

初出
『大阪人』二〇〇三年七月号（第五十七巻七号）

六四〇〇万人の夢が京橋に

NTT西日本研修センタ 万国博記念体育館

南側外観　京橋駅に近い道路からみた外観。体育館の舞台部分（右手）の外観と、その両脇に5列にならぶ縦長連続窓がみえる。

所在地｜大阪市都島区東野田町4-15-82
竣工年｜昭和45年（1970）
設　計｜日本電信電話公社建築局
構造・階数｜鉄骨造　地上2階
屋根形式｜陸屋根

現存せず。

大阪大学のキャンパスは現在、豊中市と吹田市にあるが、以前は各学部が大阪市内に分散していた。そのためだろうか、京橋駅の北西、徒歩わずか二～三分のところに、かつて阪大工学部があったことは意外と知られていない。この旧阪大工学部の北約一キロの場所には大阪市立都島工業高校もあり、日本の工業化を支えた多くの逸材が都島区から育っていった。今回の舞台はその都島区の阪大工学部跡地である。

一九七〇の夢のあとに

平成十二年（二〇〇〇）は万博ブームの年だった。昭和四十五

上から見た外観　万博会場にあった電気通信館の三角広場の建物を移築したもの。移築の際、体育館にするためにやや縮小したため、六角形に近い形になっている。

年（一九七〇）に大阪の千里丘陵で開催された日本万国博覧会からちょうど三十年目にあたる年だったからだ。この万博は総入場者数六千四百万人を集めたが、この記録を破る博覧会は世界中を捜してもどこにもない。おそらく今後も出てくることはあるまい。百八十三日間の華麗な祭典のために、パビリオンの設計には世界各国の有名建築家たちが腕を競った。いまでもその情景を鮮やかに覚えている人も多いだろう。しかし美しい花の命は短い。いや短命だったから美しかったのかもしれない。会期を終えた多くのパビリオンを待っていたのは解体の運命だった。建築は普通、半永久的なものとして建設される。だからパビリオンは特別な存在なのかもしれない。だがそこにも例外はあった。万国博美術館や鉄鋼館など、いくつかのパビリオンは現地で保存されることになった。また愛知県や遠くオーストラリアに引き取られていった幸運なパビリオンもあった。

体育館の内部　万博当時は「三角広場」と呼ばれた大ホールだった。中には複数の大スクリーンがあり、霞ヶ関ビルや六甲山、種子島などとの中継画像が絶えず流れていた。現在は研修センタの体育館として利用されている。

現在、跡地の万博公園はフリーマーケットや学校の遠足、家族連れのピクニックなどでにぎわっている。その万博公園の中でもモノレール・公園東口駅付近はひときわ広い芝生広場になっている。万博の会期中、そこには日本政府館があり、そのとなりには電気通信館があった。電気通信館は日本電信電話公社と国際電信電話株式会社が出展したパビリオンで、携帯電話の前身「ワイヤレステレホン」が未来の電話として展示されるなど「ここには情報革命のエキスが集められている」（『別冊中学生コース EXPO'70のすべて』学研）といわれた。その中でも目玉は三角広場で行われた世界初の多元実況中継などのイヴェントで、万博会場内でも人気パビリオンのひとつだった。この三角広場の建物が、実は都島区の阪大跡地に移築されていたのだ。

よみがえる万国博

今回訪ねた先はＮＴＴ西日本研修センタ。阪大工学部の跡地にあり、研修棟の建物もかつての工学部校舎の一部を再利用している。その敷地の南東に万国博記念体育館はあった。「万国博」の三文字が当時の記憶をよみがえらせる。現在、日本万国博覧会を通称「万博」や「大阪万博」と呼ぶが、当時は「万国博」と言っていたからだ。建物の前に立つと、その手入れの良さに驚かされる。先ほど引き取られたパビリオンは幸運だったと書いたが、三十年以上を経て再訪すると、それらは使われていなかったり、管理がよくなかったりすることが多い。万国博会場のにぎわいを記憶する人にとっては、それらとの再会は少々つらいことも多いのではないだろうか。しかしここは違う。三角広場の一部を移築して用途も体育館と変わったため、また外壁なども新しくされたため、変更された部分は多い。しかしそ

体育館の鉄骨　体育館の準備室を見上げると、移築された建物の鉄骨が出現。裏方ながら「これぞ万国博の生の姿！」といわんばかりの迫力である。

入口の階段　中央の踊り場を太い鋼管が支える。それに対し階段の各部は薄い鉄板と繊細な鉄筋から構成されている。踏み板に使用された鉄板はわずか6mm厚。この階段が当初のものか、移築時に新設されたものか分からないが、1970年前後の時代を象徴するような素材感、ミニマムなデザインである。

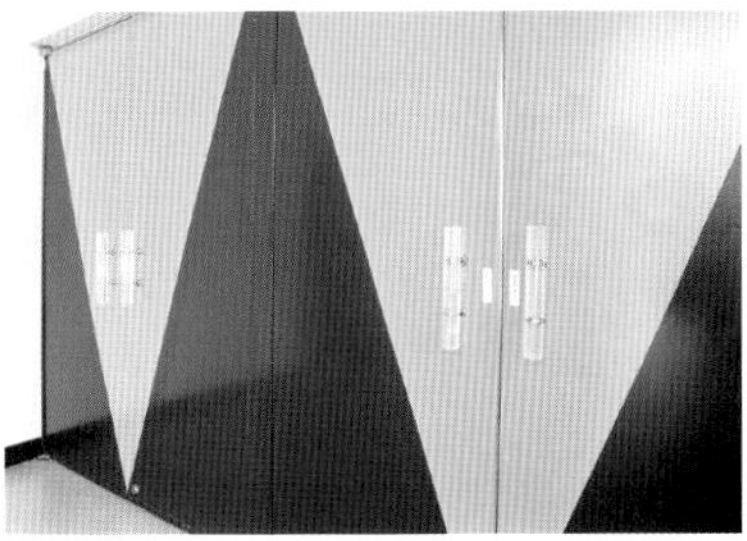

体育館入口の扉　濃灰色と黄の大胆な色分け。アクリル製の引き手が'70年当時を思わせる。

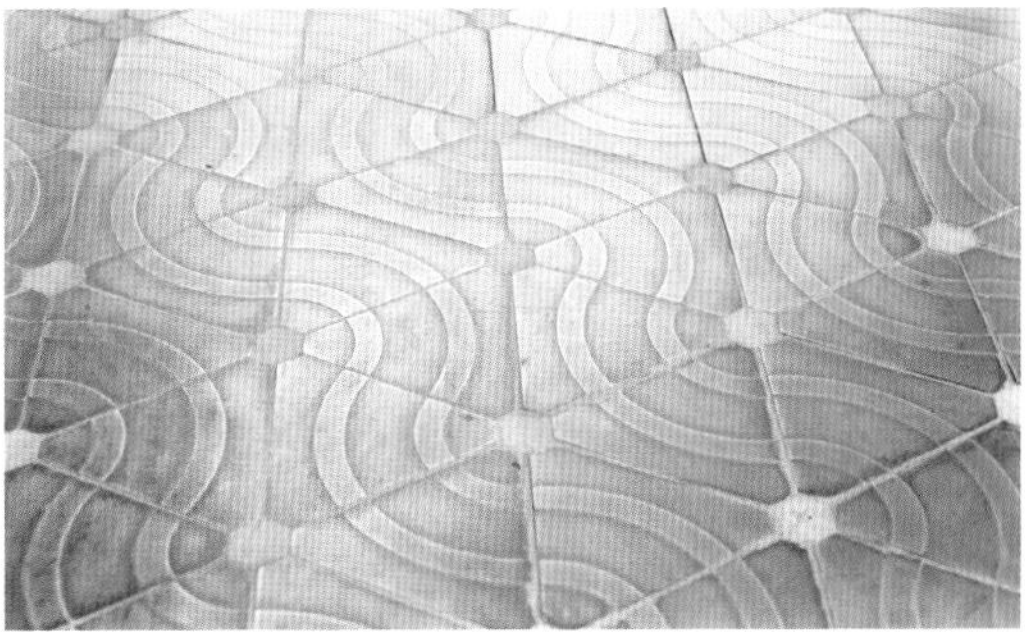

入口のタイル　連続した波模様のある三角形のタイル。三角形の角を落としているため、交点が六角形になるようにデザインされている。このタイルも移築された部材の一部。

の骨格は当時のままであり、建築としての生命を保ち、維持管理が行き届いている点もうれしいことだ。

七〇年代の薫りが随所に

今ならもっと豪華で立派な体育館を創ることは難しいことではない。しかしもともと仮設で建てられたパビリオンからは、七〇年当時の建設技術や美学を随所に感じ取ることができる。また鉄骨やガラスが多用されたパビリオンは、杉や桧の建築と違い、年が経つほど美しくなるものではない。しかしそこに表現された素材や技術、時代精神には、杉や桧の使い込まれた美とは異なる魅力がにじんでいる。高度成長の頂点を極めた万国博のささやかな遺産が、その成長を支えた技術者たちを輩出した都島区に落ち着いたのは、なにか幸せなことだったように思える。

初出
『大阪人』二〇〇三年八月号（第五十七巻八号）

OSAKA BOOK

17

第二末広湯

モダン銭湯の源流

脱衣場の天井付近　男湯女湯の境には古い白黒テレビがおかれている（残念ながら今は映らない）。手前女湯側には京都の伏見稲荷から勧請した荒熊大明神がまつられている。赤いヘアドライヤー（写真手前）は現役で3分20円。

所在地｜大阪市淀川区新高5-7-19
竣工年｜昭和初期頃
構造・階数｜木造　平屋（一部2階）
屋根形式｜切妻造平入桟瓦葺

銭湯の営業は行っていない。
内部見学不可。

三都比較

喜多川守貞（きたがわもりさだ）の記した『守貞漫稿（もりさだまんこう）』（近世風俗誌）は近世後期の大坂、京、江戸の三都の衣食住や風俗等を詳細に描写した書物として知られている。文化の東西比較は興味が尽きないが、近代の銭湯建築にも都市ごとの特徴が見られた。関東大震災以後の東京では神社仏閣を模した豪快な銭湯が目立った。宮崎駿監督のアニメ映画「千と千尋の神隠し」の湯屋のモデルとなったのは東京下町の子宝湯（現在は江戸東京たてもの園に移築）だといわれる。一方、京都では今も町家のような銭湯をよく目にする。町並みにとけ込みすぎて、煙突を注意して見ていないと見過ごして

外観　白塗りの幾何学的でモダンな外観。入口上部の「末広湯」の看板は今とは逆に右から書かれている。その背後には巨大な瓦屋根の町家のような姿が見える。

しまいそうである。それでは大阪はどうだったのだろう？　東京や京都で和風の外観が目立つのに対し、大阪ではモダンな洋風銭湯が多かった。洋風の中には派手なものあれば、なかなかスマートなものもみられた。今回紹介するのは、そんな大阪らしい銭湯のルーツといえそうな物件である。

モダンで庶民的なデザイン

まずは「末広湯」と白地に黒のタイルで書かれた看板が出迎えてくれる。一見幾何学的で直線的な外観であるが、入口から下足場に向かう庇（ひさし）や壁、床にはやわらかい曲線が多用されている。建物が「いらっしゃいませ。どうぞお入りください」と迎えてくれているかのようだ。タイルも見逃せない。脱衣場に入る前の靴脱ぎ場の床や番台の背面にもさまざまな色や形のものがみられる。その多くは昭和四十年代ころに貼り替えられたそうであるが、なかなか良い味を

番台　ここからお客さんの安全を見守るのは大切な仕事。女湯と男湯の間で声の掛け合いやタオルの投げ合いもあったとか。

木製ロッカー　女湯に20個分だけ残る古い木製ロッカー。当初の錠は「おしどり」の文字と絵が描かれている。錠の受け金には「用心」と書かれている。新しいロッカーの錠は折り鶴の絵が書かれているが、これも万博以前のもの。

出している。

　番台で入浴料三百六十円を払って脱衣場にはいってみよう。ピーク時には多くのお客さんが同時に訪れるため、番台には入浴券を入れる専用の投入口がある。現在使っているのは女湯側のみとのこと。さて脱衣場の高い天井を見上げると、白地の天井にこげ茶色の格子が組まれた格天井（ごうてんじょう）になっている。格天井は格の高い座敷でよく見られるものだが、天井板が白いため、和風とも洋風ともとれるデザインになっている。

　浴場の入口は花崗岩の柱と楣（まぐさ）（入口の柱上の水平材）で組まれている。脱衣場から見ると楣は高さ二十四センチ、奥行三十一センチもの石材が使われている。框が柱の端より少し飛び出しており、鳥居のように見える。これは身を清める神聖な浴室の入口という意味だという。浴場の内部は床や腰壁などにふんだんに石材が用いられている。床には大きな敷石の間をタイルが市松模様を描き、外観同様モダンな雰囲気が漂う。しかしもっとも目をひくのは壁のタイル絵と獅子頭の水吐き口であろう。現在のタイル絵は二代目というが、絵柄は昔のままで男湯は富士山と優雅な天女、女湯は熊を投げたおそうとする金太郎。どちらかといえば女湯のほうが絵柄は勇ましい。またタイル絵となりの獅子の口からお湯が沸き出している。こちらは男湯、女湯両方にあるのでご安心を。

なつかしく古風な味わい

　銭湯の楽しみは湯上がりのひととき。最近では脱衣場の飲料水も自動販売機になっているところがあるというが、ここは昔ながらの販売でみかん水などのなつかしい飲み物も多い。

　ところでこれまで肝心のこの銭湯の歴史について触れていなかった。まず第二末広湯の「第二」の由来であるが、現在のオーナーの祖母がここで経営を始めた昭和六

女湯　床の敷石の間のタイルはピンクと白の市松模様。

女湯のタイル絵　金太郎が熊を投げ飛ばそうとする場面はなかなか勇ましい。タイル絵はペンキ絵とならんで銭湯の浴室の重要な装飾技法。

男湯のタイル絵　富士山と天女。左手は美保の松原を意識したものだろうか？　富士山は銭湯ではおなじみのモチーフだが、ここの富士山は先端が尖っているのが特徴という。

男湯　浴場から脱衣場をみたところ。床の敷石まわりのタイルは白とライトグリーンの市松模様。右手にタイル絵と獅子頭のお湯の吐き出し口がみえる。なお、正面出入口の石組みは脱衣場から見ると鳥居のように見える。

年（一九三一）ごろ、すでに近くの三津屋に末広湯という銭湯があったため「第二」と名付けたのだそうだ。ちなみに昭和六年以前にこの建物はすでにあり、現オーナーの祖母が経営を引き継いだので、建物の竣工はもっと古いことになる。市内には戦前の銭湯がいくつかあるが、末広湯よりも装飾が多く華やかなもの、脱衣場の天井が高いものもある。しかしここは控えめでこじんまりとしている分、それらより古風なのかも知れない。湯上がりに再び外に出て外観を遠くからながめてほしい。正面の外壁の背後は町家のような姿になっている。これもモダンな外観へ移行する過渡的な姿なのかもしれない。

　営業時間は午後三時半から十一時。しかし三時には常連さんはすでに来ているという。入浴と建築鑑賞を兼ねるなら日没前の早めの時間がおすすめです。のぼせないようご用心。

初出
『大阪人』二〇〇三年九月号（第五十七巻九号）

OSAKA BOOK

18

窓に隠された秘密
メリヤス会館

全景　右手前（西側）が第1期、中央が第2期、奥が第3期。4階は戦後すぐの増築。手前から奥へと窓列が緩やかに変化しながらならんでいる。窓は建物の水平方向にも垂直方向にも規則性と微妙な変化を与えている。

所在地｜大阪市福島区福島3-1-39
竣工年｜第1期・昭和4年（1929）、第3期・昭和12年（1937）
設　計｜宗建築事務所
施　工｜大阪橋本組
構造・階数｜鉄筋コンクリート造 地上3階、地下1階、ペントハウス付
屋根形式｜陸屋根（ペントハウス：切妻造）

入口を見上げると看板に「莫大小会館」の文字。莫大小をメリヤスと読めるひとがどれだけいるだろう？　莫大小というのは伸び縮みする繊維という意味の当て字だという。糸偏産業盛んなりし頃、この会館は市内に多数あるメリヤス関係の中小企業の輸出手続きを代行する大阪輸出莫大小工業組合の事務所として完成した。百二十名ほどの同業者が出資して建設されたが、終戦後は材料難などのためメリヤス関係の事務所は減少した。そのため昭和二十一年（一九四六）に株式会社莫大小会館を設立し、会館はもっぱら貸しビル業に移行した。さらに十年ほど前から会館名の莫大小はカタカ

第3期部分の1階　トラックから輸出用メリヤス製品を搬入していた倉庫。現在は使われていない。

1階玄関付近　第1期（西側）の入口には漢字で「莫大小会館」と書かれた看板が残る。なお、外観が現在の色に塗り替えられたのは平成3年（1991）のこと。

ナで表記されるようになり、昨年には最後に一軒残っていたメリヤス業社が移転、今ではすべて異業種となった。時代の波に翻弄されながら、いまも人を引きつけるこのビルの魅力を探求しよう。

外観にみなぎる気迫

この会館に近い中之島、堂島界隈は近世に諸藩の蔵屋敷がおかれた物流の一大拠点であった。堂島大橋のあたりはかつて曽根崎川が合流していた。その川を埋め立てたのが現在のメリヤス会館の敷地である。昭和四年（一九二九）に第一期が完成、さらに流路に沿って三期にわけて現在の姿が完成した。そのため会館の建物は非常に横長であり、その外観の特徴はどこまでも続くかにみえる窓の列である。

窓が建築意匠にもたらす効果の大きさについてはこの連載でもたびたび紹介してきた。この建築の正面に立つと、ファサード一面を

中央階段を見上げる　2階から3階を見上げたところ。尖頭アーチの部分でまっすぐ登る階段と、右手に折れる階段が別れる。手前が第1期で、アーチの先を直進すると第2期部分になる。増築した部分に変化と連続性を持たせている。

3階廊下　第2期部分の廊下。右手には滑り出し窓がならび、下部は307号室と同じく腰板張りとなっている。天井の繰り方も第3期にくらべ手が込んでいる。

おおう窓の配列に圧倒されることだろう。規則的な窓のならびは往々にして建築を単調に見せる一因にもなるが、ここで感ずるのは単調さよりもむしろ一種の気迫である。建築家は建物に統一感や規則性を与えることに腐心する一方、いかに個性的で魅力的な建物を造るかにこだわり続けてきた。なぜならば両者のバランスの上に実現された建物こそ、古来名作と賞せられてきたからである。この外観にある種の気迫を感じるとすれば、それは名作に挑んだ建築家の葛藤の証ゆえであろう。

規則性を読む

堂島大橋に近い方が第一期の完成部分である。こちらから窓のパターンを観察してみよう。一、二階部分を通して、二つ一組の窓が規則的に配置されている。一階は縦長窓で二階の窓は上部が半円アーチの縦長窓、さらに水平ラインをはさんで三階にも一、二階に対応した位置に窓がならぶ。このパターンが破られるのは入口と階段部分である。中央部分の第二期もほぼ同じ規則で配置されている。次に左手の第三期部分を見てみよう。一階にはシャッターのある大きな開口部があり、二階にはそれに対応して三連のアーチ窓が、さらに三階には四連の縦長窓がならぶ。このように縦方向に目をやると、窓の配置にユニークな規則性があらわれている。しかも一期、二期、三期で統一感がありながら、微妙に表情を変えている。階段室の窓の変則性も全体の穏やかな変化に呼応しており、リズミカルな印象を与えている。ちなみに縦長窓の開閉方法が外側への滑り出し窓になっている点も面白い。

内部に呼応するリズム

窓の連なるファサードに面して廊下と階段があり、そこを歩くときも外観の縦長窓のリズムが心地よい響きをもたらしてくれる。中

307号室　もと会館会議室。第2期部分で当時の内装がよく残っている。柱は板張りの腰壁から上が大きく広がっている。窓からは堂島川や堂島大橋、大阪国際会議場がよく見渡せる。

第3期外観　1階はトラックが付けられる大きな開口部、その上の2階は3連の縦長アーチ窓、3階は4連の縦長窓になり、縦方向の窓の細分化が見られる。

308号室　第3期部分で現在はフロッグ応用美術研究所が入る。テナントには画廊、デザイン、建築設計関係が多い。

西側階段　階段裏の曲面がダイナミック。手摺は1階から3階まで流れるように連続する。突き当たりは元役員室（202号室）。

央と両側にある三箇所の階段の内、もっともユニークなのは中央階段である。一筋の階段の真ん中から上が二手に分かれる、また分岐点に尖頭アーチや半円アーチをつけて窓と呼応するリズムをつくる。これは第一期と二期のつなぎ目の解決策として考えられたものだろうが、結果として大変魅力的な階段になっている。

　会館を設計した宗建築事務所は生駒ビル（P.100）をはじめ市内に多くの名作を残したことで知られる。ここではビルに装飾を加えるのでなく、曽根崎川跡に沿った長大な建築に、窓や階段といった建築本来の要素を上手にうめこみ、生命を吹き込んだ。

　廊下や階段を歩いていると、ひとりでにテンポが生まれてくることがある。名建築は時に音楽に例えられるが、メリヤス会館の廊下や階段には、楽譜の中を歩いているような心地よさがある。現在のテナントに美術、デザイン、建築関係が多いのはその諧調にひかれてのことかもしれない。

初出
『大阪人』二〇〇三年十月号（第五十七巻十号）

OSAKA BOOK

19

長寿建築の秘訣
菅澤眼科クリニック

南側から見た外観　連続する縦長窓は3階部分のみアーチ形になっている。外壁に張られたクリーム色のタイルは竣工当初のもので、山本窯業がドイツから輸入した素焼きタイル。屋上の塔は玄関上部ではなく、西側にずらして配置している。

菅澤眼科クリニックの開院は、明治二十七年（一八九四）にさかのぼる。堺の宿院で三年ほど開業した後、現在の西区土佐堀に移った。ここは当時、江之子島の府庁舎や旧川口居留地からも、中之島や船場からもほど近く、発展を約束された場所であった。現在の建物は昭和四年（一九二九）、三代目院長を務める菅澤龍二氏の幼少期に完成したものだ。小さな建築ながら、その存在感は群を抜いている。建物から受ける強い印象をひとつひとつ解きほぐすことで、この建築の魅力に迫ってみよう。

インパクトのある外観

まず目につくのは玄関まわりのデザインだろう。建物の角に大きな曲面を描く外観、そこにオレンジ色の大アーチをともなった開口部がひらかれている。そのアーチを突き抜ける二本の大きなオレンジ色の柱形、さらにそれを分断する庇。これらが強い骨格を形成しているが、柱形以外はすべて曲面と曲線が絡まりあった造形である。四角い柱形のみが直線的であり、玄関まわり全体の背骨のようになっている。この柱形は二階の窓台までのびるが、構造的な役割はそれほど大きくない。むしろ玄関の意匠、そして建物全体のデザ

所在地｜大阪市西区土佐堀2-3-5
竣工年｜昭和4年（1929）、昭和22年（1947）改修
施　工｜清水組、橋本組改修
構造・階数｜鉄筋コンクリート造 一部鉄骨造 地上3階、塔屋付
屋根形式｜陸屋根

平成28年（2016）国登録有形文化財。
内部見学不可。

玄関付近　オレンジ色の大きなアーチ、柱形、庇が目に飛び込んでくる。建物角の曲面と入口のアーチ曲線、庇の蒲鉾形が複雑に交わり、その色彩とともに建物のアイキャッチとなっている。柱頭には四角く抽象化された渦巻き形がみられる。

玄関のステンドグラス　玄関の内側から見たところ。外側にガラスの凹凸模様と桟によるアクセントがある。ガラスにはバラなどの華やかな模様があり、深みのある水色やピンクといった色使いは一度見たら忘れられず、玄関の個性的なデザインに見劣りしない。

外観上部　柱形の上部は直線的な段々状の繰形（くりかた）と5段に重ねた渦巻き形の柱頭が規則的にならぶ。窓のアーチや庇のカーブとの対比が美しい。

インの要となるものである。近代建築の中には古典主義と呼ばれる一群があり、その柱頭（キャピタル）（柱の上部）には普通アカンサスの葉や渦巻き等の飾りが付く。菅澤眼科クリニックの柱頭には水平な三本の帯と、その上部に四角い渦巻きの形がみられる。本来ならばこれらは具象的な形であるが、ここでは極度に抽象化されている。これは時代の好みであるとともに、全体の力強い構成と調和したものといえる。

さらにその周辺を見てみると、オレンジ色のアーチと柱形の間に、色鮮やかなガラスが使用されているのがわかる。緑色や水色の板ガラスは明治時代の洋風建築にしばしば見られ、大阪市内でも第五回内国勧業博覧会の遺構のひとつと伝えられる四天王寺八角亭（明治三十六年）などの例がある。しかしそれよりだいぶ新しい時代のこの建物に見られる色ガラスは、単に平坦な板ガラスではなく、表面にさまざまな凹凸模様が付いている。聞けばドイツからの輸入品だという。窓ガラスを細分化するスチール製の桟には規則的に人字型のアクセントがみられる。ここから差しこむ日差しは内部に幻想的な光をもたらしている。玄関の土間床にはその光と呼応するかのように白い六角タイルが敷かれている。

外壁全体を覆うのは深めのクリーム色の小口タイル。タイルの張り方を見ると横方向にはほとんど目地を取らずタイル同士をくっつけており、上下間には約一センチと大きめの目地を取っている。建物全体からみればタイルの目地は小さなものだが、遠くから注意してみると水平方向に大きめに取られた目地の陰影効果が読みとれる。外壁の最上部、最下部のみタイル張りとせず、人造石による装飾的な仕上げとしている。縦長窓の間をうめる大きな柱形の柱頭には渦巻き形の装飾。玄関の柱よりは具象的であるが、やはり本来の古典主義建築よりは格段に抽象化

1階診察室　ここでは3代目の院長が患者を診察する。最新型の病院よりリラックスできそうだ。右手奥には息子の使う現代的な設備の整った診察室もある。

1階ホール　待合室から受付と階段、玄関を見たところ。受付は外観に対応するかのように綺麗な曲面仕上げになっている。

2階病室　玄関上部の曲面に面した病室。壁の磨き上げられたベニヤ板なども昭和22年の改修時のもの。窓は二重サッシになっており、この部屋の外側の窓枠は当初のものが残っている。

され、渦巻き形を五段に重ねるという遊びもやっている。

縦長窓の連続する規則的な外観も印象的であるが、建築全体では深めの色彩、そして何より玄関まわりの力強い構成がそれに負けないインパクトを与えている。

建築の生命力

昭和二十年（一九四五）の空襲で内部は焼けてしまった。復興されたのはその二年後。決して今のような豊かな時代ではなかったが、磨き上げられた各部屋の床や壁には気品が感じられるとともに、被災した建物を復活させ、さらにきれいに維持しようとする努力がうかがえる。この建築の長寿の秘訣は意匠的に優れているだけではない、それを維持する「ひと」が健在であるからだ。健康な長寿建築ゆえ、患者も安心して来院できるのだろう。

いま大阪では古い町並みどころか、わずかに残っている歴史的な建物さえどんどん消えようとしているが、幸いこの西区近辺は小さな質の高い建築が比較的よく残っている。ビルの谷間に著名な名建築が残るだけで大阪の魅力は支えきれるだろうか。街角の小さな名建築とそれを維持する伝統が肌で感じられてこそ、この町に誇りが持てるのではないだろうか。

初出
『大阪人』二〇〇三年十一月号（第五十七巻十一号）

屋上から見た塔　塔はタイル貼りで現在はオフホワイトのペンキ塗。当初は塔の中央上部に旗竿があり、当院の旗を立てていた。塔両脇の手摺の親柱上にかつては電飾が付けられていた。

OSAKA BOOK

20

都市建築のめざしたもの

大阪信用金庫 日本橋支店

正面入口　入口上部の左右に花模様の装飾がある。この建築の数少ない装飾要素だが、彫りが浅く建物全体のすっきりとしたイメージによく調和している。入口まわりには卵鏃紋（らんぞくもん）の縁取りがみられる。

大阪信用金庫は大正八年（一九一九）、保証責任大阪信用組合として設立許可を受け、翌九年（一九二〇）に安堂寺町で業務を開始した。途中、名称や本店所在地を幾度か変更しながら、業務を拡大していった。現在の日本橋支店は、昭和十一年（一九三六）に本店として建てられたものである。銀行建築といえば重厚なイメージが付きものだが、この建築からは当時の銀行特有の厳めしさは感じられない。むしろスマートさ、軽やかさといった形容がふさわしい。このような銀行建築が誕生したのは時代の流行か、それとも建築家の個性のためであろうか。

所在地｜大阪市中央区島之内2-15-20
竣工年｜昭和11年（1936）
設　計｜片岡安+松室・末澤建築事務所
構造・階数｜鉄骨鉄筋コンクリート造
地上3階、地下1階、塔屋付
屋根形式｜陸屋根
（増築部：寄棟造桟瓦葺）

現存せず。

外観全景　堺筋に面した外観を、入口を中心に左右対称の窓枠で構成している。シンメトリーながら堅苦しさはなく、むしろ若々しくスマートな印象を与える。なお、写真右手の二階部分は増築部で、その境目の外壁はクリーム色のタイル貼りとなっている。

片岡安の指導力

この建築の鍵を握るのは、当時二代組合長を務めていた片岡安（やすし）という人物である。片岡といえば、当時の大阪を代表する建築家が思い浮かぶ。建築家・片岡安は当時の建築界の第一人者・辰野金吾とともに、大阪で辰野片岡建築事務所を主催した人物である。また大阪市中央公会堂の実施設計を行ったことでも知られている。しかし彼にはもうひとつの顔があった。実業家、政治家としての一面である。第一次若槻内閣の蔵相・片岡直温（なおはる）の女婿となった彼は、大阪商工会議所で副会頭、会頭を務め、故郷の金沢市では名誉市長を務めたこともある。つまり当信金の二代組合長と建築家・片岡安は同一人物であり、かつこの建築の設計者でもあったのだ。現在、同支店に残る青焼きの実施設計図には、松室・末澤建築事務所の名前があることから、この建築は片岡安がデザインを決め、松室・末澤

1階営業室の天井　営業室の周囲には寺院の組物の一部である肘木型曲線がみられる。当時この上に回廊がめぐり、それを支える構造的な役割を果たしていたと思われる。

1階営業室　中心部は柱をたてずに大空間を確保している。手前の大理石のカウンターや、長方形タイル2枚1組を格子柄とした床（バスケット織りパターン）など、当時の意匠がよく残っている。

建築事務所が実施設計を行ったものと思われる。

還暦を迎え、政治、経済、建設業界の重鎮となりつつあった彼が生み出したのは、若い感性を随所に感じさせる建築だった。

本店の格を表現した伝統の細部

堺筋から一階の営業室に足を踏み入れると、磨き上げられたタイルの床面が出迎えてくれる。カウンターをはさんで広がる営業室は、かつて二階までの吹き抜けだったと思われる。その吹き抜けを取り囲んで回廊がめぐっていたのであろう、現在もその回廊を支えていた部分が残っている。この支えが独特の曲線を持つ。寺社建築に見られる組物の一部・肘木（ひじき）の曲線である。銀行建築に日本建築の伝統的細部（ディテール）を取り入れるのは意外に思われるが、違和感なくまとめられている点に設計者の力量がうかがえる。本店としての格式を伝統の意匠で表現したのだろうが、そこには重苦しさは感じられない。現在、本店は天王寺区に移転したが、今もその名残が随所に見られる。三階の広々とした会議室ではかつて、入庫式や朝礼が行われていた。現在も残る演台の背後には歴代組合長の写真がならんでいたという。また地下には社員食堂が完備されていた。

新しさと品格

銀行の本店の立地として黒門市場や道頓堀の繁華街に近い堺筋沿いは、昔も今も魅力的な場所といえる。ここに面した外観がなかなか印象的である。プラタナスの並木がならび、全貌を見渡すことは難しいが、よく見ると筋に面した三階建の部分が左右対称の構成になっている。全体のプロポーションは立方体に近い。中央に正面入口があり、その両側に一、二階通しの縦長の窓枠、三階には三連窓を囲う横長の窓枠があり、バラン

旗竿と装飾　最上階の北西隅にある旗竿と装飾。旗竿の下端はアーチ型を突き抜けてその下の装飾部分まで達している。

3階もと会議室　本店時代、この部屋で入庫式や朝礼が行われていたという。大空間を確保するため、南北の壁には約3m間隔で柱がならぶ。

2階会議室　柱と梁の間には、階段を逆さにしたような3段の繰形（くりかた）がある。天井と梁・壁の間にも繰形があるが、幾何学的な印象で建物の外観と調和している。

屋上より南側増築部を見る　2階の増築部分は寄棟造でオレンジ色の桟瓦葺であるが、外側からはパラペット（手摺壁）が立ち上がり、傾斜の付いた屋根であることを隠している。

ス良い構成となっている。三階の窓枠を飾る角柱のみが銀行らしい様式建築の面影を伝えているが、それはあくまでささやかなアクセントに過ぎない。建物の北西角は隅切りされ、最上部に小さなアーチと旗竿、小さな装飾を配している。しかし全体を眺めたとき、この部分にまず視線が集中する。ちょっとした配慮が、この建築の魅力を決定づけているのだ。

あくまでも軽やかでスマート。片岡は、生涯ゼツェッションを愛していた。それは重厚な古典主義から都市的で軽やかな建築への移行を示す建築運動であったと同時に、近代大阪のデザインの特色を端的に示す代名詞でもあった。都市的な品格を備えたこの建築は、ゼツェッションをさらに軽快にまとめており、片岡の晩年の嗜好を示すとともに、戦前の関西の建築界の向かった方向を集約しているといえるだろう。大阪の建築界、経済界が品格を備え若々しく成長を遂げてほしい、彼はこの建築にそう願いを込めたのかもしれない。

初出
『大阪人』二〇〇三年十二月号（第五十七巻十二号）

中村健法律事務所

凝縮された建築作法

外観　内北浜通に面した外観。この通りに面して近世には両替商が、近代になると銀行や証券会社、保険会社が多く建ちならんだ。右手の玄関のある1、2階通しの縦長開口部の上部や3階の窓には装飾格子がはめられている。

1階事務室　町家のスケール感でありながら、部屋同士の間仕切りにガラスを多用することで、明るく奥行き感のある空間を実現している。装飾ガラスやドアの引き手など、細部にも手の痕跡が感じられる。

内北浜（うちきたはま）通に面してたつ三階建の小さな事務所。その規模にくらべて大きめの窓や玄関が特徴といえる。外観のクリーム色のタイルは、まちにやさしくとけ込む印象を与える。玄関の扉を開けて中に入る。奥行方向に四、五メートル進むと、さらに事務所の扉がある。この通路に入った瞬間「明るい！」という言葉がまず思い浮かんだ。そして美しく懐かしい雰囲気を感じた。それはいままで体験したことのないような懐かしさであった。わずか数メートルの通路は、この建築がただものでないことを感じさせる。

やわらかい内部空間

この通路はいってみれば、かつて両隣にならんでいた町家の「通り土間」に相当する。しかし異なるのはその明るさと温かみである。訪れた人を心地よく出迎え、そしてこれから出あう人と空間に対して心をとぎほぐしてくれる。ここで事務所という堅い雰囲気は和らげられる。わずかではあるが、本当に価値のある空間といえる。

ところでこの通路、玄関扉はガラス張り、片側の事務室との境は装飾入りの曇りガラス、その反対側と突き当たりは閉じた壁になっている。通路の玄関と事務室側からは明るい光と内部の人の気配を

所在地｜大阪市中央区北浜2-4-10
竣工年｜昭和11年（1936）
設　計｜村野藤吾
構造・階数｜鉄筋コンクリート造
地上3階
屋根形式｜陸屋根

内部見学不可。

入口の土間より玄関をみる　奥行わずか4～5mの通路だが、この建築への期待感を高める効果をもつ。ブロンズ製の装飾格子を通して差し込む光と陰影、またそこから見る外の景色は、町家の格子を連想させる。

2階応接室　壁や天井にはいっさい装飾的な曲線を用いていない。ただ柱型や梁（はり）型、暖炉の直線が一種の幾何学的な構成美を生み出している。特に柱型と暖炉の取り合いを、装飾タイルを用いてうまく処理している。

階段　1階から踊り場を見上げたところ。天井にはいっさい装飾的な曲線を用いていない。手摺も直線的なパイプを通すのみ。村野は階段のデザインを得意としたが、ここでは全体の意匠と調和するよう簡潔にまとめ上げている。

やわらかく感じ取ることができる。正面突き当たり左手の扉を開け、靴を脱ぐとそこが事務室になっている。

　事務室の境壁は全面ガラスの格子壁となっており、敷地の小ささを感じさせない。ガラス格子や曇りガラスのスクリーンは、伝統的な町家の障子戸を思わせる。これらのスクリーンをはずして、ひとつの大きな空間を作ることも可能だろう。しかしあえてスクリーンを設けることで、空間を分節するのと同時に、奥行き感を与えているように思われる。

幾何学的な構成美

　奥行きを感じさせる一階とは対照的に、二階は独立した部屋のならぶ落ち着いた雰囲気である。内北浜通に面した応接室は、昭和初期の建物から受ける一般的な印象とはずいぶん異なる。柱や壁、そして扉もすべてが直線的な印象である。しかし現在よく見かける真四角な部屋とも異なる。この時代には室内をさまざまな装飾を用いて飾り立てようとすることが多い。たとえば天井と壁の間や、照明の吊りもとには複雑な装飾的曲線が使われる。だがここではそれらを排除しようとする意志が強く働いたのだろう。天井と壁の境をはじめ、すべてが直線的である。しかし「装飾的でない＝無機質な空間」という一般的な図式はここでは当てはまらない。装飾によらず、柱や壁の構成により豊かな表情を作り出している。「構成」へのこだわりが明瞭に読みとれるのだ。その中心がマントルピースといえる。柱をさけて非対称に組まれた構成、この建築では珍しい装飾タイルの使用など、この部屋のアクセントになっている。ところで二階はもう一部屋、南側に執務室がある。応接室には二カ所の扉があり、階段室と執務室につながる。執務室にも二カ所の扉があり、応接室と階段室につながる。狭い空間ながら動線上の工夫により、回遊性が

屋外階段からの眺め　3階から屋上に上がる外階段から南側を見る。手前の赤いスパニッシュ瓦の建物は、中村氏の元・居宅として終戦の直前に再建されたもの。奥にみえる瓦葺きの大きな建物は、旧鴻池家の本宅（現・大阪美術倶楽部）。

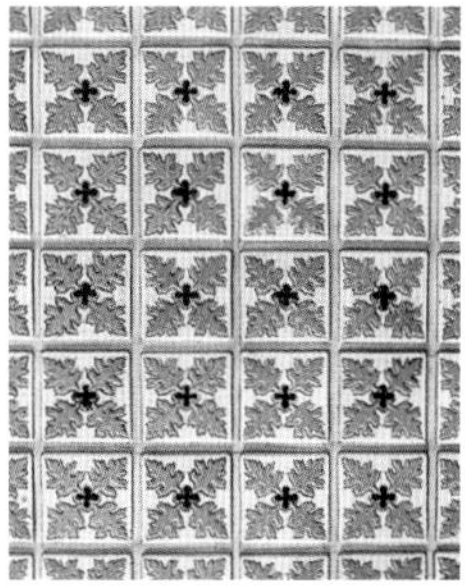

暖炉の装飾タイル　2階応接室の暖炉に使われている装飾タイル。65mm角で厚さ12mmのタイル（75平角タイルの一種）を使用。装飾タイルの使用は設計者・村野がかつて在籍していた渡辺建築事務所時代の名残を感じさせる。

3階書庫　法律関係の書籍のならぶ造りつけの書棚も村野の設計。なおこの書架の反対側の壁には父・健太郎氏が仮眠をとることもあった造りつけの折り畳みベットがある。

2階執務室　中村健氏の父、故・健太郎氏が使っていた当時のままの状態。黒いタイルを用いた暖炉には飾り棚が造りつけられ、さながら和室の床の間や棚の趣がある。照明器具は部屋ごとにデザインが異なる。

高い間取りとなっている。

細部にいたる繊細さ

このようにこの建築は小さいながら、隅々まで神経が行き届いた感じがする。現在、この事務所の所長である中村健氏によれば、この事務所は父・健太郎氏の時代、昭和十一年（一九三六）に建築家の村野藤吾に依頼して建てたものだという。父の存命中は中村健太郎法律経済事務所の看板を掲げ、阪神大震災の年に父が亡くなると現在の名称とした。

当時、村野は四十五歳、師である渡辺節の事務所をやめ、心斎橋のそごう百貨店に取り組んでいた時期である。玄関の装飾格子や暖炉での装飾タイルの使用は後の村野の作品では数少ないが、渡辺建築事務所時代に彼が手がけた綿業会館などの装飾とは一脈通じるものがある。村野は昭和五十九年（一九八四）、九十三歳で亡くなる間際まで、たくさんの建築作品を残した。しかも作品のすべてに隅々まで神経が行き届いていた。人を迎える建築をつくる作法を心得た建築家であったのだ。素材や形は異なっても、そこには町家のような細やかさが息づいている。

初出
『大阪人』二〇〇四年一月号（第五十八巻一号）

まちの景色をつくる建築

南海電鉄西天下茶屋駅舎

正面外観　岸里玉出方面行き駅舎の正面外観。屋根には緩やかにむくりが付いている。入口の庇上部の三分割された扁平なアーチ窓など、全体にやさしい印象を与える。左手の窓の中は宿直職員用の和室になっている。

所在地｜大阪市西成区橘3-3-23
竣工年｜昭和初期頃
構造・階数｜木造　平屋
屋根形式｜切妻造平入

屋根は建築にとって、とても大切な部分である。しかし最近の大規模な建築はほとんどが陸屋根と呼ばれるフラットな屋根である。屋根はなぜ大事であるのか、それは機能面からだけでなく、建築のシルエットのほとんどを規定してしまうからなのだ。それはひとつの建築にとどまらず、まちの風景にとっても大きな意味を持つ。

まちに優しい意匠

一時間に上下二本、ラッシュ時には各三本の電車が停車する南海汐見橋線・西天下茶屋駅は、こじんまりとした建物だ。しかしこの駅舎のつくりはひときわ立派で、

駅舎内部　待合室は天井が高く、外観の印象以上に広々と感じる。現在、照明は蛍光灯だが、その根元に電球時代の照明の吊りもと飾りが残る。またその近くの天井の小穴はかつての石炭ストーブの鉛管の跡。

庇の金物　庇を支える持ち送りの金物は、直線と曲線を組み合わせた程良い優雅さを感じさせる。庇から外側に飛び出した渦巻き型の金物は、祝祭日に旗を立てていた時代、旗竿を受けるためのものだった。

小さいながら凛とした雰囲気を漂わせる。平屋建の小さな駅が、この町のシンボルと言ってもいいくらいの存在感を発揮しているのは、ひとつにはその屋根のためだろう。

どことなく大正時代のロマンを感じさせるのは、中央に緩やかなふくらみを持つその屋根のせいだろう。このちょっとした工夫が駅舎全体の印象をやわらげ、どことなく愛くるしい表情にしている。正面入口の上部にも、三角形の切妻破風が顔を向けている。この破風の下には半円形の換気窓や駅名の看板、そして三分割された緩いアーチ窓がある。この窓の下には庇があり、壁からは庇を吊るかのごとく鎖がのびている。もちろん鎖は緩やかに垂れ下がり、実際の力を負担していない。窓にも一見すると庇を吊るす金物があるようにみえるが、これも窓の桟のデザインであり、曲線を用いて窓を優雅に仕立てている。このほか庇の下部を支える金物にも同様に柔らかな曲線が使用され、全体のやさ

出札　三方に窓があり、ここにいると駅舎内部やホームが一望できる。自動改札に代わった今も、駅員さんの顔がみえるとほっとする。

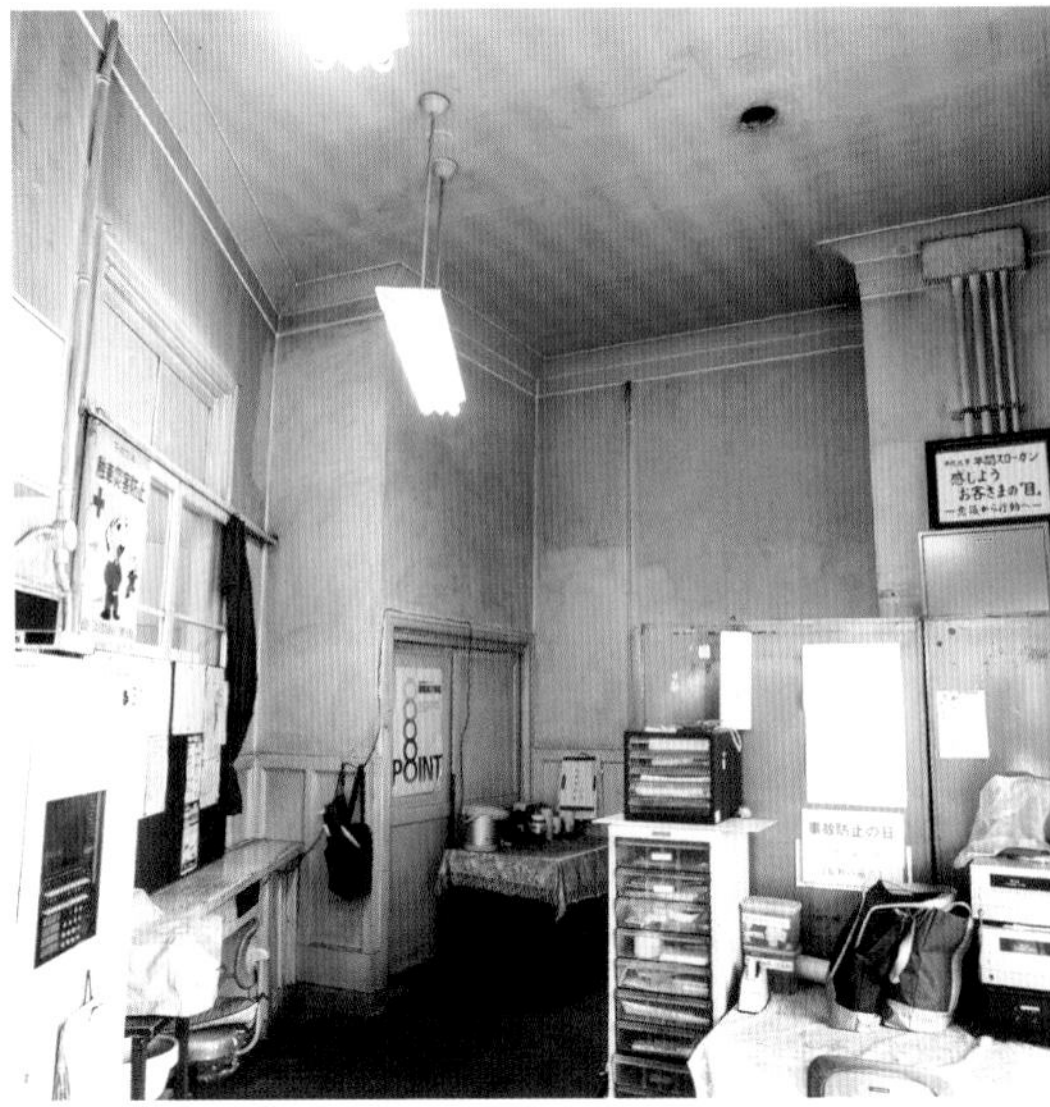

駅員室内部　自動券売機の登場以前に使われていた券売窓口は現在、掲示板でふさがれているが、建具や机の引き出しは当時のままである。

しい雰囲気に一役買っている。

随所に残る駅の歴史

この路線は現在汐見橋線と呼ばれるが、かつては高野線の大動脈。一時期は町工場へ通うひとびとをはじめ、通勤・通学の利用者でにぎわいを見せていた。駅舎に入ると四メートル近い高さの天井が、こじんまりとした印象をかき消してくれる。天井には照明器具の吊りもとの漆喰模様が同心円状に残るほか、小さな丸い穴が開いていることに気付く。待合いを兼ねていた駅舎に、戦後しばらくまで置かれていた石炭ストーブの煙管の跡である。そういえば外観も現在は白を基調としてるが、これも近年の塗り替えによるものだろう、かつては下部がタイル貼り、上部が塗り壁で茶と黄土色に近い配色だったのではないかと思われる。時代を重ねてきた建物にはそうした詮索の楽しみがある。しかし近年の塗り替えがあまりに丁寧にだったせいか、その隙間に当初の色味を見つけることはできなかった。

当時の雰囲気を残すものは駅の裏方にもあった。駅員室も待合室同様、天井が高く、ストーブ用の煙管跡の丸穴が残っていた。さらに奥には六畳ほどの和室があった。ここは終電が終わってから始発までの間、駅員が寝起きをする場所である。瀟洒な洋風建築にも、そこで働く者のため、しっかりと和室があるのだ。和室の窓を開けると通勤客の顔が見える、駅はまちに密着した建築であることを実感させられる。

普遍性と独自性

ところでこの駅舎は当時、大変個性的な建築だったかというと、必ずしもそうではない。南海沿線にはこうした駅舎がたくさんあった。日本で最初の私鉄という自負もあったのだろう、このような手の込んだつくりの駅舎が沿線の各

ホーム　片流れの屋根を支えるのは6連の繊細な鉄骨アーチ。その材料はおそらく、鉄道のレールを転用したものだろう。

踏切付近から見る　斜めから駅舎を見ると、線路際に庇屋根が付いているため、意外と複雑な屋根をしていることが分かる。

汐見橋方面の駅舎　写真右手が汐見橋方面の駅舎。太い円柱に支えられたシンプルなつくり。右手を曲がるとすぐ庶民的な商店街が続き、お総菜のにおいや元気良いかけ声がひびいてくる。

和室　宿直用に使われている6畳間。職員の間では「合宿」との愛称で呼ばれている。写真反対側の窓を開けると駅前の通りがすぐ目の前に。

主要駅でみられた。今でも諏訪ノ森駅や蛸地蔵駅などにその名残がみられる。それらはどれも小さいながら個性的でかわいらしい屋根を特徴とし、入口上に扁平なアーチを三分割した窓を設けたところが多かった。大阪の中心部と郊外の住宅地やリゾートを結ぶ南海電鉄にとって、これらの駅舎はコーポレート・アイデンティティのようなものだった。しかし同時にそれぞれの駅舎には少しずつ違った意匠が取り入れられていた。西天下茶屋駅にみられる屋根や三分割窓のディテールは、似ているけれどもほかの駅舎には見いだせない。当初のデザインも違えば、周辺環境も異なる、そしてその後の歩みも勿論同じではない。結果として似ているようでいて、ひとつひとつが個性的な姿となる。これは現代のまちの景色が、いつしか見失ってしまったものではないだろうか。

初出
『大阪人』二〇〇四年二月号（第五十八巻二号）

OSAKA BOOK

23

生駒ビルヂング

未来を刻む時計塔

時計塔の最上部　塔部分も裏側まで入念にスクラッチタイルが貼られている。頂部の飾りはテラコッタ製で1階入口のガラスの装飾や欄間などとも共通するデザイン。

所在地｜大阪市中央区平野町2-2-12
竣工年｜昭和5年（1930）、改修：平成14年（2002）
設　計｜宗建築事務所
施　工｜大林組
構造・階数｜鉄筋コンクリート造 地上5階、地下1階、塔屋付
屋根形式｜陸屋根
改修設計｜Y's建築設計室（ルノー・ハッセルマン＋ピーター・フィリップス）

平成9年（1997）国登録有形文化財。

塔の上から

屋上には旗がたなびく。昭和はじめの写真を眺めていると、多くのビルでそんな光景が見られた。いまでは自社のフラッグを屋上に掲揚するところはごく少ないが、生駒ビルヂングの屋上にはいまも旗を掲揚する棹が残っている。しかもそこは堺筋と平野町通が交差する大阪の中心街。旗竿を見上げると、このビルの建てられた七十数年前のまちの景色に出会えるのではないかという気がしてくる。また屋上の手摺壁には球形の照明器具も取り付けられている。これも昭和初期に流行したビル照明の典型であるが、大阪でいまも残っ

外観　時計塔があるのが堺筋側、右手が平野町通側。全面スクラッチタイル貼り。ただし普通のスクラッチタイルと違って表面に釉薬がかかっているために光沢がある。各階の間にはクロスステッチ型のタイル模様。また中央の駒形に「生」の字のある列の装飾帯はテラコッタ製。時計塔の下に一直線上に伸びる縦長の出窓（オリエル窓）とその下の丸窓は時計の振り子をイメージしたものという。

ているところはほとんどないだろう。時間が止まったような錯覚に陥るが、その脇の時計塔は確かに現在の時刻を刻んでいる。

屋上から話をはじめたのはほかでもない、このビルの持つ「塔」としてのイメージに負うところが大きいからである。ところで屋上にはもうひとつ気になるもの—小さなガラスの三角屋根—がある。そこをのぞくと一階から五階まで続く主階段がみえる。平成十四年（二〇〇二）、このビルが生駒時計店の店舗から現在の用途に移行する際、新たに取り付けられたもので新生・生駒ビルヂングの象徴ともいうべきものである。

新しい生命

ドアマンが扉を開けると、透明アクリルチューブを使った斬新なレセプション（受付）が見える。その奥には重厚で華やかな階段が空間を引き締める。となりには堺筋や平野町通を行き交うビジネス

南側階段　裏手の階段でありながら、かなり頑張ったデザイン。手摺や段裏の曲面などが変化に富み、下っていくと渦に巻かれるような感覚をおぼえる。

丸窓から堺筋を望む　時計塔の真下にある2階貸し室の丸窓。部屋ごとに窓の形状が異なる。目の前の堺筋の喧噪とは対照に丸窓のある部屋には安らぎを感じる。

マンを横目に、コーヒーでくつろぐ人びとの姿がある。まるでシティホテルのような雰囲気。これが地上からみた現在の生駒ビルヂングの姿である。その名も「コンシェルジュオフィス北浜T4B」。「コンシェルジュ」とはもともとホテルやレストランでお客様に気を配り、サービスという範囲を超えて真心をもって対応する人をいう。「T4B」とは「Time for Business」の略。つまりホテル並みの心のこもったサービスを提供する新しいタイプの都心のオフィス空間、といった意味であろう。約六〜二十三平方メートルの比較的小さな七タイプの部屋からなり、二階から五階まで全二十八の貸室を持つ。さらに地下には会議や商談を行うボードルームなどがある。大阪でいままでになかった新しい形のビジネス空間として、このビルが選ばれたのである。しかし歴史好きな人にとっては、老舗の時計店の雰囲気はどうなってしまったのだろう、という心配が胸をよぎる。

生き続けるビルのデザイン

確かに入口付近はまったく新しい雰囲気である。しかしリニューアルにあたって大きく改造したのは先ほど紹介したレセプションと主階段上のトップライト程度。改修にあたってはなるべく建設当時のデザインや材料を尊重したという。また新しく付加したものは後で元の状態に戻せるという重要文化財並みの配慮がみられるのも、歴史的建造物の活用が進んできたことの証だろう。

　このビルでは階段で上り下りする人が多いことも特色である。省エネを励行しているからではない。階段のデザインと素材自身が、そこを使いたいという衝動に駆りたたせるからではないだろうか。この規模の建築としては階段が豪華すぎる気もするが、これも大阪の中心街にたつ老舗時計店としての風格、そしてビルの最大の見せ場を階段と考えた建築家の配慮が生

主階段の照明とステンドグラス　ステンドグラスはもともと別の位置にあったものを改修にあたりこの位置に据えた。照明は当初のもので、重厚な幾何学的形態が魅力。屋上の照明とも一脈通じる意匠。

棟札　建設の段階で、建物のおよその形が組みあがったときに上棟式を行う。その際、奉納されるのが棟札(むなふだ)。表面には「上棟　昭和五年五月十二日／株式會社生駒商店／取締役社長生駒灌七／設計監督 宗建築事務所／請負人 株式會社大林組」、裏面には「座摩大神等幸給所／手置帆負命／彦狭知命」と墨書されている。

1階レセプション　透明アクリルのチューブ製の受付はあえて既存のビルのデザインとの対比をねらったもの。それ以外は当初の面影を残している。天井の梁（はり）がごく短いピッチでめぐらされており、高い耐震性能を実現していたことをうかがわせる。

1階の主階段　大理石をふんだんに用いた美しい階段。手摺壁も人を誘導するかのように段々状に上昇している。左手のエレベータはかつて1階の乗降扉（北向）と2階以上の乗降扉（東向）が90度ずれていた珍しいものだった。

み出した結果といえよう。主階段は中央の吹抜けを挟んで口の字型に五階までのびる。シンプルな構成の中に多様な視線の移動があり、階段を上り下りしながら目線は絶えず上下左右の空間を味わうことになる。階段のすばらしさが結果的に環境に優しくなっている、といってしまえば手前味噌に過ぎるであろうか。この主階段のほか、南側にも小さな階段がある。この階段は地下一階から屋上まで続く裏動線的なもの。素材も規模も主階段よりシンプルであるが、手摺壁や段裏の曲線はどの角度からみても違って見える。

　最初に感じた「塔」のイメージ。二つの階段は垂直方向の移動、それに伴う空間の移ろいを愉しむ装置になっている。新しいビルでは得難いこれらの味わいがビジネスの武器になり得るならば、他都市と比較したときの商都大阪の未来もまだまだ期待できそうである。

初出
『大阪人』二〇〇四年三月号（第五十八巻三号）

OSAKA BOOK

24

校舎全景　玄関上部の搭状部分は全体の中心から少しずらしたところにあり、非対称の構成を取る。4階部分は後の増築であるが違和感なくまとめられている。左手の奥に体育館と講堂がある。

生き続ける幾何学時代の美意識

金蘭会中学校　金蘭会高等学校

所在地｜大阪市北区大淀南3-3-7
竣工年｜昭和12年（1937）
設　計｜大林組
施　工｜大林組
構造・階数｜鉄筋コンクリート造
地上3階（一部4階）、塔屋付
屋根形式｜陸屋根

現存せず。

時代の風を感じさせる建築。金蘭会中学校・高等学校の校舎にはそんな形容がふさわしい。見た目は美しく、そう古そうにも見えないが、そこにこそ、この建築の新しさと伝統が隠されている。

直線と非対称の美学

現在、オフィスビルや高層マンションの建設が進む梅田の西一キロほどのところに、ほぼ当時のままの状態でこの学舎はたたずむ。竣工は昭和十二年（一九三七）、それは戦前の建築が最高の水準に達した時期でもある。外観には短い間隔（スパン）で窓枠を兼ねた規則的な太い柱形が露出し、最上部を薄い水平

玄関ホール　2本の柱が象徴的な玄関。この柱は手前の幅が狭く、奥行きが長い。外観同様、幾何学的な構成美を意図している。

玄関ホール内側　手前の3段分がホールに張り出し、隅が曲面でデザインされ、人を導き入れるようなデザインに仕立てている。

旗竿　正面塔状部分の上部にある旗竿は非対称の建築美を構成する重要な一要素。この旗竿は日露戦争で活躍した「呂号第二十二潜水艦」のマストを譲り受けたものという。

な庇（ひさし）のラインでおさえている。垂直線と水平線だけで構成されたこの建築は、シンプルながらまとまりがよく、実直な印象を与える。玄関のある塔状部分は、一昔前であれば建物の中央に置かれシンメトリーを強調した外観を形作っていた。しかしここではあえて中心からずらし、非対称の配置としている。この塔状部分は玄関のほか、階段室などからなる。塔正面左側の階段室の縦長ガラス窓とその上の旗竿は全体の統一的な構成をやぶるアクセントとなり、非対称の構成に一役かっている。こうした幾何学的構成は内部空間にも反映されている。殊に体育館は一、二階吹抜けの大空間を支えるため、

3階講堂　1階の体育館と異なり、丸みを帯びた天井で構造を隠し、優しい雰囲気を生んでいる。床の後ろ半分に緩やかな傾斜が付く。長椅子も当時のままで、その上部は可動式の小テーブルになっている。

体育館　黒い腰壁の上に短いスパンでならぶ柱と梁がリズミカル。真上にある講堂を支えるため梁の成（高さ）は人の背丈ほどある。梁の下端を走るのは竣工当時からある暖房設備のダクト。この写真は1階の体育館と3階講堂を結ぶ専用階段の踊り場からみたところ。

またその上の三階に講堂があるため、普通教室のある外観と同じく短いスパンで柱と梁がリズミカルにならんでいる。また黒い腰壁の上は天井まで続く窓となり、明るい自然光が差し込む。構造と意匠が一致した美しさを追及した結果といえよう。

役員室にもこうした美学は貫かれている。壁を飾るベニヤ板はその木目で幾何学的模様を表現している。具象的な形を付加するのではなく、素材自身の持つ特性を活かしてデザインされた。こうした手法は昭和十年前後の建築に共通して見られる特質である。

曲面の美学

直線とならぶもうひとつの美学が曲線、曲面の生み出す効果である。ここでの曲線、曲面もあくまで幾何学的な印象から逸脱しない。先ほどの役員室のマントルピースは大理石の一種、トラバーチンを直線と曲面を用いてデザインしている。また玄関を入るとすぐに見られる数段の階段も角に曲面的な処理がなされ、全体の幾何学的で実直な構成に柔らかみを与えている。極めつけは三階講堂の意匠である。天井はやわらかい丸みをもつヴォールト天井。板張りの床は後ろ側半分が実に微妙な角度であるが、徐々に高くなっている。舞台の反対側の映写室は曲面を大胆に使った浮遊する宇宙船のようなイメージ。投影機のために開けられた大小の四角い窓が、左右対称の美学にこだわらない斬新さを加えている。さらに天井から吊られた八灯の照明は幾何学的で近未来的な意匠であり、これも時代色をよく反映している。建築意匠から付帯設備にいたるまで、学校建築で当時のものがこれだけよく残っているのは珍しい。またここで見られるデザインは、当時全国的にみても先進的なものであった。

中央階段室 踊り場には校舎外観を引き締める縦長のガラス窓がみえる。階段の踏面と壁の間には雑巾摺（ぞうきんずり）とよばれる高さ10cm程の木製の黒い帯が段々にそって伸びる。こうしたデザインも昭和10年頃の実直さを感じさせる。

3階の廊下 右手の教室との境壁や建具は木製。自然光が降りそそぐ左手の窓枠はスチール製からアルミ製に代わった。清掃が行き届き清潔感がある点も、古さを感じさせない一因だろう。

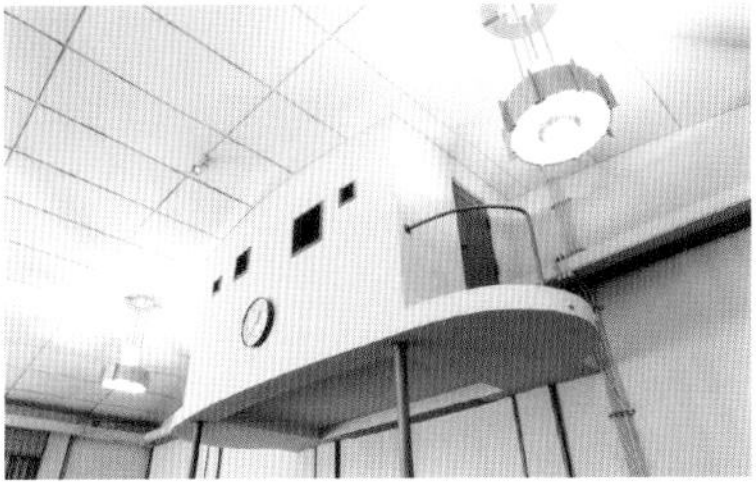

3階講堂の映写室と照明 舞台の反対側にある映写室。繊細な鉄柱で支えられた白い曲面壁と手摺のパイプは、あたかも浮遊する宇宙船のよう。その脇の照明器具も当時のままの幾何学的意匠。

1階役員室 壁面は当時珍しかったベニヤ板を正方形のピースで用い、菱目模様を作り出している。曲面美を見せるマントルピースもトラバーチン（大理石の一種）の地模様を装飾的に見せている。

美学を生み出した背景

金蘭会は明治から続く女子教育の伝統をいまも守り伝えている。「自立する女性」を校訓として創立された建学の精神は、当時の時代風潮の中で進歩的な考え方であった。昭和九年（一九三四）の室戸台風後、鉄筋コンクリート造の校舎を建設するにあたり、その校風は同時代の先端を行く美意識を受け入れる土壌として申し分のないものだった。時代が移り変わった現代、その校訓は自分を律するという意味の「自律する女性」として生き続け、築七十年ほどの校舎も日々生徒たちに使われ、清掃されている。激変する周辺環境の中でこの学舎が愛されながら守り伝えられてきた事実は、百年の歴史を刻もうとする伝統校としての誇りと先見性を物語っているといえるだろう。

初出
『大阪人』二〇〇四年四月号（第五十八巻四号）

25

三ッ山・石井歯科医院

モダンな外観の裏にひそむ謎

1階座敷　敷地の一番奥（南側）にある和室。左手より仏壇、棚、床の間がならぶ。写真の右手には台所がある。

正面玄関まわりと階段　扉を開けると15.5cm角の肌色タイルが斜めに敷き詰められている（四半敷）。さらに正面のガラス戸を開けると奥には台所がある。階段の親柱には「二階 診療室」の文字が見られ、階段下側の柵（結界）を開けると地下1階に降りる階段になっている。

地下鉄心斎橋駅の北側を東西にのびる長堀通。船場と島之内の境界を流れる長堀川にそって計画されたこの通りは、市内でも早くから拡幅され市電が通っていた。この通りは東横堀川を越えて上町台地へとのびる。今回紹介する三ッ山・石井歯科医院の建物は、この長堀通の拡幅計画にあわせて建て替えられたものである。

　建物は長堀通の南側に北面して建っている。三ッ山家のもとの敷地は現在の長堀通の中央付近まであったというから、拡幅のために提供した面積は決して小さくない。敷地が減った分、新しい建物は鉄筋コンクリート造三階建で建てられた。市域を拡大し、発展を続ける大阪市の主要道路にふさわしい新鮮な感覚のデザインを採り入れている。正面の外観は二、三階に並ぶ三連の縦長窓や、その右手の二階窓から張り出したバルコニー状の部分など、ほどよい変化を持たせながらも整った印象をもつ。とりわけ一階の長堀通に面した部分には、手の込んだ意匠や時代の雰囲気を感じさせる細部（ディテール）が見られる。庇（ひさし）には連続する円弧文があり、シンプルながら適度なアクセントを与えている。玄関脇にはステンドグラスが入り、道行く人の目を楽しませてくれる。竣工当時は自転車屋さんだったが、ほどなく現在の歯科医院に転業したという。しかしステンドグラスの下にショー

所在地｜大阪市中央区谷町6-9-22
竣工年｜昭和2年（1927）
設　計｜藤井建築事務所
施　工｜直営
構造・階数｜鉄筋コンクリート造
地上3階、地下1階、塔屋付
屋根形式｜陸屋根

内部見学不可。

正面外観　長堀通に面した北側の外観。竣工当時、3階建はこの界隈では珍しかった。3階窓の上に3つならぶ正方形の窪みには、かつて「三ッ山」の3文字の看板があった。右隣（西側）の文具店は歯科医院と同じ昭和2年に完成。

裏階段　2階から1階をみたところ。かつては1階に降りたところに電話機があった。1階突きあたりは押入、右手の板戸を開くと和室になっている。

2階もと診療室　竣工当初は洋間であったが、程なく歯科医院を開業したため診療室となった。縦長の3連窓の上には小さな正方形の換気窓がならぶ。

ウィンドウでもあったなら、心斎橋筋の時計店や宝石店のような洒落た雰囲気である。このあたりで拡幅後に出来た建物の多くが伝統的な町家形式であったことを思うとき、地域の中でも目立つ存在だったことは想像に難くない。

玄関を開けると美しいタイル貼りの土間があり、そこから二階に伸びる階段が出迎えてくれる。エントランス付近にタイルや階段といった見せ場を集中させており、要所をおさえた見事な空間構成といえよう。二階にあがると通りに面した北側に、もと診療室がある。現在は南側の広い部屋で診察しているが、かつての診療室にも受付窓やリノリウム貼りの床、診察用の机やカルテ入れの棚など、開業当時の雰囲気が良く残り、当時の診察風景が目に浮かぶようである。

いつもの説明では、このあたりで筆を置くところであるが、この建物には実はまだまだ不可解な点が残されていた。

謎の一

この建物は長堀通と反対側の南側の通りにも接しており、そちら側にも入口がある。裏側から見ても建物は三階建であるが、正面玄関を入っても反対側に出口はない。これは長堀通から南側の地面がこのあたりで大きく落ち込み、およそ一階分の高低差があるためである。南側の一階は正面から見れば地下一階ということになる。ではなぜ裏側から見ても三階建なのか、斜めからこのビルを見るとその理由がわかる。正面の三階部分は中程までで、後ろ側は屋上になっている。かつては屋上庭園になっており、池もあった。拡幅で失われた庭の趣を、ここで愉しんでいたのだ。

謎の二

正面玄関を開けたタイル敷の土間の奥は、廊下を兼ねた台所になっている。その脇には畳座敷が

南側外観　南側（裏側）の入口は、正面から見たときの地下1階にあたる。これは上町台地東側の斜面にあたるため。南側から見ても左隣（西側）の文具店と地下1階部分やバルコニーを共有しているのがわかる。写真右奥には谷町筋にあがる石段が見える。

1階和室　仏壇のある部屋のとなりにある。板戸をひらくと右手が押入、中央は2階へ続く裏階段、左手には地下1階への裏階段があらわれる。

ステンドグラスと庇の円弧文　幾何学的模様のステンドグラスは大変細かく分割されており、使用されているガラスの種類も多様である。

一列にならぶ。この構成は大阪の伝統的な町家で見られる間取り、つまり表から奥に続く一直線の土間（通り庭）にそって座敷が並ぶ形式に似ている。地下一階にあたる裏側の入口から入った時にも一直線に土間が伸び、その脇に部屋がある。表から入っても、裏から入っても、町家のような間取りなのである。いわば「町家の二段重ね」のような間取りである。そしてこの建物は小さいながら、東西二箇所もの階段がある。ひとつは歯科医院入口の階段であり、地下一階から三階まで続く。もうひとつの階段は一階の押入の扉を開けるとあらわれる。この階段も裏方をめぐって地下一階から三階へと通じている。押入の中の階段というのも日本の伝統的な住まいを想起させる。

謎の三

　そしてこの建物にはお手洗いがない！　実はすぐ右隣（西側）に建つ木造二階建の文具店の一階裏にお手洗いと風呂場があり、そこはこの建物からだけ利用できるようになっているのだ。この文具店も同時に建てられたもので、地下一階は同一の構造体を共有している。お手洗いがないのは建設に際して方位を重視した結果であろう。設計も最初は港区市岡の工務店に依頼しながら、途中で藤井建築事務所に変えている。これもおそらくは家相などを考慮した結果だと思われる。

　普通に見ればハイカラな建築。しかし内側には日々の生活をおくる場として、町家の智恵や伝統を存分に受け継いでいる。このあたりのテクニックは多分に「大阪的」なのだろう。

初出
『大阪人』二〇〇四年五月号（第五十八巻五号）

東宝南街会館

難波に輝いた五十年

外観　現在は一面広告で覆われ、上の方だけ建物が顔をのぞかせている。角に面して飛び出した塔がランドマークになっている。右手3、4階の看板には「50年間のご愛顧、誠にありがとうございました。さよなら南街ラストショー」の文字が見える。

所在地｜大阪市中央区難波3-8-11
竣工年｜昭和28年（1953）
設　計｜竹中工務店（小川正、井上重雄）＋阿部美樹志
施　工｜竹中工務店
構造・階数｜鉄骨鉄筋コンクリート造 地上6階、地下2階
屋根形式｜陸屋根

現存せず。

平成十六年（二〇〇四）二月一日、多くの映画ファンに見送られてその歴史に幕を閉じた東宝南街会館。日本における映画興業発祥の地である南地演舞場跡地に、小林一三が現在の建物を建てたのは昭和二十八年（一九五三）のこと。以来約五十年、難波駅前のシンボルとしてそびえてきた。戦後復興の最中、複数の映画館や劇場をひとつの建物に積み重ねたビルディングは珍しいものだった。まだあちこちに戦争の傷跡を残す中、再建のシンボルとして、ここはひとびとの希望の的であったのだろう。だが高度経済成長やバブル経済を経た今日、シネコンをはじめ多種多様な建築があらわれ、その存在

3階南街シネマ2階席より　2階席は大変急な傾斜になっている。椅子の幅は手すりの中心から中心まで約45cmと狭い。また前の座席との間隔も62〜63cmと狭く、古式である。

感も徐々に薄れてしまったかのようである。築五十年、この建物を前に思うのは、その寿命の長さだろうか、短さだろうか？

生き残った大階段

取材に訪れたのは閉館の翌日、中にはまだ生暖かい空気が残っていた。ひとが去り、使われなくなってしまった後の建物は、とたんに埃っぽくなってしまうものだが、昨日まで現役だっただけあって建物の体温はほとんど変わっていない。この後、設備などが搬出されると体温は急速に低下し、やがて空き家特有の冷たさにつつまれてしまう。そうなってしまう前に五十年間の最後の姿を記録に留めておこう。

閉館間際、この建物には五つの映画館があった。一階の南街劇場、二階の南街東宝、三階の南街シネマ、六階の南街スカラ座と南街文化劇場である。さらに屋上ガーデンにはゴルフ場があった。各劇場

外壁と窓　広告の間からのぞく外壁と窓。戦前の様式建築と同じく縦長の上げ下げ窓がポツポツとならぶ。

屋上塔屋　斬新な流線型の塔屋。宇宙船のようにも見えるのはその形とスチールとガラスの素材感のためだろう。中はエレベータ機械室で、この下には2基のエレベータがある。

には一階の入口と二基のエレベータからアプローチする。このうち一階の玄関は南街劇場と南街東宝の入口になっている。ホワイエには二階客席にいたる大階段がある。半円状にのびるこの階段は二階の南街東宝へのアプローチとなっている。吹き抜けを貫通する太い柱などに当時の意匠がよく残っているが、映画館の規模からするとやや大仰な印象がする。実は開館当初、一階と二階の劇場はつながっていたのである。それは一階から四階まで続く大劇場で、宝塚歌劇が行われたこともあった。この大階段は一、二階のホワイエを結ぶ空間の要となるものだった。その大劇場も時代の変化とともに昭和五十八年（一九八三）一階席と二階席を上下に分割し、二つの劇場に生まれ変わった。大階段はその歴史を越えて存在した力強さを秘めていた。時代の要求にあわせ建物がリフォームされる中、生き残ったのはこのような確かな骨格とデザインをもった部分だったのだ。

小さな痕跡の下に

大劇場の改修は、この建物が現役であり続けるためにくぐり抜けてきた歴史を雄弁に物語っている。こうした改修は建物全体におよんでいたが、三階の南街シネマだけは現在の映画館にくらべてやや雰囲気が異なっていた。客席は舞台に対して横長の平面で、上階の座席の傾斜はかなり急で慣れないと怖さを感じる。ここは竣工当時、ミュージックホール（小劇場）と呼ばれたところで、唯一当初の趣を残していた。スクリーンのある舞台の床をよく見ると、敷物の下にうっすらと直径三メートル程の円形が浮かび上がっていた。舞台に円形の跡とあれば廻り舞台に違いない、ということは地下に何かあるはず、と思い舞台の下に潜り込んでみた。ライトを片手にスクリーン裏手の埃っぽい階段を降りていくと、確かに奈落にはかつての地下道と舞台を廻していた設備類、そして円形の中ほどにせり・

3階南街シネマ廻り舞台の下　機械仕掛けの廻り舞台を下から見上げたところ。

1階入口　手前にチケットのもぎりがあり、右手が1階南街劇場、左手が2階南街東宝に登る階段。天井は細い金属管を吊したもので、先端に電球がつく。これは改装時に付けられたものだろう。

3階南街シネマ舞台下の地下道　数々の演者が舞台下の地下道を通り、廻り舞台中央の「せり」から登場したのだろう。道幅は約58cm、身長160cmの人がやっと通れるほどの高さ。

2階からみた大階段　中央の太い黒御影石の柱を中心に半円を描く。壁の木タイルを使ったデザインは当初からのもの。閉館を前に壁には「ドラえもん」シリーズのポスターが貼られている。手すりの手すり子はト音記号をデザインしたものだろうか。

（役者が舞台にせり上がる構造）が残されていた。戦後のものなので、昔の歌舞伎芝居のように人力での回転や昇降ではなく、機械仕掛けである。しかし思わぬところで伝統的な仕掛けにであってしまった。劇場が閉鎖される前にもう一度、動かしてあげたかった。

日本における映画発祥の地は、再び映画館を含む複合ビルに生まれ変わるという。映画の灯がともり続けるのは嬉しいことだが、五十年前の最先端の館がなくなることはやはり寂しい。大阪球場、中座につづき、繁華街の昭和二十年代の建物が次々と姿を消している。戦後建築は一巡の時期を迎えようとしているのだろうか。

初出
『大阪人』二〇〇四年六月号（第五十八巻六号）

OSAKA BOOK

27

鶴満寺観音堂

巡礼という空間体験

外陣から内陣を見る　手前が外陣（げじん）、百体観音をまつる奥が内陣。内陣は外陣よりも床が一段高く、内外陣境は円柱が使われている。一般に円柱は角柱より格の高い部分で用いる。右手前の階段は2階への上り口、左手前は下り口。階段の踊り場が空中歩廊のように長く伸びている。

小さな頃、広い迷路のような建物の中ではしゃぎまわった記憶はないだろうか。私は幼い頃連れられて行った旅館で、今も強く印象に残っている光景がある。大人でも迷いそうな廊下や階段を、ひとりで無事に戻ってこられたので誉められたというささやかな記憶のせいかもしれない。こうした幼少期の空間体験は案外忘れないものである。日常とちょっと変わった空間は子どもにとって絶好の遊び場となり、大人にとっても好奇心をそそられる場所であろう。だが、そんな迷宮のような空間も、今では徐々に少なくなってきているように思われる。

所在地｜大阪市北区長柄東1-3-12
竣工年｜昭和7年（1932）
設　計｜小島惇吉
棟　梁｜金剛治一
構造・階数｜木造　2階
屋根形式｜入母屋造妻入桟瓦葺、上層：八角宝形造銅板葺

外観　1階は普通のお寺と大きく変わらないが、2階が八角楼である点がユニーク。1階屋根の軒の出が小さいのは洋風建築の影響を受けた近代和風建築の特色でもある。正面入口角には釣鐘の形をした花頭窓（かとうまど）がみられる。

巡礼の仕掛け

鶴満寺（かくまんじ）の住職・長谷川眞哲氏は子どもの頃、観音堂を遊び場として育ったという。その建築は厳粛な信仰の場であると同時に、観音巡礼を立体的に体験できるユニークな空間を持っていた。この観音堂には西国三十三所、板東三十三所、秩父三十四所の観音像が納められており、ここをお参りすることで百体観音に詣でたのと同じ御利益を得ることができるという。お堂は人びとがお参りする外陣（げじん）と百体観音をまつる内陣に分かれている。ここまでは通常の寺院と同じつくりである。普通のお寺では参詣者は内陣に入ることはできないが、ここでは内陣の両側と裏側に廊下が巡り、内陣の百体観音のまわりを一周することができる。しかも床には小さな円形ガラスが埋め込まれている。その数三十三。ガラスの下には砂が敷かれている。寺院巡りの好きな方ならすぐに気づくと思うが、これは「お砂踏み」と

八角楼部分　1階にくらべとても繊細な造り。八角楼部分はすべて円柱で、柱上と各柱間の上には三手先（みてさき）と呼ばれる組物がならぶ。腐食防止のため木口（こぐち：木材の切り口）が白く塗られており、外観上のアクセントにもなっている。

空中歩廊から見た内陣　外陣の天井は正方形に仕切られた格天井（ごうてんじょう）だが、空中歩廊上は逆V字型になった船底天井。歩行時に頭をぶつけないための工夫であろう。空中歩廊の下には柱を建てず、天井から鉄筋で吊り補強している。外陣の照明器具は蓮の花をモチーフにしたもの。

いって、この上を踏み歩くことで西国三十三所観音霊場をめぐったのと同じ御利益を得られるといわれている。百観音を拝むだけでなく、砂を踏むことで、より実際の観音巡りに近づこうとしたのだろう。

　だが内陣をひとまわりする参詣の仕方は各地の寺院でも見かけることがある。この観音堂が他の寺院と大きく異なる点は外陣にある二つの階段である。正面向かって右手が上り階段、左手が下り階段である。単に昇降だけが目的の階段であれば部屋の片隅にあればすむが、ここではよく目立つ位置に左右対称の階段がある。その踊り場は廊下のように長く、外陣の奥行き方向に沿って空中歩廊のように伸びている。これは明らかに機能性だけではない、空間を愉しみ、天界に登るような感覚を味わうための装置といえる。

明暗のコントラスト

　空中歩廊はやがて内陣の天井裏の辺りへと消えてゆく。ここから再び狭くて暗い通路状の上り階段が始まる。階段は内陣中央で下り階段と合流し、ひとつになって二階へと上がる。暗く狭かった視界が開けると、そこは八角形の空間。八角の一辺には仏像をまつる須弥壇（しゅみだん）が、さらに一辺おきに観音開きの扉が三箇所ある。扉が開くと明るい外光が差し込む。正面の須弥壇にはかつて信濃・善光寺の観音様がまつられていた。観音巡礼と善光寺参りは昔からセットだったのだ。それをひとつのお堂の中でドラマティックに体験できる。なんという構想力だろう。長谷川住職の子どもの頃、この扉から大阪城を望めたという。信仰だけではなく物見遊山もひとつのお堂で体験できたのである。お参りを終えた巡礼者はまた別のルートで「下界」へと降りてゆく。

過去・現在・未来を巡る

　鶴満寺は前面道路拡幅のため、昭和六十一年（一九八六）に数十

お砂踏みと地下入口　内陣には仏壇を一周するように廊下がめぐっている。床には下に砂の敷かれた33の丸ガラスが埋め込まれている。ガラスの下にあるのは西国三十三所観音霊場のもので、この上を歩くことで西国札所を巡った分の御利益があるという。床にある四角い切り込みは、かつてこの下にあった戒壇巡りの入口跡。

2階の須弥壇　正面の黒塗りの壇は須弥壇と呼ばれ、かつてこの上に善光寺式如来像が祀られていた。現在は本堂にお祀りしている。壁と天井の間には出組（でぐみ）と呼ばれる組物で埋め尽くされている。

1階照明器具　外観南側の柱上部に付けられた洋風の照明器具。竣工当時のもので、かつては反対側（北側）にもあったが今ではこの1灯が残るのみ。和風の外観に洋風の照明の取り合わせも近代和風建築の特色のひとつ。

階段を見下ろす　2階八角楼より階段を見下ろしたところ。内陣中央にあたる部分で二手に分かれる。右手が上り口で左手が下り口。内部は非常に暗い。

メートル曳家（ひきや）されて現在地に移った。その際、南向きだったお堂は西向きに変わった。上層にあった善光寺観音も移築前は南向きで大阪城を望んでいたのである。拡幅に際しては建物を新築する案もあったが、檀家さんが現状の維持を求めたという。その結果、観音堂の空間構成は現在まで生き続けることが出来た。ただひとつ惜しむらくは、かつて内陣下にあった暗所を巡る戒壇巡り（かいだんめぐり）がなくなってしまったことである。現在の法規との関係で、残念ながら地下の戒壇巡りまでは移設できなかったのだ。もし戒壇巡りが生きていれば地下・地上・天上の三つの巡礼が果たせたのである。この三つは過去・現在・未来の表現として構想されていたという。

　庶民信仰であった観音巡りの夢を果たそうと、江戸時代からそれらを一箇所で巡礼するためのさまざまな建築が考案されてきた。最も有名なのは福島県会津若松市にある栄螺堂（さざえどう）で、堂内の二重螺旋（らせん）階段を上り下りすることで観音霊場をめぐったのと同じ御利益を得ることができる仕組みであった。この鶴満寺観音堂もそうした系譜をひくものだが、他に類例のない独創的な空間である。西洋の教会建築の影響もあるのだろうが、おそらく教会でもこんな空間構成はないだろう。

　ここを遊び場にした子どもの中から、将来名建築家が育つかも知れない。大阪出身の安藤忠雄もここで遊んでいたのでは？　と思わず想像してしまった。

初出
『大阪人』二〇〇四年七月号（第五十八巻七号）

OSAKA BOOK

28

京町ビル

経済・機能・建築美

正面外観　四つ橋筋に面した東側外観は左右対称の端正な印象。ビル最上部と窓の上下にある薄茶色のテラコッタ装飾がアクセントとなり、華やぎを添えている。

いつの時代も建築家は美しい建物を創りたいと願う。しかし建築の美しさは経済性や機能性との格闘の末に生み出されるもの。地価の高い大阪では、昔からどうやって敷地面積を有効に活用して建物を建てるかに苦心してきた。いまに残る近代名建築の多くも、そうした試練を経て生み出されたものである。

不正形の土地に秩序を

京町ビルは四つ橋筋沿いの西側に建てられた。正面から見ると整った容姿であるが、このビルの敷地は真四角ではない。側面にまわると不規則な形をした敷地いっ

所在地｜大阪市西区京町堀1-7-1
竣工年｜大正15年（1926）
設　計｜岡部顕則（岡部建築事務所）
構造・階数｜鉄筋コンクリート造
地上6階、地下1階
屋根形式｜陸屋根
（6階増築部は切妻造）

南側外観　側面から見ると不規則な形をした敷地いっぱいに建っていることが分かる。タイルは一部張り替えられている。

外部装飾　5階南西側角の外部装飾を見たところ。最上部の葉っぱのような飾りは、洋風建築でよく見られるアーカンサスの葉をかたどった連続文様。その下の正方形の飾りはテラコッタ製で、蓮華文のようである。

ぱいに建物が建っているのがわかる。中之島にほど近い一等地に建てるビルとして、当時の施主から出された条件のひとつは、おそらく土地の有効利用だったのだろう。建築家はその条件を満たした上で美しい建物の設計を求められた。京町ビルを見るたびに思うのは、そんな建築家の苦心のあとである。

　このビルに注がれたエネルギーは、四つ橋筋に面した外観に強くあらわれている。正面から見れば窓が端正に、しかも心地よくならぶ。その整然たる印象は左右対称の構成からうかがうことができる。正面中央の窓の密度を高くし、両脇は壁の面積を大きくとった結果、求心力と安定感が生まれている。高さ方向に着目すると低層部、中層部、上層部の三段階の変化をつけて秩序立てているのがわかる。一階は石貼りで大きな窓や入口を設けることで、安定感を強めている。これらのバランス良い窓配置からは西洋の伝統的な建築構成の

5階南西室の窓　外からみると窓上部が半円アーチ形になっているが、内側から見ると四角い縦長窓。サッシュは新しいものに交換されている。窓下の古風な暖房器具は地下1階のボイラー室を熱源としている。

3階廊下　右手の壁沿いに伸びる四角い管はメールシュート（手紙を投函する管）。部屋と廊下境には木製引き違い窓がある。この時代、外部に面した窓は防火上スチール製なのに対し、内部では木製が一般的だった。

影響が強くうかがうことができる。

細部装飾

壁面に華やかさを添えているのがタイルやテラコッタである。二階から五階の壁面は薄茶に近いオレンジ色のタイル貼り。またビル最上部の横一列と三連窓の上下にはテラコッタ製の装飾が付されている。前者は正方形の枠内に八葉の蓮華文様、後者は縦長の枠に楕円形の飾り（メダイヨン）と思われる意匠である。外装タイルの色もテラコッタの色彩にあわせて決定されたのかもしれない。ビル全体から見れば小さな飾りであるが、設置するポイントを押さえた効果的な装飾といえよう。設計者の岡部顕則は角座をはじめとする松竹関係の建築の設計で知られ、華やかな演出には長けていた。

建築の内と外

このビルの華麗な外装は建築家の個性だけでなく、建てられた当初の目的にもよる。ビルの四階には社交場・清和倶楽部が入り、五階には欧風料理「京ビル食堂」があったのだ。この頃大阪で本格的な洋食を供する食堂が少なかったことを考えると、この壮麗な外観にも納得がいく。当時の大阪の代表的な会社やビルディングなどを紹介した『大大阪画報』（昭和三年）には「暖房、エレヴェーター、衛生工事其他一般必要の設備凡て最新式にして完全壮麗の語を具して遺憾なし、館主若江善吉氏（清和倶楽部幹事）自ら其経営の任に当たり、就中食堂の設備と顧客本位にして高尚なる感じは最も館主の苦心を見る」と記されている。

現在、このビルは持ち主も用途も変わったが、オフィスビルとしては現役である。時代の要請とともにさまざまな変更を受けるのが近代建築の常であるが、このビル内部の基本的な構成は変わっていない。中央南北に廊下が走り、両側に部屋がならんでいる。外観か

地下1階廊下　当初は床だけではなく廊下の腰壁にもタイルが貼られていた。ビルの内装は大きく変わったが、地階の廊下の素材をみても当時の華やかさがしのばれる。

1階北側階段室　ビルの北と南に階段室がある。円柱の頭には卵形と鏃形を交互にならべた卵鏃文（らんぞくもん）が見られる。

らは想像し難いが、この廊下に面して太い円柱がならび内部デザインの骨格をなしている。またオフィスは日々仕事をする場所。当時の様子がよく残る三階には、廊下に面した木製の引き違い窓があり、日々の仕事にふさわしい落ち着いたつくりをみせている。

　最後に五階の窓を見てみよう。五階は竣工当時と内装が大きく変わったが、窓の基本的な造作は同じである。外から見ると上部が半円アーチであるが、内側からみると長方形の上げ下げ窓になっている。内部は眺望や通風・換気を考えた機能的なつくり、外部は美観重視といえる。もちろん、内側からも半円アーチの形はガラスごしに透けて見える。ここが欧風食堂だった時、アーチ窓からまちを見ながら人びとは外からの視線を意識していたのかも知れない。

　四つ橋筋を行き交う人はこのビルの倶楽部や食堂に通うことを羨望のまなざしで見ていたのだろう。そしてこのビルを使っていた人びとは華やかさに加え、やがて到来する機能的オフィスビルの時代を先取りしていたかのようである。敷地いっぱいに建てられたビルからも、さまざまな物語をうかがうことができる時代だった。

初出
『大阪人』二〇〇四年八月号（第五十八巻八号）

1階メールシュート　各階から投函された郵便物はここに集められる。このメールシュートは「東京建鐵」製で、同時期のダイビル本館（中之島、大正14年竣工）と同じ会社の製品。

OSAKA BOOK

29

釣鐘屋

老舗にみる戦後町家の底力

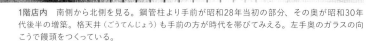

1階店内　南側から北側を見る。鋼管柱より手前が昭和28年当初の部分、その奥が昭和30年代後半の増築。格天井（ごうてんじょう）も手前の方が時代を帯びてみえる。左手奥のガラスの向こうで饅頭をつくっている。

所在地｜大阪市天王寺区大道1-5-2
竣工年｜昭和28年（1953）
構造・階数｜木造　2階
屋根形式｜切妻造平入桟瓦葺

町家――それは伝統的な都市型の店舗兼住宅である。大阪の商家は昔から道に面して店を構え、奥を住まいとしていた。表側の二階も時代が下るに連れて階高が徐々に高くなり、本格的な居室へと発達していった。

町家の数は近年、徐々に減少しているが、古くからのまちではなじみ深い風景である。しかし町家を改めてながめてみると、実にユニークな形をしていることに気づく。

店からのながめ

大阪人には少々なじみが薄いかもしれないが、映画「男はつらいよ」で寅次郎の実家、葛飾・柴又

外観　店の名物・釣鐘饅頭にちなみ2階の窓が釣鐘形をしている。左手（南側）半分が当初の建物で、右手（北側）が増築。よくみると途中で屋根瓦が変わっているのがわかる。ただし左手の2階の瓦は葺き替えられている。

の「くるまや」が映し出されるとき、カメラは店の奥から通りに向かってまわされていることが多い。柴又帝釈天（たいしゃくてん）の賑やかな参道を店の奥からながめる場面は、今回紹介する釣鐘屋と時空を越えてどこか重なり合うように思える。

釣鐘屋は四天王寺の西門鳥居（さいもんとりい）を出て南に折れ、横断歩道を渡るとすぐのところ、JR天王寺駅に向かう参道に面して店を構えている。歴史的な由緒の差こそあれ、庶民的な参道の賑わいは柴又と似ているところがある。この釣鐘屋、表では大阪銘菓・釣鐘饅頭を販売し、店の奥では製造を行っている。店の奥から参道をながめる風景もどことなく「くるまや」と似ている。その印象は庶民的な雰囲気のためだけではない。通りから奥行き深く入り込む建物のつくりのせいもあろう。薄暗い店の奥から明るい通りをながめる風景に、町家のひとつの特徴が感じられる。それはスクリーンに映し出される映像のようでもある。

釣鐘形の窓　釣鐘饅頭を模した窓形は現在のご主人のおじいさんが考案したものという。黒い窓枠と格子の奥には引き違いのガラス窓がみられる。

袖うだつ　うだつとは町家で隣家との境に設けられた防火壁。通常は屋根よりも高くあがるものを言うが、実際にはこのように屋根の下で止まるものも多く、これを袖うだつと呼んだ。袖うだつの根本にみられる曲線は洋風建築の影響かもしれない。

白壁の表構え

ところが表からお店を見渡したときの印象は寅さんの店とはひと味違う。一階の開放的な構えとは対照的に、瓦葺の庇(ひさし)をはさんだ二階は立派な白壁で覆われているのだ。二階の白漆喰(しっくい)の壁は上方の町家の特徴で、しかも店の両脇には袖うだつがあがっている。普通の町家にくらべると二階の階高がずいぶんと高いのは、そこが主要な座敷として発達した大正時代以降のことである。釣鐘屋のご主人・高橋博文氏によれば、この店が建てられたのは昭和二十八年（一九五三）のことだという。戦後建築にも関わらずこれだけ伝統をふまえた建て方をみると、この時期の大工の腕も確かなものだったと実感させられる。そしてこの建築でなによりユニークなのが二階に四つならぶ釣鐘形の窓である。いうまでもなくこれは店の名物・釣鐘饅頭からヒントを得たもので、戦後に店舗を再建した祖父・勝太郎氏のアイデアだという。

製造・販売を行う店の中の雰囲気と、外観を見たときの整然とした白壁―この内と外のふたつの町家の表情は、考えてみればずいぶん印象が異なるように思う。この距離を埋めるのが看板だったのだろう。最近は看板が肥大化しすぎている店も多いが、ここでは釣鐘形の窓でスマートに看板の役割を建築に組み込んでいる。

建築と饅頭への意気込み

釣鐘饅頭の起源は古い。明治三十六年（一九〇三）に現在の天王寺公園一帯でひらかれた第五回内国勧業博覧会にあわせ、四天王寺が鋳造した当時世界最大の釣鐘にヒントを得て考案された。巨大な釣鐘のイメージは、饅頭に密につめられた黒あんからもうかがうことができる。そういえば釣鐘形の窓も寺院建築の花頭窓(かとうまど)に似ているが、ここでは窓枠がことのほか太く、しかも黒く塗られている。

南側の通り庭　昭和28年当初からある通り庭（通り土間）。通り庭とは手前から奥まで続く土間のことで、大阪の町家の特色のひとつ。右手の壁には古いカタが所狭しとならぶ。

雨樋の集水器　銅製の雨樋は雨水を流すために勾配（傾斜）が付けられている。左右から集まった雨水を縦樋に落とす部分を集水器と呼んでいる。この集水器にも窓と同じく釣鐘形が見られ、細かいこだわりに感心させられる。

カタ　右手が現在使われている釣鐘饅頭（あんこ入り）のカタ。左手は1970年の万国博のお土産用に計画された幻のカタ。万国博のシンボルマークである桜をかたどったものだが、残念ながら試作品で終わり実現されなかった。今回、約30年ぶりに開けてもらったが、中は当時の輝きを失っていなかった。

1階作業場　店の奥にガラス窓を隔てて作業場がある。土間から50cm弱のところに板床が張られ、職人さんはその上で饅頭を仕上げる。大きな鍋には饅頭の生地が入り、それをカタに移し、あんを加えて火床（ひどこ）で焼き上げる。添加物は一切使わず、商品もこの店と四天王寺境内の休憩所だけでしか販売していない。

これも饅頭の中の豊富なあんこを連想させるものだろうか。

建築へのこだわりはそれだけではない。外から見ると最初から現在の規模の建物に見えるが、実は北半分は昭和三十年代に増築したものである。釣鐘窓は二つから四つへ。そして袖うだつも南側と全く同じものが作られた。

いまでも添加物をつかわない饅頭を作り続けるこだわり、それは先々代の社長の建築へのこだわりと大工の執念がどこかで支えているのかも知れない。それを知ってか知らずか、この道を行き来する参詣客は、今日もこの店でしか手に入らない饅頭を買い求めている。

初出
『大阪人』二〇〇四年九月号（第五十八巻九号）

OSAKA BOOK

30

大阪屋（旧新町演舞場）

煉瓦と鉄とコンクリート

北側外壁　入口と反対、北側の一部にも演舞場時代の外壁が残っている。ここが竣工当時の外壁の色や形が一番よくわかる。なお、右上（3階部分）の2連窓（ふたつ1組の窓）は階段上部の採光窓の役割をはたしている。

窓の下の装飾　南側2階の窓のすぐ下のクリーム色と白を中心としたタイル装飾は当初のもの。タイルを使った装飾は、建築を平面的・絵画的にみせる効果がある。

そのとき煉瓦のにおいがした。本当に煉瓦ににおいがあるのかはわからないが、おそらくあると思う。古い建物をいくつか訪ねているうちに、何度かこのような経験があるからだ。また、木に香りがあるのなら、煉瓦にもあってよいと思う。煉瓦は表面に隙間が多く、木と同じように湿気を吸ったり吐いたりして、呼吸をしているのだから。

においの在処

煉瓦のにおいを感じたのは大阪屋の地下室である。大阪屋は出版物の大手流通会社で、その社屋はなにわ筋に面して建つ。今年九月に創立五十五周年を迎える歴史ある会社だが、この建物が竣工したのはさらに古い。もとは大正十一年（一九二二）に完成した新町演舞場だった。この地下室はその時の大食堂にあたる。いまは壁から煉瓦が一部露出しているが、当時は漆喰で塗られていた。においの正体は煉瓦と漆喰のあわさったものだったのかもしれない。

来歴をたどる

この建物、新町演舞場の姿がそのまま残っているのかといえ

所在地｜大阪市西区新町2-5-5
竣工年｜大正11年（1922）
設　計｜片岡建築事務所（吉木久吉）
施　工｜竹中工務店
構造・階数｜鉄骨煉瓦および鉄筋コンクリート造　地上3階、地下1階
屋根形式｜寄棟造鉄板葺（もと瓦葺）

現存せず。

南東側外観　赤煉瓦にみえる部分は実は新しく、煉瓦型のタイルを昭和57年に貼りつけたもの。しかし壁面自体は当時のままである。右手が昭和35年、左手が同46年に建て増しされた。この建築の当初の装飾は幾何学的なものが多いが、南東側を飾る柊の葉を模したモルタル製の飾りだけは具象的で立体感がある。

旧2階東側外壁　演舞場時代の外壁の東側（写真手前側）に、昭和35年に増築が行われた。柱は増築部分。左手の壁は音の外壁で、当時の窓と外装タイルが残っている。窓枠は木製で昭和20、30年代のものだろう。

北階段　建物の南北に演舞場当時の階段が残る。これは北側階段を二階からみたところ。階段の幅は127cm、手すりの高さは64cmと小ぶりである。踊り場の先には引き違い窓、その上には2連窓があり、外観のデザインと対応している。

ば、必ずしもそうではない。それを知るためには歴史をさかのぼってみる必要がある。この建物が演舞場の役割を終えたのは、昭和十六年（一九四一）に日本出版配給株式会社がここを買い取り、大阪支店として使用をはじめた時のことである。そして昭和二十四年（一九四九）、旧日配大阪支店を母体として大阪屋は誕生した。この頃まで、内装の変更などはあったものの、建物は当初の形態をとどめていた。大きな転機が訪れたのは昭和三十五年（一九六〇）、東側（なにわ筋側）に鉄筋コンクリート造四階建の社屋が増築された時のことである。また同四十六年（一九七一）には、演舞場のホール部分が取り壊され、六階建のビルが新築された。つまり、新町演舞場時代の部分が残っているのは二つの新築部分にはさまれた、東側の一列分だけである。全体からみればほんの一部ではあるが、当時のままの部分が残ったことは歴史的には大変貴重なことである。

探検開始！

最初に地下室のことに触れたが、いま一度、建物全体を通して当時の部分を探してみよう。外観をみると、玄関はもとのままの位置にある。玄関まわりの赤煉瓦は古そうにみえるが、これは煉瓦の形をしたタイルで、近年貼り替えられたものだ。中に入ってみよう。当初部分の一階は受付と倉庫、二階は教科書部事務所になっている。二階の廊下は壁厚が外壁と同じく六十センチ以上ある。この壁は大部分煉瓦積みで、その内側は鉄骨で補強されている。廊下を見上げると、鉄骨の梁と鉄筋コンクリートの天井がみえる。この建物の構造は鉄筋コンクリート造と書かれることもあるが、実際

2階廊下　高さ4mあまりの天井を見上げると、小さな鉄骨の梁が約1.5m程の間隔でみえる。天井面は鉄筋コンクリート。左右の壁は煉瓦で、壁厚は60cmを超える。

3階もと大広間　最近まで児童図書展示物流通センターとして使われていた。もとは大広間（約百畳の和室）だったというが、今その面影はない。しかし壁には窓型のくぼみが発見できる。これは竣工当時、外観にみられた大アーチ部分の窓にあたる。

地下1階旧食堂　戦時中、空襲で地階に火がまわった。内部の漆喰はところどころ黒ずんではがれ、その下からは煉瓦が露出している。天井には大食堂時代の漆喰飾りの跡がわずかにみられる。

は煉瓦と鉄とコンクリートの複合的な構造だったのだ。それは現代のビルにはみられない大変重厚な雰囲気である。大正時代に建てられた建物は、このように鉄筋コンクリート造といいながらも鉄骨や煉瓦の混ざった構造が多かった。これは建築の専門家でも容易に見分けがつかない。

このように、たとえ一部分とはいえ〈本物〉が残ったことで、私たちはここから多くのことを学ぶことができる。当時をしのぶばかりでなく、〈実物〉を通して演舞場を推理する糸口を残してくれている。ここでは演舞場のスケール感、建築構造の過渡的な姿、そして煉瓦や漆喰といった素材のにおいまでもが味わえる。まさに生き続ける歴史そのものである。

初出
『大阪人』二〇〇四年十月号（第五十八巻十号）

31

二つの顔を持つ建築
八木通商 大阪本社（旧大阪農工銀行）

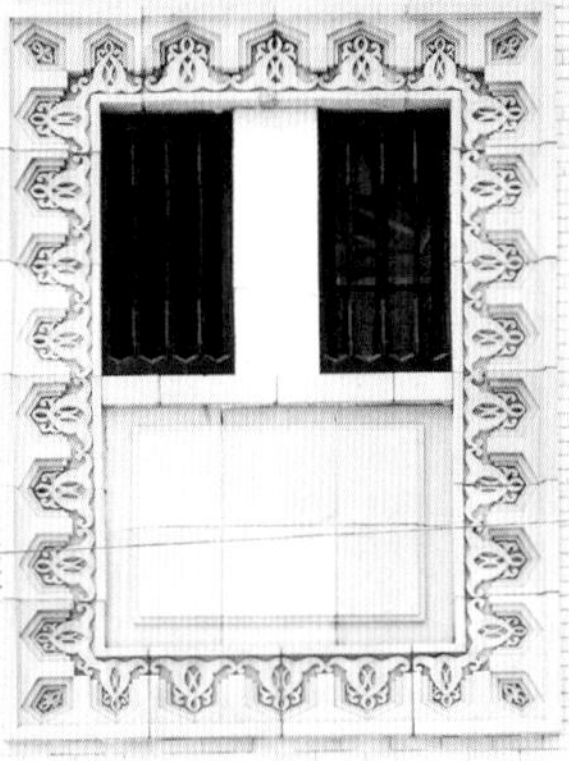

北側2階の窓　今橋通側にある2連窓（ふたつ1組の窓）。その下の長方形部分と輪郭をおおうテラコッタをあわせると、ひとの顔のようにみえる。2連窓の黒い格子も鉱物の結晶のように段々状になった秀逸なデザイン。

玄関柱細部装飾　三休橋筋に面した2箇所の入口のうち、北側の柱の細部。これも改修時の仕事。江戸時代の寺社建築の中には、木の柱一面に繊細な彫刻を施した地紋彫（じもんぼり）という技法を持つものがあったが、ここではそれをテラコッタで再現したかのようだ。テラコッタとは建築装飾用の焼物で、ここでは大阪陶業の製品が使われている。

近年、三休橋筋が脚光を浴びている。中之島の公会堂から栴檀木橋を渡り、南へまっすぐに伸びる道筋である。ここには近代名建築がひしめいているが、そのなかでもひときわ光彩を放つのが八木通商の建物である。クリーム色のタイルと豊かな建築装飾で覆われた明るいイメージで、独特の存在感がある。

八木通商は昭和二十一年（一九四六）の創業、ファッション関係の素材（生地や糸）の輸出入や製品の輸入を手がける会社である。そして創業以来、本社機能を持つのがこの建物である。その繊細な装飾は、ファッション業界の建物としてふさわしい華やぎをもっているが、八木通商となる以前は大阪農工銀行の建物だった。銀行といえば堅実な印象があり、まずイメージされるのは正面に堂々とした円柱がならぶような威厳ある建物である。前知識無くこの建物に接したなら、おそらく最初銀行だったとは気が付くまい。唯一手がかりがあるとすれば、その立地である。三休橋筋と今橋通の交わる交差点といえば、当時の金融センターであった。事実、昭和初期の地図をみると、この交差点には南西に大阪農工銀行、南東に鴻池銀行本店、北西に古河銀行と、金融機関が顔をそろえていたのだ。いま、その面影をとどめるのはこの建物しかない。

所在地｜大阪市中央区今橋3-2-1
構造・階数｜鉄骨鉄筋コンクリート造
地上2階、地下1階
（3階部分は戦後増築）
屋根形式｜陸屋根

［当初］
竣工年｜大正7年（1918）
設　計｜辰野片岡建築事務所

［改修］
竣工年｜昭和4年（1929）
設　計｜國枝工務所（國枝博）
施　工｜清水組大阪支店

平成25年（2013）外壁保存によってマンションが建設された。

外観　北東角からみたところ。写真左手の道が三休橋筋で、右手が今橋通。大正7年竣工当時は赤煉瓦タイル貼りで、この交差点に面して塔がそびえていた。現在のクリーム色のタイルの外観は昭和4年の大改築後の姿。

多目的ホール　2階北側にある多目的ホールの天井装飾は改修時のデザインをよく残している。戦前、この部屋は1階から2階まで続く吹き抜けの営業室だった。

西側外壁と窓　隣のビルと接した西側の北半分にのみ、大正7年当時の面影が残る。赤煉瓦タイルの使用、窓の上のやや重苦しい幾何学的な装飾は辰野片岡建築事務所の好みをよく示しており、なおかつ堅実な銀行らしい表現である。

多目的ホール天井細部
梁（はり）の上には無限に増殖するかのような石膏製の植物紋装飾が、交点から周辺に向かって伸びる。果てしなく繰り返されるような文様で天井などを埋め尽くす手法は國枝の得意技。

明治の名残——銀行の顔

大阪農工銀行は大正七年（一九一八）に辰野片岡建築事務所の設計により竣工した。ちょうど中央公会堂と同じ年の完成である。しかし、そのわずか十一年後の昭和四年（一九二九）に大規模な改修工事が行われた。この工事は外部、内部とも徹底的に改造する熱の入れようだった。なぜ、このような大改修をしたのだろう。それを考えるためにも、まず最初のデザインを見ておこう。

外観で唯一、竣工当時の面影を残しているのが隣のビルと接する西側の北半分である。赤煉瓦型のタイル貼り、窓の上には幾何学的で厳めしい装飾がついている。これらはみるからに銀行らしい重厚さを感じさせる。このように当初のデザインは全面赤煉瓦タイル貼り、さらに交差点に面して塔があったのだが、ともに大改修の時に撤去された。また現在、三休橋筋に面した二箇所の入口のうち、南側の方を入るとすぐ階段室がある。地下一階に下りる階段入口には鋳鉄製の飾りがあり、イギリスあたりの十九世紀末の芸術を想起させる。また一階から二階にあがる階段も古風であり、おそらく当初のデザインだと思われる。完成当時の意匠を残すのはおそらく今挙げた部分くらいだろう。

大正時代半ばといえば、ちょうど明治の煉瓦造の建築から鉄筋コンクリート造タイル貼りの建築への過渡期であった。そしてこの時期は急速に建築デザインの流行が変化した時代でもあったのだ。完成から数年後、煉瓦はどこか時代遅れになってしまったのかも知れない。設計者の辰野片岡建築事務所の辰野金吾は、明治建築界の大御所的な存在であったが、この建物が完成したちょうどその年に亡くなっている。明治の重厚な気風を体現した最後の建築ともいえるだろう。

南玄関階段まわり　三休橋筋に面した2箇所の入口のうち、南側を入ったところ。地下へ降りる階段の鋳鉄のデザインは大正7年竣工時のものだろう。出入口上部の幾何学的な装飾は、大正時代の面影を残す西側外壁の窓とも相通ずるデザイン。

南階段室の親柱と手摺　おそらく大正7年当時のものだろう。階段の親柱や手摺は木製。ところどころペンキの合間から木部が露出している。手摺子（てすりこ：手摺を支える縦の部材）の間に渡された細い水平材のみスチール製。

1階事務室の天井　現在1階は事務室として使用されている。その南側の天井の一部に当時の装飾がみられる。ここは昔、重役室のあった場所で、事務室の天井がこの位置だけ異なるのはその名残だろう。

あざやかな変身

昭和四年（一九二九）、内外とも劇的なリフォームが行われ、デザインが一新された。外観は赤煉瓦に替わって、クリーム色のモダンなタイル貼りになった。窓まわりは幾何学的で厳つい意匠から、レースのように繊細な植物文様の装飾に変わった。見違えるように明るく軽やかになったその外観は、大いに注目を集めたことだろう。銀行だった当時、北半分が営業室で吹き抜けになっていた。その吹き抜けは現在見られないが、二階にあがると営業室時代の天井装飾が残っている。無限に増殖するかのような唐草文様、まさに外観と同じスタイルで統一されている。この改修設計は國枝博（くにえだひろし）が担当した。國枝の現存作品は少ないが、装飾で埋め尽くす華麗な技の持ち主として知られていた。この建築も当時一世を風靡したアール・デコ装飾のひとつの極みとして、國枝の代表作にも数えられる。銀行としては斬新すぎたとも思えるこの意匠、流行を創るアパレル産業にはむしろふさわしい装いといえよう。

初出
『大阪人』二〇〇四年十一月号（第五十八巻十一号）

日本電気計器検定所関西支社

呼応する内外装の美しさ

1号館南東側外観　外側に張り出した横長連続窓が印象的。縦長窓が多い戦前の建築の中では斬新な表現。2階玄関にいたる階段には、段々状の手摺と庇がつき、ほどよいアクセントとなっている。右手の丸窓の内側は洗面所になっている。

目立たぬところに名品が

世の中には人目に触れにくいけれども、大切な仕事がたくさんある。電気メーターなどの計量器が正しく動いているかを厳格に検査することもそのひとつである。計量器が正確でなければ、社会は混乱をきたしてしまう。そんな縁の下の力持ちとして、関西地区の家庭用電気メーター等の検定検査を行うのが日本電気計器検定所関西支社の業務である。

建築の世界でも、あまり人目に触れない名品というものが意外と多い。この日本電気計器検定所関

所在地｜大阪市北区大淀北1-6-110
竣工年｜昭和9年（1934）
設　計｜野村建築事務所
施　工｜大倉土木
構造・階数｜[1号館] 鉄筋コンクリート造 地上4階
[2号館] 鉄筋コンクリート造 地上3階
[3号館] 鉄筋コンクリート造 地上2階
屋根形式｜陸屋根

現存せず。

北東側外観　手前2階建の建物が3号館、右手3階建が2号館、左手4階建が1号館。1号館角の横長窓が縦にたくさん並んだところが階段室。各棟ともコーナー部分がわずかに曲面を描き、全体に柔らかい表情になっている。

西支社の建物も、そのひとつといえるだろう。場所はJR大阪駅の北西約一キロメートル、阪急中津駅から西へ七百メートル程の所にある。この一帯、旧大淀区（現在の北区の一部）の淀川沿いには、大阪の近代化を支えてきた工場や研究機関、倉庫などが多く集まっている。船場など、まちの中心部で人目に触れやすい場所にあれば、この建物は名建築として注目を集めていただろう。施設内の古い建物は一号館から三号館まで計三棟あるが、ここでは中心となる一号館について詳しく見ていこう。

幾何学的な構成美

この建築の名品たる所以はなんであろうか。きらびやかな素材や装飾が多用されているならば、話は簡単である。しかしこの建物は外観も内装もシンプルである。近代建築を見慣れていない人は、戦後の建物と思うかもしれない。しかし実際は築七十年ほど経っている。細

1号館4階展示室　正面と左手には、横長連続窓と奥行き50cm程の窓台がある。この窓は部屋の角の柱の外側で交差している。

1号館玄関前の階段　2階から見下ろしたところ。右手のスクラッチタイルは釉薬がかけられている。右手の花崗岩の段々状のデザインの最上部には市松模様の凹凸が見られる。

部を見ていくと確かに歴史を感じさせる部分もあるが、建物の骨格は今日のものとほとんど変わらない、そこにこの建物の先駆性がある。

外観は白い箱形の建築で、横長の連続窓がのびる。この幾何学的な形は、鉄やガラス、コンクリートといった当時の新素材を、いかに合理的に使うかを追及したモダニズム建築の表現のひとつである。しかし、戦後の高度経済成長期に量産された無機質なビルと一線を画するのは、幾何学的ながらいかに美しい建物に仕上げるかを追及した痕跡がひしひしと感じられるからである。横長の連続窓は鉄筋コンクリートで建てられたモダニズム建築の特色のひとつだが、ここでは外壁から外側に飛び出して取り付けられている。建物の玄関は二階にある。一階から玄関へのアプローチ階段には段々状の手摺と庇(ひさし)があり、外観のアクセントとなっている。この段々の意匠は、建物の階段の位置を一目でわかるようにしている。そして、この部分の外壁のみ、花崗岩とスクラッチタイルが使用され、素材の美を添えている。白い壁の中で限定的に用いているからこそ、素材感がいっそう引き立って感じられる。外壁のもうひとつのアクセントは丸窓である。そこに渡された縦横の桟が、そのままデザインになっている。これらは具象的な装飾に頼らずとも、訪れる人の目を楽しませてくれる演出があることを雄弁に物語ってくれる。

外観と呼応する内部

内部もシンプルで嫌みのない表現である。そのおかげで会議室の壁に用いられたオーク材の継ぎ目の水平ラインや木目が引き立ち、味わいを出している。長く使い続けても飽きの来ないデザインこそ、最良のものだろう。そしてこの建築の最大の見どころは、外観と室内のデザインが呼応していることである。四階の角に位置する展示室をみてみると、外観に現れた横長の連続窓が部屋

1号館東側階段　4階から見たところ。横長窓がストライプ状にたくさん並び、内部は大変明るい。階段室の窓は踊り場があるため、普通の部屋の窓と位置がずれることが多い。ここでも一目で階段とわかる窓のデザイン。

1号館2階会議室　人の背丈よりも少し高い位置まで、焦げ茶色のオーク材が用いられている。机や椅子もこの施設のために誂えられたものだろう。

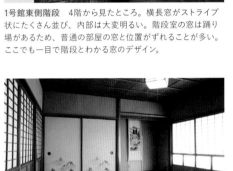

2号館3階茶室　2号館は2階が食堂、3階が茶室。茶室は8畳で炉が切ってある。床の間の軸の背後には、となりの部屋への抜け穴がある。右手の障子を開けると、屋外に面した横長連続窓があり、外観からは和室の存在がわからない。

1号館2階検定室　この部屋で1日約2,000台の家庭用電気メーターを検定する。写真右手の階段は1号館にある3つの階段のうち中央のもの。その脇のエレヴェータは古風なつくり。

の二面を水平に貫いている。少し外側に張り出した窓の意匠は、内側では奥行き五十センチほどの窓台となっている。階段室の踊り場にも、横長窓が二重、三重のラインとしてストライプ状に現れ、視覚的な面白さと明るい印象を与えている。階段室は三カ所あり、いずれも裏側（北側）に面している。階段室の横長窓はこのビルの通常の部屋のものよりも高さが低くて数が多く、外観からも一目でそこが階段ではないかと想像できる。

　視覚的な心地よさを追求した幾何学的な意匠、内部と外部のデザインの対応、そして飽きの来ない造作。一目見たときの豪華さではなく、長く眺めていてじわじわと感じられる豊かさは、昭和一桁台の後半にいたり、近代建築がようやく成熟の時を迎えてきたことをうかがわせてくれる。そしてこんな名作が人通りの少ない場所にも息づいていることは、まちの歴史と奥行きを感じさせてくれるように思う。

初出
『大阪人』二〇〇四年十二月号（第五十八巻十二号）

OSAKA BOOK

33

川西湊町ビル

水都の光と影

深里橋より地下1階と1階付近をみる
地下1階の喫茶店から道頓堀川にデッキが張り出している。左手前には道頓堀川の石垣の一部が顔をのぞかせている。

北側外観を見上げたところ　堀江のまちに面した北側（写真左手）に入口がある。写真右手は地下1階の喫茶「CABIN」への入口と道頓堀川にかかる深里橋、左手には西横堀川にかかる金屋橋がある。

はじめてこのビルを意識したのは、道頓堀川を船で下っていた時のことだった。阪神高速の下にわずかに残る西横堀川との分岐点にさしかかった時、白く美しい曲面を描く姿は、私の目をうばって離さなかった。川面に張り出した地下一階のデッキ、そして丸窓は、まさに船さながらのデザインである。以来、道頓堀川の岸を歩く時は必ず、このビルを眺めるようになった。

　だが、私も最初は半信半疑だった。これは本当に戦前に建てられたビルであろうかと。昭和十年頃ともなればこのようなスタイルが現れても不思議ではない。だが、このビルは手入れが行き届いていて美しく、戦後に建てられたようにも思われたからである。そんなある時、昭和十一年（一九三六）に刊行された『近代建築画譜』をめくっていると、「湊町ビルディング」と紹介された写真にでくわした。それは記憶の片隅にあったこの建物と一致したのである。写真に写っていたビルディングは地上五階地下一階だったが、現在の建物は地上七階まである。これは戦後の増築と考えれば辻褄（つじつま）が合う。こんな時にはちょっとした発見の喜びを味わうものだ。

所在地｜大阪市西区南堀江1-4-10
竣工年｜昭和10年（1935）
設　計｜竹中工務店
施　工｜竹中工務店
構造・階数｜鉄筋コンクリート造
地上7階、地下1階
屋根形式｜陸屋根

現在の名称はリバーウエスト湊町ビル。美容室は移転している。

南側からみた外観　手前が道頓堀川、右手がわずかに残る西横堀川。各階に横長窓が伸びるこのビルは、2つの川の合流点でカーブを描く。もとは阪急が建てたもので、当初は左手（西側）の階段室の位置に「阪急電車」の巨大な文字広告があった。

地下1階喫茶「CABIN」　戦前は丸窓はなく、四角い窓が川に向かって開かれていた。窓際の席に座り外を眺めると、高速道路の裏側、深里橋の側面、そして間近にある川面が同時に目に飛び込み、水都の時の重なりをみつめている気がしてくる。

道頓堀のゲートタワー

宮本輝の『道頓堀川』には、戎橋付近の川に面した喫茶「リバー」を舞台に繰り広げられるさまざまな人間模様が描かれている。宮本の描くこの川は、愛情のしみこんだ「泥溝（でいこう）」であり、歓楽街のネオンやそこでの人びとの営みが次々と映し出される。現在の道頓堀川は高いビルに囲まれ、水質も徐々に回復してきたが、その片鱗は残っている。だが、戎橋からだいぶ西に離れたこの辺りまでやって来ると、景色は一変する。そして、かつての湊町駅（現ＪＲ難波駅）にさしかかった辺りに、このビルは建っている。川西湊町ビルができた昭和十年（一九三五）当時、湊町駅はまだ明治時代の赤煉瓦の駅舎のままで、現在と異なり東向きに建っていた。このビルは駅に降り立ち、北へ向かう人びとが最初に目にした近代的なシルエットであった。大阪随一の繁華街の入口にありながら、清楚でモダンなゲートの役割を果たしていたのである。

窓からみる川面

今も昔も、そのシルエットは大きく変わらない。一階から五階まで、水平に走る横長窓が、このビルの美しさを強調している。ふたつの川が交わるところで、窓はビルとともに大きなカーブを描く。その曲面のせいだろう、道頓堀川越しにみたとき奥行きが深そうにみえるが、側面にまわってみると意外に小さいことに驚かされる。現在は一階から五階が美容室や診療所などのテナントが入居し、地下一階には喫茶店がある。一、二階の美容室「ＦＯＯＬ」の窓からは、道頓堀川を行き交う小舟や深里橋（ふかりばし）がすぐ間近にみえる。外側でこのビルを印象付けてい

階段室　エレベータを囲むようにして、コの字型に階段がめぐっている。壁面に現れた段々形の浮き彫りは当初からのものだろう。天井等にも装飾がなく、シンプルな雰囲気。窓が少なく閉鎖的なせいか、階段では声が良く響く。

6階　当初は5階建で、6階は増築にあたる。南側に大きく開かれた窓からは湊町リバープレイスやOCATが一望できる。

深里橋の橋名板　橋の欄干の架け替えの際に保存されたもの。片方は花崗岩に「ふかりばし」の文字が陰刻され、他方は金属板に「昭和五年三月竣功」の文字が陽刻されている。

2階美容室「FOOL」の窓　店の奥の緩やかに湾曲した先が西横堀川で、右手が道頓堀川。右手の横長窓の高さは1.6mほど。大きなはめ殺し窓（開かない窓）と、縦長の片開き窓が交互にならぶ。窓枠はアルミサッシで、その上からペイントを施している。窓の金物は古風である。

た横長窓は、内側からみると高さ百六十センチほどもあり、かなり大きく感じられる。ビルの奥行きが狭い分、どの場所からも大スクリーンを眺めるようにまちの景色がすぐ間近に迫ってみえる。窓のサッシは戦後、アルミニウム製のものに変わってしまったが、交換されてからも長い月日が経ち、歴史を漂わせる。目を閉じれば、かつての赤煉瓦の駅の姿が浮かんできそうだ。さらに地下にある喫茶店「CABIN」はこのビルからイメージしたのだろうか、豪華客船風の内装である。窓をのぞくと川面はすぐそばにあり、本物の船の中にいるような臨場感が味わえる。それは『道頓堀川』の「リバー」からの景色とはまた違い、川の合流点と始発駅の持つ旅立ちの雰囲気もだぶって感じられる。

水都と呼ばれた大阪の堀川で、いまも近代建築が直接水面に面して建つ様をみることができるのは、おそらくここだけであろう。道頓堀の西の端、そして始発駅のすぐそばに、ひそやかに建ち続ける白いモダンなビルディング。この建築は発展するまちの光と影を見続けてきたのだろう。阪神高速がこのビルをわずかによけて通っていることに、ささやかな希望を与えられる気がする。

初出
『大阪人』二〇〇五年一月号（第五十九巻一号）

OSAKA BOOK

34

商船三井築港ビル

時代を超えた生命力

外観　向かって右手が商船三井築港ビル。当初、最上階は両側の部屋がなく凸形をしていたのかもしれない。右手の階段を数段上がったところに玄関があるのは、戦後この一帯が2m程度盛土されたため。左隣には昭和11年（1936）完成の天満屋ビルが建つ。

地下鉄・中央線が大阪港駅を過ぎ、OTSテクノポート線と名前を変えて再び地下に入る手前に、二棟の近代建築が顔をみせる。向かって左手の茶褐色の建物が天満屋ビル、右手の明るめの色の建物が今回紹介する商船三井築港ビルである。車窓からみえる商船三井築港ビルの外観は左右対称のしっかりとした構成であるが、駅を降りて線路沿いに近づいていくと、建物の正面がわかりにくい。玄関も交差点に面しているとはいえ、ビル全体からすればどこかぎこちない位置である。これらの謎を解くことが、このビルの歩みを知る糸口になりそうだ。

所在地｜大阪市港区海岸通1-5-25
竣工年｜大正13年（1924）頃
設　計｜大野組
構造・階数｜鉄筋コンクリート造 地上3階
屋根形式｜陸屋根

現在は中谷運輸築港ビルとして、飲食店などが入居する。なお、竣工年は後に昭和13年（1933）であることが判明した。

1階階段　かつての1−2階を結ぶ階段の手摺と壁の接点には、帯状の飾りが付き、先端部が鳥の首のような形になっている。階段や手摺はコンクリート製だが、この装飾と手摺の天板だけは木製である。手前の丸い天板にあいた2つの穴は、何かの装飾跡であろう。

築港の繁栄とともに

まずは建物の正面がどこに向いていたのか考えてみよう。向かいを走るOTSテクノポート線が開業する以前、この場所には花園橋～築港桟橋を結ぶ日本最初の市電が通っていた。終着駅のあった築港大桟橋は、このビルの目と鼻の先にあった。大阪築港は明治三十年（一八九七）に着工したもので、大阪、ひいては日本の大陸貿易の中心として栄えた場所である。それに目を付けた船会社や倉庫会社がこぞってこの一帯にビルや倉庫を開業した。商船三井築港ビルもそのひとつである。ビルの前はいま、鉄道と自動車の通りすぎる道となってしまったが、かつては大阪の玄関口だったのだ。また、大桟橋は釣りの名所としても知られ、近くには築港大潮湯などのレジャー施設も整っていた。このビルは繁栄する築港の中心に顔を向けていたのである。

ギャラリーヤマグチ　かつての1階（現・地下1階）には、1フロア全体にギャラリーヤマグチが入居し、現代美術の発信地になっている。（注：平成25年（2013）本町へ移転。）

中廊下　廊下と両側の事務室の境壁には、木製の引き違い窓がある。外側のスチールサッシと違い、温かい雰囲気がある。

かつての栄華を胸に、線路側から再び正面を眺めてみよう。建物を覆うのは表面がギザギザになったスクラッチタイルである。普通のスクラッチタイルは茶褐色が多いのだが、ここでは明るめの色が使われている。また屋上の手摺壁上部をやや前方にせりだしてタイルを縦貼りにするなど、人目をひくデザインであることも、この場所であればうなずける。

もうひとつの疑問

　ではなぜ、このビルの玄関は階段を少し上った位置にあるのだろう？　大陸貿易の拠点として栄えた築港も、空襲や台風、高波などの被害を受けてきた。昭和二十五年（一九五〇）のジェーン台風の後、この一帯の地盤は二メートルほどかさ上げされた。そのため、ビルの一階はいつしか地下となり、二階が一階となってしまったのだ。この時に大規模な改修工事が行われ、現在のビルの骨格が整ったと考えられる。やや不自然に感じるところが残るとはいえ、玄関を入ると円弧を描く階段ホールが出迎えてくれるなど、この時の改修工事はなかなか上手なものだと感心させられる。

今を生き抜く力

　このビルを管理する商船三井興産の記録によれば、完成は大正十三年（一九二四）頃のことという。しかし、外壁にスクラッチタイル、それも明るめの色が採用されるのは、もう十年ほど後の流行ではないかと思われる。築十年程で手を入れたとすれば、昭和九年（一九三四）の室戸台風の後あたりであろうか。幾度となく改修を重ねながら現役でいるのは、もともと建物の骨格が強く、使いやすく、デザインもしっかりしていたためだろう。

　近年、隣の天満屋ビルにはカフェがオープンし、近くの旧住友倉庫もアーティストの創作活動や

屋上の煙突　煙突は外からみると建物の正面中央にあり、屋上の手摺壁よりやや外側に飛だして取り付けられているため、意匠上の効果も大きい。屋根は平らであるが、排水のため裏側(北側) に大きく傾斜している。

スクラッチタイル　スクラッチタイルは茶褐色のものが多く、明るい色のものは珍しい。タイル1枚の大きさは約230×61mm。屋上付近のみ縦貼りになっている。

玄関　昭和20年代の盛土に伴う改修工事により、いまの玄関が完成した。円弧形の階段を配するなど、なかなか手の込んだ改修デザインといえる。

102号室　玄関の正面にある大きな部屋。窓は上中下に三分割され、上と下は引き違い窓で、中央ははめ殺し窓。換気と眺望を使い分けていたのだろう。この部屋はかつて2階だった名残で道路よりだいぶ高い位置に窓があり、眺めがよい。

発表の場として脚光を浴びはじめている。そんな中、このビルにも昨年十一月ギャラリーヤマグチが移転してきた。かつての港町が、アートや文化の発信地として注目されつつある。

　古代ローマの建築家・ウィトルウィウスは建築の立脚すべき三要素を「強・用・美」であると言った。これら三要素ですべてが語れるわけではないが、今なお説得力を持った考え方であることは、身近な建物を観察していても感じられる。「強・用・美」を備えた建築がまちの再生に貢献する。船場など大阪の中心部でみられた近代建築活用の動きが、いま各地でおこりつつあることを実感させてくれる。

初出
『大阪人』二〇〇五年三月号（第五十九巻三号）

35

世代を結ぶ架け橋
大阪府立大手前高等学校

金蘭会館外観　隣接する大阪赤十字会館の脇の路地からみたところ。外壁はオレンジ色の縦溝タイル、1階の窓の下は黄土色の凝灰岩で、ライトの設計した旧帝国ホテルを彷彿とさせる。3階から左手に飛び出した部分は、講堂（鑑賞室）として使っていたときの映写室の名残であろう。写真右手が空襲で被害を受けた側。この会館は竣工当時、雑誌『建築知識』昭和11年5月号でも紹介された。

所在地｜大阪市中央区大手前2-1-11

［別館］
竣工年｜昭和3年（1928）
構造・階数｜鉄筋コンクリート造　2階
屋根形式｜陸屋根

［金蘭会館］
竣工年｜昭和11年（1936）、昭和32年（1957）改築
設　計｜大林組
施　工｜大林組
構造・階数｜鉄筋コンクリート造　地上3階
屋根形式｜陸屋根

内部見学不可。

在学中はさしてありがたみを感じないが、卒業後しばらくすると無性になつかしくなる。古い校舎は在校生には不評でも、卒業生には思い出のたくさんつまった場所である。

戦前の大阪の公立学校は、構造、デザイン、機能の面から全国有数のレベルを誇っていた。だが、最近はその数もめっきり少なくなってしまった。お城の向かいに建つ大阪府立大手前高等学校は、最新の設備を備えた立派な校舎であるが、その一角に昭和初期の小さな学舎（まなびや）が残る。そこに秘められた当時の理想をのぞいてみよう。

別館全景　入口を中心に左右対称の外観。縦長窓がふたつ1組になった2連窓がデザインモチーフ。柱の上方には小さな装飾がある。1、2階とも手前に廊下があり、奥に教室がある。別館は敷地の奥（府庁側）にあり、外側からはほとんど見えない。

名門校の歴史を伝えて

大阪府立大手前高等学校の歴史は古い。明治十五年（一八八二）に北区常安町の大阪師範学校内に附属裁縫場を設立したことにさかのぼる。同十九年（一八八六）には大阪府立女学校となり、名門女学校として発展を続けた。明治四十三年（一九一〇）に北区梅田に新築校舎を構えて移転、さらに大正十二年（一九二三）に現在の大阪城の向かいの大手前の敷地に移転した。

いま学内に残る最古の校舎は、敷地の中程にある鉄筋コンクリート造二階建の別館（旧高等科教室）で、昭和三年に完成したものである。少し前までホームルーム教室として使われていたが、現在は一部の選択の授業や自治会活動などに利用され、長い歴史を見守ってきた。

室戸台風でも犠牲者ゼロ

別館は正面に半円アーチの入口

金蘭会館バルコニー　2階から張り出したバルコニー。床にはクリーム色と空色のタイルが貼られている。これらのタイルは竣工当時のものではないだろうか。

別館階段　建物の東側に一箇所だけ階段がある。手摺子（手摺を支える柱）の太さは約16cm角、手摺子同士の間隔は50cmもある。これだけ雄大な階段は珍しい。

をもち、左右対称に縦長の二連窓がならんでいる。二連窓の間の柱の上方には小さな蕨手状の装飾があり、入口にはクリーム色の卵形テラコッタ装飾がみられる。個々の装飾は丹念につくられているが、女学校という言葉の響きから連想する華やかなイメージよりも、誠実できまじめな雰囲気を持った建物といえる。

　また二階建という規模は、当時の大阪市内の学校建築のなかでは小振りな方であろう。しかし校舎に足を踏み入れると印象はがらりと変わる。教室は特別大きいわけではないのに、柱は一辺が八十センチ近くもあり、とても太く感じられる。天井をみあげると、二階の床を支える太い梁が縦横にめぐらされ、いっそう重厚な雰囲気を与える。

　大正十二年（一九二三）に起こった関東大震災の教訓をふまえ、特に堅牢につくったのかもしれない。そのことが幸いし、昭和九年（一九三四）九月二十一日の室戸台風でも、生徒に一人の負傷者もでなかったという。室戸台風では京阪神地区の木造校舎に多くの被害があり、たくさんの先生や生徒が犠牲になった。この教訓を活かして後に鉄筋コンクリート造校舎が急増するが、別館の建物はその際にも参考になったであろう頑丈なつくりだった。

時代を超えて咲いた花

　大手前高校の敷地には、もう一棟戦前の建物がある。同窓会である金蘭会が母校創立五十周年を記念して建てた金蘭会館である。昭和十一年（一九三六）に完成した会館は、鉄筋コンクリート造三階建で、二階はお座敷や裁縫室、三階は芝居や映画の鑑賞室になっていた。第四師団や府庁舎などの建ちならぶこの一角で、女学生や卒業生が集うこの会館周辺だけは、野に咲く一輪の花のようだったのだろう。

　しかし時代は無遠慮だった。昭

別館入口　アーチ形に沿ってクリーム色の卵形の装飾がめぐっている。これらは1個あたり30×15×9cmのテラコッタ（建築用の焼き物）により構成されている。外壁はモルタルによる人造石風の仕上げ。

別館41教室　教室には鉄筋コンクリート造の太い柱や梁があり、重厚な感じがする。黒板やチョーク置き場の木枠も当時のものだろう。左手の窓の先には大阪府庁がある。

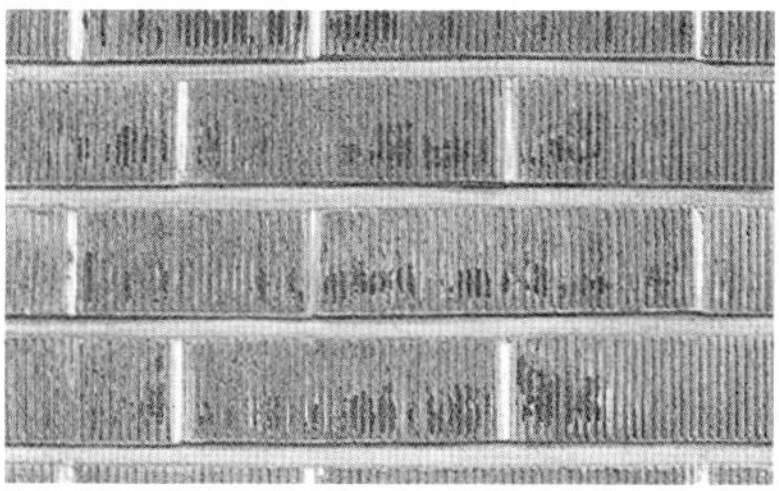

金蘭会館外壁　オレンジ色の縦溝タイルが使われている。一見スクラッチタイル（表面を引っかいて仕上げたタイル）に見えるが、このタイルの表面は規則的な垂直溝である点に注意。

別館1階手洗場　流しはジントギ（人造石研ぎ出し）仕上げで両端はゆるやかな曲線を用いている。ジントギと白色タイルの組み合わせは、昭和初期の流し場でよくみられた。

和二十年（一九四五）八月十四日の空襲により、金蘭会館の建物も校庭側の一部が被弾し、大破した。

ほどなく終戦を迎え、昭和二十三年（一九四八）から大阪府立大手前高等学校となり、共学校としての新たな歴史を歩み始めた。卒業生と在校生、保護者の尽力で、会館は昭和二十五年に仮復旧、三十二年に完全復旧し、主に図書館として使われた。復旧から半世紀近くが過ぎた現在、一階がトレーニングルーム、二階が金蘭会ホール、三階がＬＡＮ教室になっている。

使われ方は時代とともに変わり行くが、校舎はいつまでも在校生と卒業生を結ぶ大切な架け橋として活躍し続けている。

初出
『大阪人』二〇〇五年四月号（第五十九巻四号）

OSAKA BOOK

36

近代化を支えたふたつの材料
日本ペイント本社煉瓦倉庫

全景　鮮やかな発色をした赤煉瓦の倉庫。手前からS-6C庫、S-6B倉庫、細い路地を挟んでS-6A倉庫と合計2棟3部屋からなる。工場内の他の建物はほとんどが白く塗られているため、赤煉瓦の倉庫はひときわ目立つ存在。

所在地｜大阪市北区大淀北2-1-2
竣工年｜明治38年（1905）
設　計｜清水店（現・清水建設）
施　工｜清水店
構造・階数｜煉瓦造　平屋
屋根形式｜切妻造平入トタン葺

内部見学不可。

煉瓦、タイル、テラコッタ、ガラス、瓦……。近代建築を構成するこれらの材料はすべて焼きものである。ならば、近代建築をみる目は、おのずと焼きものを鑑賞するときの目線に近づいていくのではないだろうか。

　なかでも煉瓦は特に焼きものの味わいが強い。土の産地や焼成温度によってさまざまな色を呈するからである。普通の煉瓦は八百五十度から九百度で焼き上げられ、赤みをおびる。これより高い温度だと黒みが増し、逆に低ければみかん色に近い淡い色調に焼き上がる。一般に焼成温度が高いほど硬く、吸水率が小さい煉瓦になる。しかし仕上がりは一様では

S-6C倉庫扉部分　入口は緩やかなアーチになっている。アーチには先が細くなった楔形の煉瓦を使うこともあるが、ここでは普通の形状の煉瓦を用いている。

ない。窯の中の場所によっても焼きムラが生じ、味わい深くもなる。ひとくちに赤煉瓦といっても、さまざまな色と肌合いがあるのだ。

大阪の発展とともに

明治三十一年（一八九八）から十一カ年の歳月をかけて淀川の大改修工事が行われ、新淀川が開削された。その過程で、新淀川に沿って農業・工業用水路としての中津運河が設けられ、発展する大阪の足腰を支える工場群が相次いでこの地域に建設された。明治三十八年（一九〇五）に完成した日本ペイント大阪工場もそのさきがけをなすものだった。

日本ペイントの歴史は古く、創業者・茂木重次郎が明治十三年（一八八〇）、ペンキの国産化にはじめて成功し、翌十四年、東京・三田に光明社を創立したことにさかのぼる。洋風建築がまだ少なかった当時、ペンキの需要は軍艦用が主流を占めていた。大阪工場

S-6C倉庫内部　屋根はL字型の細い鉄骨を組み合わせて支えているトラス（洋風小屋組）の一種。隣の部屋との境目には、後から耐火煉瓦（白煉瓦）を積んで壁を築いている。

S-6A倉庫内側から入口を見る　この倉庫のみ、内部にモルタルを塗り、白く塗装している。部分的に赤煉瓦が露出しているところがある。

の建設が始まった明治三十七年（一九〇四）は、日露戦争とも重なりペンキの需要が急増した時期であった。また、東京と大阪で生産量を同規模にする予定だったが、大阪での需要拡大を受けて大阪が東京の倍の生産量を誇るようになった。昭和二年（一九二七）には社名を現在の日本ペイント株式会社と改称。昭和六年（一九三一）、本社を大阪に移転した。

百年の輝きを今も

昭和二十年（一九四五）の空襲で大きな被害を受けた大阪工場に、今も創業当時の建物が残っている。S-6号倉庫と呼ばれる赤煉瓦の建物である。今から百年前とは思えないほど鮮やかな発色の煉瓦と、白い目地のコントラストが美しい。

この倉庫は現在、S-6Aと呼ばれる一部屋の倉庫と、S-6B、S-6Cと呼ばれる二部屋からなる倉庫の二棟に分かれ、その間は路地になっている。建設当初、これらは一続きの倉庫で、もっと細長い建物だったが戦災や工場整備にともない現在の規模になった。

二棟に分かれた倉庫の間の床に、取り壊された倉庫の煉瓦が敷き詰められている。普段は煉瓦を積むときに隠れてしまう「平」とよばれる面から、煉瓦を製造した会社を示す刻印がみつかった。刻印は「×」印の岸和田煉瓦（岸煉）のものがほとんどで、ほかに大阪窯業、貝塚煉瓦のスタンプがそれぞれ一点ずつあった。いずれも泉州の煉瓦工場のものである。もともと泉州は瓦の産地として知られ、明治以降、瓦を焼いていた窯のいくつかが煉瓦生産に転業した。また、新たに開業した煉瓦会社も数多くあった。大阪の建築の近代化は、これら優秀な煉瓦産地に支えられていたのである。

もうひとつ、見逃せないのが煉瓦の積み方である。煉瓦の横一列をたどっていくと、長い面（長手）と短い面（小口）が交互にならぶ。このような積み方はフランス積み

S-6B・C倉庫東側外壁　鮮やかな煉瓦の輝きは色あせることがない。当時大変高価だったペンキの製造・貯蔵に使われた建築の誇りを示すかのような美しさである。煉瓦が少し黒ずんだところは、昔の窓があった部分のようで、あとから別の煉瓦で埋め合わせている。

旧運河に面した門　昔は中津運河に面して三箇所の門があったが、現在残っているのはこの1カ所のみ。左手の土手の手前が製品の搬送に使われていた旧中津運河で、その奥には新淀川の流れがある。

煉瓦刻印「✕」印　S-6A倉庫とS-6B倉庫の間の道に敷かれていたもの。岸和田煉瓦株式会社（岸煉）製を示す「✕」印がみられる。刻印煉瓦のほとんどはこのしるし。

煉瓦刻印「◇」印　「◇」のしるしは貝塚煉瓦株式会社製の煉瓦と思われる。このスタンプは1点のみ見つかった。

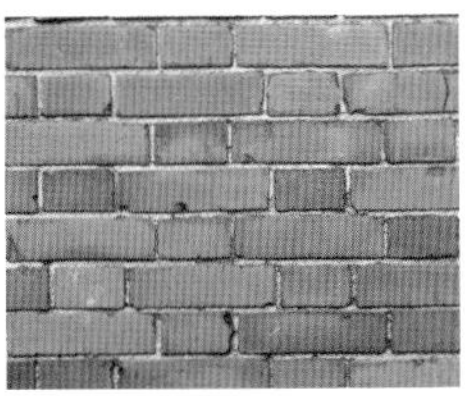

フランス積煉瓦（S-6B倉庫）　横一列の中に長い面（長手）と短い面（小口）が交互にならんでいる。この積み方をフランス積みといい、その実例は筆者の知る限り、大阪市内の建築では泉布観敷地内倉庫、大阪教会と、この倉庫のみである。

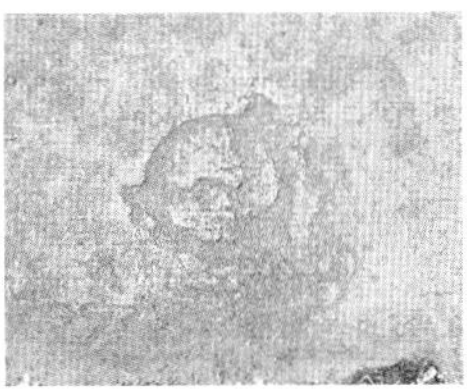

煉瓦刻印「○」印　「○」のしるしは大阪窯業製の煉瓦。さらにその内側に算用数字で「2」と読みとれる。大阪窯業は大阪市に本社が、堺に工場があった。このスタンプは1点のみ見つかった。

と呼ばれ、一般に明治中期ごろまでみられた珍しい積み方である。煉瓦の発色とならび、フランス積みの生み出す美しいパターンも見逃せない。

今日、煉瓦は残念ながら建築材料の第一線からは退いてしまった。しかしペンキは今も建築、船舶、自動車、道路、家電機器など、その守備範囲を広げ、技術も多様化している。

塗料界の最古参にして今も第一線にたつ会社が、自社の誇りとして美しい赤煉瓦倉庫を使い続けているのは頼もしい限りである。

初出
『大阪人』二〇〇五年五月号（第五十九巻五号）

日本キリスト教団大阪住吉教会

愛情が支えた祈りの場

礼拝堂内部　礼拝堂は幅が広く、奥行きは小さいため、非常に親しみやすい雰囲気がある。華麗な装飾はないが、腰を下ろすと目線は自然と正面の講壇とその背後にある3つのアーチへと向かう。講壇の左手の扉の先は祈祷室、その奥に牧師館がある。

所在地｜大阪市住吉区東粉浜2-21-3
竣工年｜大正7年（1918）、昭和6年（1931）改築
設　計｜中座久雄（改築時）
構造・階数｜木造　平屋（一部2階）
屋根形式｜［集会室］寄棟造平入
［礼拝堂・牧師館］切妻造

平成17年（2005）国登録有形文化財。

建築にとって長寿の秘訣とはなんだろう。最高の建築家、大工、材料がそろって建てられた建物が長生きするとは限らない。もっと大切なものがありはしないだろうか。

人は愛されると嬉しくなるように、植物も人の愛情を感じて育つのだという。ならば、建物も人の愛情を感じて変化するのではないだろうか。長寿の秘密は、建物の愛され方にかかっているように思われる。

年の重ね方

大阪住吉教会は、阪堺電車・東粉浜（ひがしこはま）駅近くの細い通りに面した小さな教会である。大正七年（一九一八）に建てられた当時は、教会の前は空地で、車窓からも良く見えていたという。教会の建物は小さいため、今ではまわりの町家や長屋のなかにすっかり同化しているが、鮮やかな白塗りのおかげで、ほかとは違う輝きを持って目に飛び込んでくる。

外観に見られる縦長窓や円窓は、この建築が確かに昭和初期の出自であることを物語っている。しかし幾度かにわたる改修により、円窓以外のサッシがアルミ製に変わってしまったのはやや残念だが、これも建物が現

外観　現在の正面は昭和6年（1931）増築後の姿。周辺の町家のスケールに合わせた大きさで、まちにとけ込んでいる。手前の窓は昔、木製の上げ下げ窓だったと思われるが、いまは新しいサッシに変わった。玄関上部の十字架は、夜には赤くライトアップされる。

集会室への階段　踏み板の木目が浮かび上がり、長い間たくさんの人びとが利用してきたことをうかがわせる。右手の教会員週報棚も、多くの信者を見守ってきた。

礼拝堂の壁　木製のボードにコルクを貼り付け、その上にペイントしたもの。近寄ると少々荒い感じであるが、遠くから見ると平坦な壁よりも陰影と味わいがあってよい。礼拝堂天井も同じ仕上げ。

役である証しなのだ。

会堂に足を踏み入れると、様子は一変する。使い続けられてきた建物の持つ独特のにおい、そして今も大事に使われていることが伝わってくる。修理をしたところと古いままのところは、材質の新旧でわかる。これも世代を越えて存続している建物ならではの味わいであろう。親子二代、あるいは三代以上にわたる信者がいるように、教会建築も年を重ね、新しい要素を受け入れているのだ。

三連アーチのある講壇

この教会には聖書を題材とした絵解きや装飾はない。そのかわり、アーチ曲面を取り入れて構成されたシンプルな講壇がとても象徴的に見える。講壇正面は白く縁取られ、奥は淡いピンク色で塗られている。講壇奥に三連アーチがあり、中央の大きなアーチが神を、右手が聖霊を意味し、左手がイエス・キリストを、全体でキリスト教の教えである聖三位一体(さんみいったい)を表現しているのだという。全体に装飾が抑えられている分、かえって祈りは中央の講壇に向かいやすい。

講壇に目線が向かうもうひとつの工夫に、壁や天井の表情がある。天井、壁ともにボードの表面にコルクをはりつけ、その上に薄い色のペンキを塗っている。このボードが広い面積を占めると、全体にややくすんだ奥行き感のある表情となる。壁と天井の間にある逆階段状の凸凹も適度なアクセントになっている。この壁や天井との対比で、パステルカラーに塗られた講壇が一層引き立って見える。

歴史が歴史をよぶ

この教会の創立は明治三十八年(一九〇五)に、近くの民家で

祈祷室　左手のユニークな本棚は、本の大小に合わせて作られた。祈祷室の床板は昔のままで、当初の礼拝堂の床もこのような感じだったという。扉の奥は礼拝堂、その脇にある黒電話も今となっては味わい深い。

祭壇から入口方向を見る　手前の聖書は昭和29年（1934）から使われているもの。正面2階部分は集会室で、昭和6年（1931）に増築された。礼拝堂の椅子は茨木教会の改築の際に貰い受けたもの。正面扉の右手が控え室。

竣工時の外観　大正7年（1918）完成時の姿を映した古写真。泉南の紡績工場で働いていた女性信者が多い。当時は今よりも4mほど奥まった場所に外壁があり、木造下見板張りだった。設計に際しては宣教師のアレクサンダー・ダーハム・ヘール氏の助言があったという。昭和6年（1931）に写真の手前に現在の玄関、控え室と集会室を増築した。

控え室　入口の脇にある小さなスペース。礼拝が終わると、自然と信者がここに集い、お茶を飲んだりするという。ここの椅子は昔、大阪北教会で使われていたもの。

布教を始めたことにさかのぼる。今年は教会創立百周年に当たる年で、建物の壁の塗り直しや床板の張替えが行われた。古い建物を大切にしたいとの関係者の声を尊重して修復が行われた。近く、国の登録有形文化財の指定を受ける予定である。

一新された礼拝堂でひときわ目に付くのが黒光りした椅子たちである。これは他の教会が改築する際、不要になったものを貰い受けたのだという。

大正七年（一九一八）に献堂されて以来、数々の改修を受けながらも、現役を守り続け、さらに他の教会の歴史まで受け入れてきた礼拝堂。建物は以来、たくさんの人びとに愛され、そのたびごとに強さを増してきたのだ。

建物が長生きする最大の秘訣は、それを支える人びとの愛情であることを、この教会は静かに語りかけている。

初出
『大阪人』二〇〇五年六月号（第五十九巻六号）

OSAKA BOOK

38

印度ビルディング

みなが振りむく小さきビル

正面外観　1階は黄土色の竜山石をもちいた風格ある石積み風仕上げ、2、3階は縦長窓を上下にならべている。窓上部のアーチ型に呼応するかのように、屋上手摺壁にはロンバルディア・バンドと呼ばれる半円アーチの連続帯模様がある。となりの町家とくらべると、このビルの高さがわかる。

厚さ五十二ミリもの大理石板が使われているのは正面階段の手摺りである。一階から二階へ、また二階から三階へと一直線に伸びる階段は、どっしりとした迫力でみるものに迫ってくる。屋上にあがれば床一面に百八十ミリ角の厚手のタイルが敷き詰められている。

これは巨大なオフィスビルや官庁建築ではなく、船場の小さなビルでの話である。なぜ、こんなにも重厚な味わいの建物がつくられたのだろうか。

町内初の鉄筋コンクリート造

敷地は薬種商の町として知られ

所在地｜大阪市中央区道修町1-5-5
竣工年｜昭和元年（1926）
構造・階数｜鉄筋コンクリート造
地上3階、地下1階
（一部中2階付）
屋根形式｜陸屋根

現存せず。

2階正面階段　手摺には分厚い大理石が使われている。階段脇の廊下を奥へ進むと3段ほどの段差がある。これは敷地奥に中2階があるために生じた段差である。

る道修町一丁目。間口が狭く、奥行きが大きいのは、近世以来の町家の規模を引き継いだためである。敷地の奥行き三分の二ほどを使ってビルが建ち、その奥には土蔵が二棟あった。現在、土蔵はなくなり駐車場に変わっている。

昭和初年にこのビルを建てたのは、薬種商を営んでいた新良貴(しらき)徳兵衛氏である。北側の高麗橋一丁目に八階建の三越百貨店が建っていたものの、道修町一丁目には他に鉄筋コンクリート造のビルはなかった。それゆえ、竣工当時は見晴台のような存在だったのである。

今でこそ鉄筋コンクリート造は珍しくないが、このビルが建った当時は、まだ数少なかった。鉄筋コンクリート自体、研究途上にある過渡的な技術であったため、工事現場を監理できる人材も、ごく限られていたためでもある。

壁が厚く、天井の梁が太いのは、ただでさえ木造に比べて強固な鉄筋コンクリート造を、入念に仕上げた結果にほかならない。町内に

北側階段　裏側にある階段は、主に家族用に使われていたという。階段途中の丸窓は左手にあった和室の窓で、和室に腰を下ろしたときに眺めるよう低い位置についているため、階段側からみると一種のアクセントになっている。

2階東側の窓　和室の窓のように、引き違いになったスチール製のガラス窓。戦前の鉄筋コンクリート造のビルでは両開き窓が多く、引き違い窓は珍しい。上部にはシャッターボックス、右下にはシャッター開閉用のハンドル収納箱がある。窓の奥には隣の町家の2階の屋根が見える。

先駆けて耐震・耐火性に富むビルディングを築いた誇りが、大理石やタイルなど重厚な材料の端々にもうかがえる。

和室の名残をみせる細部

苦心して築き上げたビルには当初、いくつもの和室があった。船場の中小のビルに共通していえるのは、外観は洋風であっても、内部に和室を持つ例が多いことだ。これは町家に住み慣れた大阪人のこだわりともいえるだろう。

今では改装されて和室はないが、ところどころにその痕跡がみいだせる。窓に注目してみよう。通常、洋室の窓には縦長の両開き窓や上げ下げ窓が多く、和室には引き違い窓が多い。このビルでは、事務室にもスチール製の引き違い窓が何カ所か残る。これらは和風の系譜をひく細部意匠といえる。また、畳に座ったときの目線にあわせた窓もあり、窓の開き方や高さが和室のあった頃をしのばせてくれる。

守り継がれる設備や意匠

窓をみる際、見落としてはならないのが、外側のシャッターである。この規模のビルで、すべての窓にシャッターがついているのは珍しい。シャッターは防犯・防火のために取り付けられていた。昭和二十年（一九四五）の空襲で周囲に焼夷弾が落とされる中、焼け残ったのは、このシャッターのおかげである。

戦後しばらくして、このビルは一時、インド人の手に渡った。現在、印度ビルディングの名を冠するのはそのためである。

当時、中二階に住んでいたひと、屋上の温室を改造してスタジオに使っていたカメラマン、そしてこのビルの建て主の子孫の方など、このビルに思い出を持つ人びとは多い。

現在、一階は喫茶「丘」として営業を続けている。一階外壁の重厚な石積み風仕上げ、そして二・三階をつらぬく三組のアーチ窓な

旗竿　正面の屋上付近についている。昔はここに屋号を記した旗や国旗をかかげていた。旗竿の根元は組み紐模様のような飾りが見られる。

温室内部　壁と天井の間は曲面仕上げで柔らかい表情。両側は突き上げ窓2段重ねで、外側に窓が開く。腰壁の一部から下地の煉瓦がのぞいていることから、この温室はビルが完成してからしばらくして、建てられた可能性が高い。

屋上腰掛けのタイル　屋上南側（道修町通り側）には腰掛けがあり、その部分のタイルは185mm角で厚さは24mmもある。表面は凹凸による斜め縞模様。

屋上　屋上の一角にはガラスを多用した温室が設けられている。戦前は周りに高い建物が少なく、大阪城も望めたという。戦後の一時期、この温室をカメラマンがスタジオとして利用していた。

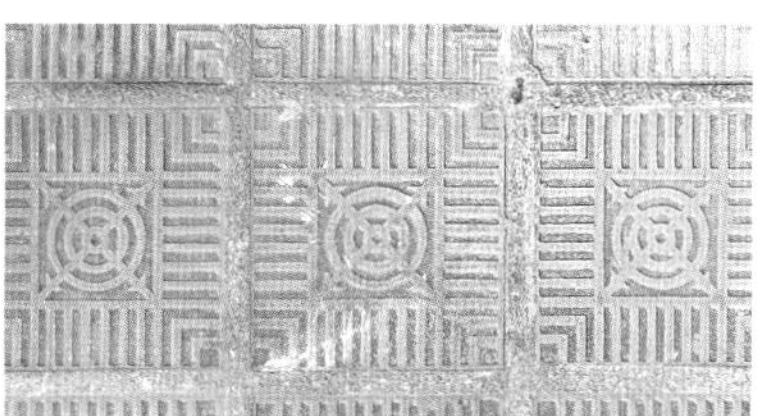

屋上床面タイル　四角形や円形を組み合わせたユニークな模様の180mm角タイル。タイルは焼きものゆえ、サイズや焼き上がりに多少のばらつきがあり、1枚1枚表情が異なり味わい深い。

ど、きりっとしていて、どこかに甘い香りを残したたたずまいに思わず足をとめる人も増えてきた。いつか旗竿に旗がひるがえり、このビルが船場の新しい情報発信拠点となる日が訪れるかもしれない。

初出
『大阪人』二〇〇五年七月号（第五十九巻七号）

OSAKA BOOK

39

貞徳舎

近代化を支えた炎と水

事務所棟と倉庫棟の屋根　現在の入口付近にある事務所棟（左）と倉庫棟（右）の屋根。ともにオレンジ色のフランス瓦が使われている。また、倉庫棟の屋根の先端には、鬼瓦のかわりに渦巻き型の飾り瓦がみられる。

ＪＲ京橋駅の南を流れる寝屋川。駅の東側には今も工場の煙突を目にすることができる。そのうちのひとつが明治二十四年（一八九一）創業の貞徳舎である。貞徳舎の名前は創業者の渡辺貞助と西村徳兵衛から、それぞれ一文字ずつとって命名したものだという。創業後間もない明治二十六年（一八九三）、規模拡張のため天満から現在地に移転し、耐火煉瓦やガラス用坩堝を製造してきた。今日でも耐火煉瓦の製造を続けているが、製品の主力は徐々に高温用セラミックファイバー、パネルヒーターなどに移行している。

所在地｜大阪市城東区新喜多1-5-32

［事務所棟・倉庫棟］
竣工年｜昭和初期
構造・階数｜木造　2階
屋根形式｜切妻造フランス瓦葺

［煉瓦塀・焼成窯］
竣工年｜明治～昭和初期
構造・階数｜煉瓦造
屋根形式｜切妻造フランス瓦葺

本社は移転している。
内部見学不可。

寝屋川からみた工場全景　寝屋川の対岸に、いくつもの切妻屋根が建ちならぶのが貞徳舎の工場群。戦後しばらくまで、寝屋川を通した物資の流通がみられた。左手の煙突付近に耐火煉瓦などを焼いていた煉瓦造の焼成室がある。

旧正門付近　寝屋川と反対側、JR京橋駅側の塀と門柱が、かつての正門にあたる。高くそびえたつ鉄筋コンクリート造の煙突も戦前期のもので、その周りに新旧の焼成室がある。

川がはぐくんだ近代都市

貞徳舎がこの地を選んだ要因は、寝屋川の存在が大きかった。戦後しばらくまで、原料土の運搬や製品の出荷に、河川は欠かせないものだった。当時の坩堝納品先のひとつ造幣局は、貞徳舎から寝屋川と大川を通してすぐの場所だった。現在はトラック輸送に移ったが、貞徳舎の立地は大阪が川の恩恵を受けて発展した様子をいまに伝えてくれる。

水とならんで近代化の大きな原動力となったのが炎である。製鉄をはじめ近代工業を推し進めるためには、炉を築造する必要があった。高温にたえられる耐火煉瓦は、築炉材として欠かせない存在だった。また、近代ガラス工業も坩堝や窯を必要とした。大阪の近代化は、まさに寝屋川流域から産声を上げたといえる。

焼成室　煉瓦造の焼成室。内側には煉瓦を用いてかまぼこ型の天井（ヴォールト天井）を築いており、側面を鉄骨で補強している。万博の頃まで、ここで耐火煉瓦などを焼いていた。通常の赤煉瓦は850～900度で焼成するが、耐火煉瓦は1,450度近くで焼き上げる。

貯炭庫　耐火煉瓦や坩堝を焼くときの燃料であった石炭の貯蔵庫。壁厚は煉瓦の長い方向の1.5倍ほど（約35cm）ある。現在は全体を大きな屋根が覆っているが、かつては煉瓦壁の上に木材をわたし、その上に直接木造の屋根をかけていたようである。万博の前後に、燃料は石炭から石油にかわったという。

今も残る煉瓦造の焼成室

現在の工場群の中には、昭和戦前期の建物も多く残っている。その中に耐火煉瓦などを焼いていた煉瓦造の焼成室がある。いつ頃築かれたか定かではないが、焼成室の側壁に使われた鉄骨には「UNION D 1889 K.T.K.」という刻銘がみられ、明治二十二年（一八八九）製造の材が使用されたことがわかる。創業時より古い材料で、レールの転用材と考えられるが、この焼成室が創業からそう遠くない時期につくられた可能性を示している点で興味深い。ここでは昭和四十五年（一九七〇）の万博の頃まで石炭を使った焼成が行われており、往時の石炭貯蔵庫も残されている。

ところで、明治四年（一八七一）開業の造幣局の建設に使われた煉瓦の中には、この近くの鴫野（しぎの）周辺で焼かれた煉瓦もあったという。鴫野の煉瓦は貞徳舎と直接のつながりはないが、寝屋川周辺に明治から続く土と炎の産業が生き続けている意義は大きい。

煉瓦造の旧正門に託された誇り

さかのぼれば、貞徳舎は明治三十一年（一八九八）に造幣局より製品の優秀さを示す試験成績表を受け、同三十六年（一九〇三）の第五回内国勧業博覧会では有効賞を受賞するなど、数々の栄誉に輝いた。そして戦後も次々と新製品を開発し、特許を取得してきた。

寝屋川と反対のＪＲ京橋駅側に、かつての煉瓦塀と正門が残る。塀の煉瓦は建築用の普通煉瓦（赤煉瓦）で、貞徳舎で生産する耐火煉瓦（白煉瓦）とは別物であるが、その力強い表情からは、長年の風雪に耐えてきただけでなく、創業以来のものづくりへの誇りが感じられる。

近代化に不可欠の要件だった炎と水。工業都市・大阪の原風景、ものづくりの原点として、水辺の

塀の煉瓦刻印　旧正門の門柱両側の塀の煉瓦からは、煉瓦を製造した会社を示すと思われる刻印「◯◯」がみつかった。煉瓦のサイズは229×105×60mmである。煉瓦の目地には漆喰が用いられており、明治期の煉瓦ではないかと考えられる。

製品の刻印　一昔前まで、貞徳舎の製品にはこのようなスタンプが押されていた。中央の「T.T.T.」の文字は旧社名である「貞徳舎特殊耐火煉瓦」の頭文字をとったもの。耐火煉瓦は赤煉瓦と異なり、このように白っぽい色をしている。

焼成室の鉄骨刻印　煉瓦造の焼成室の側壁を補強するレール型の鉄骨。側面には「UNION D 1889 K.T.K」の陽刻がみられる。「UNION.D」はドイツのウニオン製鉄所ドルトムント工場製を「K.T.K」は関西鉄道株式会社を示すと考えられる。（柏原市教委・石田成年氏のご教示による）

入口の通路　寝屋川側の入口から入った通路で、左手が事務所棟、右手が倉庫棟である。下見板張の壁、2階の雨戸などに昭和初期の雰囲気が良く残っている。

煙突や煉瓦構造物にはいつまでもがんばってもらいたい。

初出
『大阪人』二〇〇五年八月号（第五十九巻八号）

OSAKA BOOK

40

イトーキ船場ビル

ひそやかに漂う中世主義

入口の階段　半円筒形の天井を見ながら玄関のある2階へとアプローチする。曲面を描く天井には、八稜星や植物紋のような漆喰細工がほどこされ、思わず足をとめたくなる。

2階玄関ホール　写真正面は昔、受付があった。受付窓の下のカウンターにグリルがはめ込まれているのは、空調の噴出し口があったためだろうか。階段の手摺り天板には黒地の大理石が使われている。

昭和のはじめ、大阪のビルには三つの大きな流れがあった。一つ目は古典主義建築で、明治以来、日本の建築界が追い求めた西洋建築の神髄であった。しかし、この頃には銀行など一部の威厳を必要とする建物に限られていた。二つ目は、様式建築の伝統を否定して新たに台頭したモダニズム建築であった。経済性・機能性に基づいた合理的な美しさを求め、今日のビルの典型となったものである。三つ目は、両者の中間的な形態で、いずれ完全なモダニズムに変わっていくための過渡的なものと、モダニズムが見限ったもうひとつの別世界を志向するものだった。いま、三つ目の後者の考え方を仮に中世主義と呼ぶことにしよう。当時の大阪の近代建築には、中世主義が意外と多かったのではないだろうか。

都市開発と中世主義

「煙の都」という言葉が発展する大阪の代名詞、モダニズムの原動力だとすれば、「水の都」はその裏で徐々に失われゆく古き良き大阪への哀愁が込められていたように思う。「水の都」という言語は、大阪が都市として急成長をとげた大正終わりから昭和のはじめにかけて頻繁に用いられ、そこにはある種の中世主義が込められていたと思われる。

近代建築の中にも「水の都」と

所在地｜大阪市中央区平野町2-4-2
竣工年｜昭和初期
設　計｜小川安一郎
構造・階数｜鉄筋コンクリート造
地上4階（4階は増築）
屋根形式｜陸屋根

現存せず。

正面外観　難波橋筋に面しており、平野町通にくらべると少し静かである。土色のスクラッチ・タイル、1階の灰紫色の石材の表情は、貴高くもどこか郷愁をさそう。左手の入口を入るとすぐに階段があり、2階の玄関ホールへといたる。

1階窓まわり　石積み風の外壁から縦長窓が顔をのぞかせる。窓には菱格子と花模様をデザインした格子が取り付けられている。石の表面は本来の石造にくらべるとフラットでありながら、表面には加工の痕跡を意図的に残そうとしている。

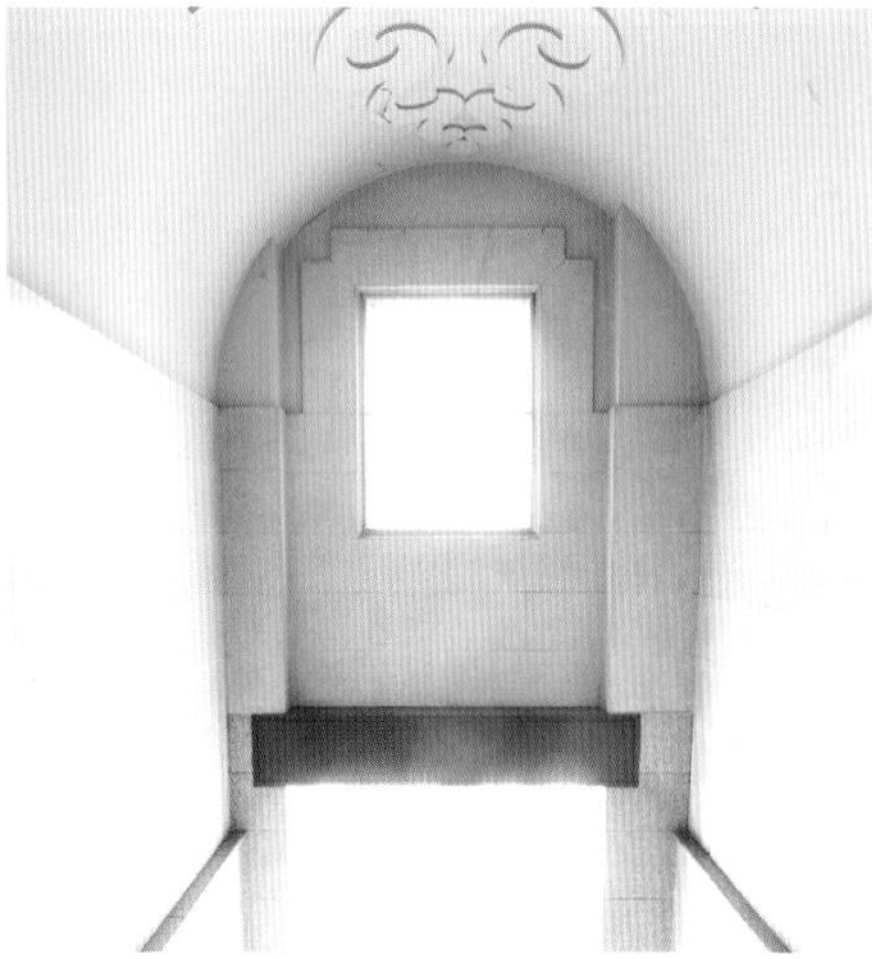

2階玄関ホールから入口をみる　玄関を出る際には、正面の窓に視線が向かう。外からみたこの窓の位置は、2階の部屋の窓とあわせているため、この位置に窓があるのだ。この窓から外側の景色は見えない。そのため、心の中で窓の向こうに古き船場の風景が広がっているような気分になる。

共鳴するデザインが増えはじめた。茶色いタイルを身にまとい、西洋中世の教会にみられるような不思議な動植物のモチーフを用いてみたり、窓格子にこだわったり、ステンド・グラスを用いたりする。モダニズムが建築から手の痕跡を消そうとしたのに対し、中世主義の建築は職人的な手仕事を留めようとした。そして、川面に映る姿がどこか郷愁を誘うような建築が多かったのである。

　今回紹介するイトーキ船場ビルは、川面にこそ面していないものの、中世主義の雰囲気を存分にたたえた建築である。このビルは船場でもっとも賑やかだった平野町の、少し横に入った難波橋筋に面して建てられた。このビルが完成した昭和のはじめ頃は、伝統的な町家の風景が次々と姿を消しつつあった、ビル建設のラッシュ期であった。

手仕事にさそわれて

イトーキ船場ビルは、二、三階の外壁を茶褐色のスクラッチ・タイルで覆う。二、三階の縦長窓の間には、スクラッチ・タイルを斜めに格子状に貼り合わせ、豊かな表情を生み出している。一階は灰紫色のごつごつした石積みである。茶褐色のタイルや自然石を用いたような石積みは、何百年か後に風化して大地に帰化してしまいそうな肌合いである。このビルの構造は鉄筋コンクリート造でありながら、工業主義を賛美するような表現は少しもない。

　入口を入ると、玄関扉は階段を上がった二階にみえる。一歩一歩のぼりながら頭上を見上げると、半円筒形の天井には幾何学紋とも植物紋ともみえる漆喰細工が浮かび上がっている。まるで中世の古城を訪ねるような、気持ちの高揚を味わう。

よみがえる古き風景

　建物がイトーキの所有になったのは昭和五十九年（一九八四）、当

階段をみおろす　4階から階段室を見下ろしたところ。階段は2階玄関ホールから吹き抜けを囲んでロの字型にめぐる。3、4階を結ぶ踊り場には金庫室がある。金庫はイトーキの得意分野のひとつであるが、ここでは「OTANI.PAP.15089.JAPAN」の銘があるので、ビルがイトーキ所有となる以前、おそらく竣工当時からのものだろう。

3階応接室　当時の様子を良くとどめた部屋。外観にくらべるとシンプルであるが、天井にはわずかながら繰形（くりかた：段々状の飾り）がみられる。暖炉上にはイトーキの歴代社長の写真が飾られている。

照明器具　真鍮と乳白色ガラスを用いた趣きある照明器具。円筒形で下方がやや細くなっている。同形の照明器具は階段室まわり、2階玄関ホール入口など数箇所に用いられ、ビル全体の中世主義的な雰囲気を高めている。

3階応接室暖炉　この時代、暖炉はストーブ置き場や部屋の飾りになっていた。素材はトラバーチン(大理石の一種)で、内部はスクラッチ・タイルをやはず張りにしている。タイルのサイズは229×60mmで、スクラッチ・タイルの中では溝の凹凸がきめ細かい。

背面外観　平野町通に面した建物が撤退したため、背面が見えている。銅板屋根に見える部分の内側は増築された4階の事務室がある。建物左手には煙突がみえ、当時暖房用のボイラー室があったことをうかがわせる。

時の伊藤喜工作所の社長が建物にほれ込んだのだという。オフィス機器をあつかうイトーキは、明治二十三年（一八九〇）伊藤喜十郎が平野町二丁目で創業した会社である。耐火性能に優れた竹内製金庫など、時代を先取りする特許製品・発明品の販売から会社を興し、船場随一の繁華街・平野町の賑わいを盛りたてた。このビルにひかれたのは、創業地のすぐ近くだったこともあるだろう。また、ビル全体からかもし出される中世主義の香りが、創業の昔に思いを寄せさせたのだろうか。

いま、船場は再び超高層マンションなどの開発ラッシュに沸いている。それは、大阪が大規模な都市再開発を体験した昭和初期の姿とも重なる。このビルの前を通るたびに、古き船場の風景が静かによみがえるような気がしてくる。

初出
『大阪人』二〇〇五年九月号（第五十九巻九号）

内陣の装飾　赤く塗られた高欄（手摺り状の部分）から下が須弥壇（しゅみだん）で、その上に観音像が祀られている。この須弥壇の高欄と観音様の周囲は、雲をモチーフにした彫り物で埋め尽くされている。このような装飾は住職のアイデアで、他に類例がないだろう。

OSAKA BOOK

41

心光寺本堂

お寺に、モダンリビングの考え方

難波駅を東に向かい、日本橋の電気店街を過ぎて上町台地とぶつかるあたりで、都心とは思えないうっそうとした木々が目に飛び込んでくる。大阪唯一の原生林が残るといわれる下寺町の後背林である。寺町とは、都市の周辺部の守りを固めるために、寺院を一カ所に集めた地域をいう。下寺町は、数ある大阪の寺町の中でも大きな寺ばかりがそろうことから、「大名寺町」の異名をもつ。二十五もの寺々が南北一直線にならぶ景観は圧巻であるが、そのなかにひときわ異彩を放つお寺がある。モダン寺と呼ばれた心光寺だ。

所在地｜大阪市天王寺区下寺町1-3-68
竣工年｜昭和4年（1929）
設　計｜山名俊瑞
構造・階数｜鉄筋コンクリート造　平屋
屋根形式｜陸屋根、一部ドーム屋根

平成15年（2003）国登録有形文化財。

外観　松屋町筋に面して西向きの本堂。心光寺は寛永元年（1624）にここ下寺町に移転してきた。前庭の植栽がインド風の外観を引き立たせる。

不思議な本堂の生い立ち

この寺が不思議な形をしているのには、わけがある。大正十二年（一九二三）、失火で焼失した本堂の再建に尽力した当時の住職・山名俊瑞（しゅんずい）は、建築に一方ならぬ興味を抱いていたという。住職になる前、松屋町筋をはさんで、寺の向かいにあった建築専門学校の夜間部に通っていた。寺の再建は、建築を志そうとした住職にとって腕を振るうチャンスでもあった。

檀家からの寄付が二万四千～五千円程度集まり、ようやく再建の運びとなった。しかし、伝統的な木造の本堂を思い描いていた檀家たちにとって、徐々に姿を現しつつある新建築は、想像を超えたものだった。それは寝耳に水の話だったようで、内部の荘厳を含め、四万円を予定していた総工費の残りが不足する結果を招いてしまった。そこで、当時の住職は山名工務店を立ち上げ、大工や左官を率いて、檀家の家の修理などに奔走

本堂南側の窓　戦時中の空襲で下寺町の多くの寺が焼失したが、心光寺は鉄筋コンクリート造だったため、ここで火の手が止まったという。かつて、窓には鉄扉があったが、空襲による火災の熱で変形し、後に取り外された。

ヴェランダのアーチ　本堂正面にあるヴェランダの側面はアーチ形になっている。外側から見ると、いくつものアーチが入れ子状にみえる。下側の手摺りには、花模様のグリルがみられる。細部にいたるまで手の込んだ仕事。

し、資金を調達したという。

　こうして昭和四年（一九二九）、大阪人が始めて目にするモダンな寺が誕生した。否、日本全国を見回しても、こんな寺はほとんどなかった。

モダンリビングの源流

　心光寺の外観は、インドでたくさんの写真を撮ってきた檀家の人から、住職が影響を受けた結果生まれたものだという。ユニークなのは外観ばかりでない。通常の寺は畳敷きであるが、ここでは椅子席になっている。今でこそ長時間の正座は敬遠されるため、ほとんどのお寺で椅子席を導入しているが、ここはその初期のものといえる。椅子に座ると、住職や仏様を見下ろす形になってしまうため、内陣（ないじん）と呼ばれる仏を祀る空間の床を四十五センチほど高くしたのだ。椅子座に伴って床の高低差を変えるあたりは、建築を学んだ住職の面目躍如たるところだろう。

　建築好きの人なら、東京の築地（つきじ）本願寺の姿と対比するかもしれない。インドの寺院を模した築地本願寺は、建築史の大家・伊東忠太の設計で昭和九年（一九三四）に竣工した。築地本願寺は鉄筋コンクリート造で椅子席の本堂として注目を集めたが、心光寺は規模こそ小さいながら、同じことを五年前に成し遂げていたのだ。

伝統の昇華

　この寺では、伝統を否定してこのような形になったのかというと、必ずしもそうではない。内陣の本尊のまわりを、雲形の彫り物が埋め尽くしている。これらは全体として極めて独創的な装飾だが、ひとつひとつの雲の形は伝統意匠を駆使したものである。

　鉄筋コンクリート造の耐火建築である本堂も、実は江戸時代に防火のために造られた土蔵造（どぞうづくり）の本堂の系譜として見ることもできる。心光寺は、それを進化させた形と

内陣右手　本尊に向かって右手（南側）には、善導大師の軸がある。軸の両側の柱の上部から、段々状の飾りが張り出している。日本建築の組物をイメージしたものだろう。柱の直径は約67cmと極めて太い。

裏側からみた本堂　本堂を裏手から見たところ。左手の木造部分は、鉄筋コンクリート造の本堂の外側を巡る廊下。右手は江戸時代に建てられた書院。なお、本堂裏手には画家・小出楢重の墓がある。

本堂裏手の廊下　右手の鉄扉の内側が本堂、正面と左手のガラス窓の奥が裏庭になっている。モダンな本堂とは違った趣が味わえる。

本堂内　手前の椅子席が檀家や一般参詣者の座る外陣（げじん）。当時は畳の上に正座するのが普通だったが、ここでは当初から椅子式になっていた。奥の内陣には観音像が祀られ、住職が正座してお経を読む。両者の目線が一致するように、内陣は床が高くなっている。

書院内部　本堂のとなりにある江戸時代の書院。奥が松の間、手前が竹の間と呼ばれ、いずれも15畳の広さ。2つの部屋の境には、×字形と竹の幹を組み合わせた「竹の節欄間（たけのふしらんま）」があり、「龍雲」の額がかかる。

いえるだろう。

本堂の裏手には、木造の廊下が巡っている。本堂の隣には江戸時代に建てられた伝統的な書院があるため、景観を配慮して裏側のみ周囲に木造の廊下をめぐらせたのかもしれない。ここからガラス窓越しに眺める裏庭の池泉は、都心とは思えない趣がある。

斬新な造形、モダンリビングに通じる快適性を保ちながら、下寺町のよき伝統はしっかりと息づいていた。

初出
『大阪人』二〇〇五年十月号（第五十九巻十号）

OSAKA BOOK

42

新家工業関西工場

窓に託された工都の夢

事務所棟外観　建物の外壁を走る水平線の装飾は、この時代の特徴。2階から張り出したバルコニーの奥の、黒いタイルと星型の窓が独特の存在感を持つ。事務所のすぐ手前にはJR東海道線、山陽新幹線が走る。

所在地｜大阪市西淀川区竹島1-1-59
竣工年｜昭和12年（1937）

［事務所棟］
構造・階数｜鉄筋コンクリート造　地上2階、塔屋付
屋根形式｜陸屋根

［旧変電所］
構造・階数｜鉄筋コンクリート造　地上2階
屋根形式｜陸屋根

［守護所］
構造・階数｜鉄筋コンクリート造　平屋
屋根形式｜寄棟造鉄板葺

［ガレージ］
構造・階数｜鉄筋コンクリート造　平屋
屋根形式｜陸屋根

現存せず。

JR東海道線に乗って塚本―尼崎間を通るたび、気になる窓が目に飛び込んでくる。二つの正方形を四十五度ずつずらして重ねたような星型の窓だ。工場の多い一帯で、この窓だけは不思議な印象で脳裏に焼き付いてくる。

星型窓の謎

この窓は、新家（あらや）工業関西工場の正門に近い事務所棟の二階にある。ここはいったい何を作る工場なのか、そしてこの窓にはどんな意味が込められているのだろう。

新家工業は明治三十六年（一九〇三）

2階階段室　巨大な縦長窓から自然光が降りそそぐ。屋上の塔屋へいたる手前の階段は、高い吹き抜けになっており開放感がある。右側の窓は、外から見たときのアクセントとなる星型窓。内側から見たときはすっきりと幾何学的な印象である。

以来、リムを作りつづけている。リムとは聞きなれない言葉だが、自転車のゴムタイヤを支持する輪の部分をいう。最初はすべて木製であったが、明治末頃から次第に金属製にかわっていった。

関西工場が完成したのは昭和十二年（一九三七）。同社の東京、名古屋、久留米の工場を抜き、リム生産では国内最大のシェアを占める工場となった。およそ二百五十人が働く工場内には、社宅、娯楽室や浴場、映画上映が可能な大講堂等があり、さながら小さな都市のようであった。

星型窓には、多くの従業員を抱える小都市の象徴、業界に輝く星に、との願いが込められたのだろう。

戦災を乗り越えて

実はこの窓の外側に、昔は装飾的な格子が取りつけられていた。近寄って現状を観察すると、八陵星型（はちりょうせい）の各頂点付近には、鉄の出っ張りがみられる。これは装飾

星型窓　ふたつの正方形を45度ずらして重ねたような形をしている。各頂点付近には鉄製の装飾格子を取り外した痕跡が残る。窓の白い縁取りと背景の黒色タイルが星型を引き立てる。タイルは225×60mmの二丁掛けと呼ばれる一般的なサイズだが、その色彩と光沢は独特の味わいを持つ。漆喰を主成分にした白い目地との対比が美しい。

1階エントランス付近　一面ガラスのスクリーンになっている。ガラスは透視度の低い型板ガラスで、正面の庭の緑がシルエットになってみえる。ガラスを嵌めたスチール・サッシは繊細でありながら、現在の製品にはない力強さを感じさせる。

格子を取り外した跡で、戦争が激しくなるとともに実施された金属回収の際に供出されたものだろう。建物はチャーム・ポイントを失ってしまったようで、その痕跡にはどこかもの悲しさが漂う。

戦時中はここも例外なく軍需工場となり、軍用車、軍艦、大砲の部品を製造することとなった。昭和二十年（一九四五）六月十五日の大阪・尼崎を襲った空襲では、敷地内に焼夷弾数十発が落とされ社宅などが焼失した。しかし、事務所をはじめ工場の一部は戦災を免れたのである。

商業建築風の細部も

近年、リムのほとんどが中国で生産されるようになると、新家工業の生産の主軸は鋼管にかわった。しかし、関西工場の景観は当時の様子をよく残している。

再び事務所棟の細部をみてみよう。外観は電車からの眺めを意識したのだろうか、塔屋を横切る三重の水平帯など、水平方向の流れを感じさせるデザインである。星型窓の周囲には、黒いタイルが張りつめられている。タイルの輪郭のシャープさ、釉薬の鮮やかさなど、どれも竣工時の輝きを失っていない。一枚一枚に創業時の威勢がみなぎっている。

だが、玄関から中に入るとイメージは一変する。一階はガラスのスクリーンで覆われた明るい執務スペースが広がる。階段室にも大きなガラス窓がとられ、明るい雰囲気である。

二階の元社長室や応接室も往時の面影をよく残している。天井付近の装飾は濃密で、他の部屋の開放的な雰囲気とは少々異なる重厚さを感じさせる。

ガラス面の多い開放的な空間は、当時の事務所や工場建築の定石であった。いっぽう、星型窓や外壁の水平帯、そして室内の天井付近の飾りなどは、商業建築を中心に流行したアール・デコの面影を伝えている。工場の中心施設に、あえて後者の雰囲気を取り入れたのは、ここが生産だけでなく従業員の暮らすまちでもあったからだろう。

　生産一辺倒だけでなかった戦前の工都・大阪の一面が、車窓からのぞく星型窓に託されているかのようだ。

初出

『大阪人』二〇〇五年十一月号（第五十九巻十一号）

旧変電所　シンプルながら左右対称の堂々たる構成で、実際の大きさにくらべて迫力が感じられる。

2階応接室　手前にはバルコニーがあり、その先には東海道線の軌道や新幹線の高架がみえ、工都の大動脈に接していたことがうかがえる。

守衛室　竣工当時のまま残る建築のひとつ。全体に装飾はなく簡潔な表現だが、隅の円柱が力強い印象を与える。寄棟造の屋根は後世の改造であろう。

2階元社長室　重厚な照明器具や天井を埋め尽くす装飾が圧巻。部屋の隅には、柱の角を避けて作り付けた特注の家具がある。左手の窓の上には創業者・新家熊吉氏の肖像写真がみえる。

階段のグリル　階段の手摺壁には直径約36cmの装飾グリルがある。木の葉や枝をモチーフにしたその図柄は、主に百貨店や心斎橋筋などの商業建築でよく用いられた。

OSAKA BOOK

43

阪口楼

台地の魅力をひきだす建築

1階洋間　この建物で唯一の洋間。上げ下げ窓の桟（さん）が水平方向にのみ入っているのが珍しい。窓の外には和風建築と立体的に変化する庭園がみえる。かつて重光葵（まもる）外相もここを訪れたことがあるという。

玄関　玄関は奥の棟よりも屋根を1段低くしているため、外から見ると控え目だが、中に入ると一転、広々とした印象に変わる。まず、床の巨大な敷石が来客をもてなす。見上げれば、船底天井（逆V字型の天井）が開放的な雰囲気を出している。外から奥に進むにつれ、格式を上げていくのは和風建築の定石のひとつ。

名所旧跡の宝庫である茶臼山の片隅に、貫禄ある門構えがみえる。邸宅を思わせるたたずまいの正体は料亭・阪口楼である。ゆったりと広がる庭の先には、平屋建の和風建築が木々の間から顔をのぞかせている。

阪口楼は戦後すぐの創業であるが、そのもとをたどれば阪口祐三郎（すけさぶろう）の経営する南地の料亭・大和屋にいたる。大和屋は戦時中の空襲で建物を焼失してしまったが、祐三郎は昭和二十二年（一九四七）に雲水寺（現在の統国寺（とうこくじ））の境内にあったこの精進料理店を入手し、料理旅館を営んだ。しばらくして、祐三郎は大和屋の経営に専念することとなるが、その弟・金蔵はこの地に残り、阪口楼の名で料亭をはじめ、現在にいたっている。

二つのアプローチ

門を入ると、お寺だった時代の名残をとどめた石塔などが出迎えてくれる。そして、奥には築百年程になるという、平屋建の和風建築が見える。広々とした庭の割に建物は小さく、玄関の屋根は一段低くなった慎ましやかな造りである。しかし、外見が小さい分、中に入ると広々とした印象を受ける。

ここから、動線が二手に分かれる。一階の大広間と小さな客間に向かう人びとは、そのまま直進し、左手奥にのびる廊下を歩く。廊下一面に広がるガラス窓からは、心地よい庭の緑が目に飛び込んでくる。意外なのは、建物に向かって庭が大きく落ち込んでいること。

所在地｜大阪市天王寺区茶臼山町1-30
竣工年｜明治時代後半～大正時代頃
構造・階数｜木造　平屋、地下1階
屋根形式｜入母屋造

外観　お寺の名残を伝える石塔の奥に、こじんまりとした建物がたたずむ。この建物はかつて雲水寺境内にあった精進料理店・遊息亭だった。茶臼山界隈にはかつて住友家本邸があり、付近には住友の社宅や相撲茶屋、宮司の住まいなどがある閑静な地域であった。

「桜の間」　地下1階の「桜の間」からの眺め。眼前には茶臼山と河底池の雄大なパノラマが広がる。初夏には池の蓮が一斉に開花する。かつてはガラス窓の手前に紗を用いた障子があったという。「桜の間」はもともと3部屋だったところを1部屋にしたため、25畳の広さがある。

上町台地の斜面に建つために、このような立体的な敷地になっているのだ。まるで、空中歩廊を歩くようなときめきがある。

意外な場面展開

では、もう一方のアプローチはどこにあるのか。実は玄関を入ってすぐ左手の板戸を開けると、地下にのびる階段がある。外から見ると、庭の茂みに隠れて敷地の傾斜が分からないため、はじめて訪問する人には地下の存在は予想がつかない。幅広い大きな階段とはいえ、せっかく明媚なる庭を通ってきただけに、地階に行くのはなんだか惜しい気がする。

　階段を下りると、左手に折れ曲がる。敷地が傾斜しているため、ここで迫り来る庭の風情を楽しむことができるのだ。なるほど、地階からは地上とは違う深山のような庭が楽しめるのだと合点する。

　部屋に入ると、窓一面に広がる風景に圧倒される。大きなガラス窓の先に広がるのは、茶臼山のふもとに広がる河底池の雄大なパノラマであった。

　斜面に建つため、表側は平屋建であるが、反対側からみると京都の清水寺本堂のように、傾斜地に舞台のように張り出して建っているのだ。そのため、地下一階といえども反対側から見れば優に二階以上の高さとなる。

最後の仕掛け

　この景色、一階からはより広大な眺めを楽しむことができる。しかし、地下一階では、段階を下りる時に少し残念に感じた分、喜びも大きい。窓からの景色を主役に据えるため、床の間を背にしたときにパノラマを最大限楽しめるよう、床の間が窓と反対側に置かれた部屋が多い。

　この眺望を添えて味わう料理はまた格別なもの。最近では、隣に統国寺があることや自然食ブームのなかで、普茶料理を中心に据え

地階の廊下からの眺め　斜面になった庭には巨石や石灯籠などが効果的に配されている。外から見た明るい庭の印象とは大きく異なり、深い緑に包まれた雰囲気。

「寿の間」　地下1階の「寿の間」は、床の間を背にしたとき、もっとも雄大なパノラマを味わうことができる。全部屋池を望むことができる阪口楼の中でも一番眺めがよく、人気の高い部屋。

階段　幅はおよそ1間（約1.8m）あり、急傾斜ながら雄大な雰囲気を持つ。こうした階段は、日本の伝統的な御殿建築などでみられたもの。見上げれば、天井や板戸の木の質感が初々しい。階段を上り、左手の扉を開けると玄関に出る。

一階廊下　巨大なガラス窓の外に豊かな緑が広がる。上町台地の斜面に建つため、窓の手前で庭が大きく落ち込んでいる。そのため、空中歩廊を歩いているような浮遊感が味わえる。右手に大広間、突き当たり左手に洋間がある。

て好評を博している。もともとこの地が寺院境内の精進料理店だっただけに、普茶料理に使う由緒ある鉄鉢も蔵の中に多数あったのだ。普茶料理、そして上町台地のパノラマと、この場所ならではの贅沢な味を堪能し帰路につく。

地階の客は、同じ動線で戻ることになるのだが、ここではじめて階段の意味を理解する。この階段は、御殿などの特別な和風建築に用いられていた大振りな階段である。下りるときには気づきにくいが、上る段になって見上げると、はじめてその堂々たる格式の表現に気づかされる。天井や板戸の木目の美しさも新鮮に目に焼きつく。

最後まで、驚きを残しておく。これぞ、数寄なるもてなしの極意であろう。

初出
『大阪人』二〇〇五年十二月号（第五十九巻十二号）

南西側外観　阪急百貨店は8回に渡る増改築の結果、写真のような姿になった。写真右側の広告塔から左手が昭和4年（1929）、その右手が昭和6年（1931）「阪急百貨店」看板の左手が昭和7年（1932）の完成。広告塔が各時期の境目になっている。

内なるファサードを秘めて再生へ

阪急百貨店 大阪うめだ本店

所在地｜大阪市北区角田町8-7
竣工年｜昭和4年（1929）第1期
設　計｜竹中工務店＋
阿部美樹志（構造）＋
伊東忠太（壁画装飾）
施　工｜竹中工務店
構造・階数｜鉄骨鉄筋コンクリート造
地上8階、地下2階、塔屋付
屋根形式｜陸屋根

現存せず。建て替えた新ビルの上層階にアーチ空間を復元し、保存した壁画を再設置している。

阪急梅田駅から地下鉄に乗り換える人びとは、長い通路を延々と歩いていく。地上とも地下ともつかないこの通路、いったいどこを歩いているのかさえわからなくなりそうだ。しかし、ここを歩くのは意外と苦にならない。それは、大部分を占める阪急百貨店付近の道幅が広く、天井が高いためだろう。両側にはショーウィンドウがならび、車も通らない。人通りの少ない休日の早朝に歩くと、まるで別世界だ。西欧の旧市街地を歩くような、魅力的な街路空間である。街路が途切れる辺りで、地下へと向かう階段を下りるこ

ヴォールト天井の空間　写真左手が駅のホームであった。突き当りには壁画がみえる。この空間全体の装飾も伊東忠太が手がけた。なお、照明器具は全体の雰囲気に合わせて戦後にあつらえられたもの。なお、1階にこのような大空間を造るために、天井裏には上階の柱を受けるための鉄骨製巨大アーチが組まれている。

とになるが、意識して見上げてみると、ここが特別な空間だったことがわかる。

金色の壁画

　この広大な通路は、戦後しばらくまで阪急梅田駅のホームだった。昭和四十六年（一九七一）、京都線が最後までここを駅として使っていたから、覚えている人も少なくないだろう。正面改札口を降りてすぐに目にするのが、この特別な空間だったのだ。

　天井は半円筒形を描くヴォールト天井である。天井のあちらこちらには、白地に金塗りの華麗な装飾が見られる。仔細に観察すると、仏教のモチーフや東洋風の味わいがする。

　さらに両側の壁面には、モザイク・タイルの壁画がある。金のタイルを地にして、さまざまな動物が描かれている。モザイク・タイルは、グラス・モザイ

大広間東側壁面　手前に龍、中央上部には朝日を受けた雲間に太陽が描かれている。太陽の中には3本足のカラスが翼を広げている。

クとよばれるガラス製のもので、金のタイルは裏地に金箔を貼り付けたものだ。地の部分のタイルは正方形、動物の体の部分は不整形のタイルになっている。

二人の大家

　この壁画を制作したのは別府七郎という人物。彼は日本最初のステンド・グラス工房である宇野澤組ステンド硝子工場の設立者の一人で、当時を代表するステンド・グラス職人だった。この壁画作品をよく見ると、動物の輪郭線がステンド・グラスの鉛線のようになっている。モザイク・タイル壁画とステンド・グラスの長所を折衷した出来映えといえる。

　そして誰しも気になるのは、この壁画の図案であろう。この壁画は玄武（げんぶ）・朱雀（すざく）・鳳凰（ほうおう）・白虎（びゃっこ）の四神を発想の源に、建築史の大家・伊東忠太が下絵を描いたものだ。伊東は建築の歴史を研究するいっぽう、さまざまな建築設計を手がけた。その中には、彼の夢の中に出てきた怪獣や動植物をモチーフとしたものが多い。この壁画も、伊東の精神世界を表現した見事なパノラマである。

　伊東によれば、この壁画制作にあたり玄武だけは上手く描けず、思案の末、龍、翼馬、獅子、鳳の図案に落ち着いたという。新たな四神には「阪急電車の快速と威力」との思いが込められた。

内なるファサード

　建物の外観のうち、主要な面のことをファサードと呼ぶ。通常、私たちはファサードを見て期待を抱きながら、建物の中に足を踏み入れる。しかし、ここでは電車を降りて百貨店に入る前、最初に出合う建物の顔がこの壁画の空間だった。内側でありながら、ファサードとしての

南東側階段（2−3階）　昭和4年（1929）に完成した部分。建物が緩やかにカーブを描く場所にあたる。踊り場付近にはアーチ窓の先端が顔を覗かせるなど、曲線と曲面の競演といえる。

8階もと大食堂　ここからは御堂筋の銀杏並木や梅田界隈が一望できる。上げ下げ窓の上にはステンド・グラス入りの円窓がならび、その図柄は一様に見えて少しずつ異なる。窓の下や柱には矢筈（やはず）模様のタイル（150×75mm角）が彩りをそえる。

獅子の壁画　1階大広間の南西側壁画。胸板や前足の筋骨隆々たるさまは、伊東忠太の描く動物の力強さをよく反映した出来栄えである。

翼馬の壁画　1階大広間の南東側壁画。翌馬の体は五角形や六角形の不整形タイル貼り。白いタイルの中でも少しずつ色のバリエーションがあり、立体感を出している。緑色の翼は宝石のようなきらめきがある。

役割を果たす。渾身の作がこの場所にある意義であろう。

昭和四年（一九二九）の完成以来、阪急百貨店はサラリーマンから家族連れまで、たくさんの人びとを迎え入れてきた。屋上の遊園地、大食堂から広がる大阪のパノラマ、広々とした売場など、戦前から現在まで梅田の玄関としての魅力を存分に発揮し、人びとの心に焼き付いてきた。

いま、阪急百貨店は平成二十三年（二〇一一）のグランド・オープンに向けて、営業を続けながら建て替え工事をしている。建物が変わってしまうのは寂しいことだが、新しい時代の建物に期待したい。伊東忠太と別府七郎の力作は新しい建物で使用するかどうか現在検討中だという。この壁画が新しい「大阪の快速と威力」のシンボルとなってほしい。

初出
『大阪人』二〇〇六年一月号（第六十巻一号）

時の谷間に開いた花は
久野産業株式会社

所在地｜大阪市中央区島之内2-10-27
改修年｜平成17年（2005）
改修設計｜富士設計

［本館］
竣工年｜昭和5年（1930）
構造・階数｜鉄筋コンクリート造 地上2階、一部地下1階、塔屋付
屋根形式｜陸屋根

［アネックス］
竣工年｜昭和初期
構造・階数｜木造 鉄骨補強2階
屋根形式｜切妻造

アネックスは現存せず。
内部見学不可。

道頓堀川に架かる日本橋の北東に、昭和五年（一九三〇）に完成した鉄筋コンクリート造二階建の建築がある。かつては屋上から堺筋の百貨店が望めたというが、いまは高い建物に囲まれて、ビルの谷間にいるようだ。

しかし、不思議と閉塞感がない。谷間は谷間なりに、盆地の平野のような広がりがある。屋上が広いことと、周囲に戦前から戦後すぐに建てられた木造建築がぽつぽつと残っているせいだろうか。

静止した時間

屋上には腰高ほどの台状の突起が二つある。一つは、昔お稲荷さ

外観　角地に面した入口が貸事務所へのエントランス、右手が久野産業の玄関である。外観は以前、グレーであったが改修後に白く塗られた。

んが祀られていたと思われる。もう一つは、上面に数字を書いた円盤がある。左下の「6」から始まり「12」を頂点に、再び「1」から「6」へと進む。針を失ってしまった昔の日時計の跡だ。午前六時から午後六時までの表示板に、かつてのゆったりした時の流れがよみがえる。

　階段室脇にある水道栓は、今はその役目を終えているが静かに存在感を誇っている。竣工時に思いをはせる数々の痕跡が、都会の中の止まった時間を印象付ける。

繁華街の過去

　かつて、四方を長堀川、道頓堀川、東・西横堀川に囲まれていた島之内は、いまでこそ繁華街のイメージが強いが、昔は船場とならび旧家の連なる伝統的なまちだった。初代中村鴈治郎や小出楢重をはじめ、多くの文化人をはぐくんだ場所でもある。大阪文化の原風景として、強い愛着をよせる人び

2階のROOM03　改装された南西の角部屋。窓は当初、両開きだったものが上げ下げ窓に変更された。左手の黒いボックス型ユニットには、水まわりがまとめられている。

1階階段室　エントランス・ホールから続く高い天井、左手の2連窓など、当時からの意匠がそのまま用いられている。正面の扉を開けると地下室に続く階段がある。

とも少なくない。しかし、今はいくつかの建築が、昔の面影を伝えてくれるに過ぎない。

久野産業は、まちの記憶を継承した数少ない生き証人である。幸いにも、このビルに新たな命を吹き込もうとした人びとがあらわれ、歴史を伝える拠点としてよみがえった。

歴史の聞こえる未来へ

久野産業は大正八年（一九一九）、久野兄弟商店の名で創業した非鉄金属をあつかう会社である。主な商品が建築材料であるだけに、その社屋自身も見所に富むものであった。近年、製造・販売拠点が移ったのを機に、社屋の再生を考えた久野実社長は、会社の機能の一部をここに残しながら、クリエイター向けの貸しオフィス「KROSS KUNO 1919」としての改修をはかった。

北西角の玄関付近は一時ショールームに利用されていたが、再びこの場所をエントランス・ホールに戻した。エントランスから階段室にいたる空間は天井が高く、縦長の二連窓がリズミカルに並び、さながらホテルのような雰囲気である。

昔の手摺を残す階段を上って二階に行くと、九部屋の貸室がならんでいる。各部屋は古い意匠を大事にしながら、水まわりや防犯機能を中心に改装された。また、若いアーティストやクリエイターにも使ってもらいやすいよう、防音効果も考えられている。

廊下の突き当りの窓からは、久野産業の工場がみえる。水平移動するクレーンが、アルミニウムなどの製品を車に積み込む。その光景は、一昔前まで大阪のあちこちで見られたものだ。ここでは、その現場を間近に接することができるのも魅力だ。

この錯綜した時の流れは、新築のビルでは決して味わえない。そして、都心部で堂々たる二階建というスケールは、いまや至上の贅沢である。ここで感じる緩やかな

アネックス外観　西向かいにある2階建のアネックス。かつては倉庫として使われており、1階にはトロッコのレールが残る。2階の引き違い窓は当時の雰囲気を伝えている。

エントランス・ホール　奥の階段室から入口方向を見る。入口左手の窓は、当初からショーウィンドウだったが、現在は外の景色を額縁のように切り取るこの空間のアクセント。左壁面のレリーフは、自社の銅製品を用いてアーティストに制作させたもの。

屋上　中央に階段室のある塔屋、右手に稲荷社が祀られている。そして塔屋をはさんで対称の位置にふたつの台状の突起がみえる。周りはビルに囲まれているが、開放的な雰囲気。

2階階段室と廊下　手前は屋上に上がる階段。廊下の天井には、約2m間隔で梁がならび、構造的にしっかりとした建物だったことがわかる。廊下奥の窓からは、久野産業の工場を見下ろすことができる。

日時計の跡　屋上西側の台の上には、日時計の跡が残る。残念ながら針は失われてしまった。文字盤の下に「HASHIMOTO」と書かれている。

水道栓　屋上階段室の西側にある。改装工事後も、こうした古い要素は大切に保存されている。

時間が島之内全体にしみわたれば、かつての文化的な誇りが再び目を覚ますことだろう。

初出
『大阪人』二〇〇六年二月号（第六十巻二号）

OSAKA BOOK

46

戦後に引き継がれた近代建築の伝統

金甌青少年女性会館

1階ホール　玄関を入るとすぐ、横長平面のホールがある。天井にある2つの照明器具は、前身の会館からもってきたものであるが、この建物ともよく調和している。壁と天井の間に繰形（くりかた：段々状の飾り）があるのは、戦前の建築の名残。

近代建築の面白みは一体なんだろう。現在の建物には見られないユニークな装飾や手作りのぬくもりなどではないだろうか。一般に近代建築とは、戦前に建てられたものをいうが、戦後になっていきなり形が変わったわけではない。戦後しばらくは資材に限りがあるものの、戦前の流れを汲む建築が作られていた。しかし近年、この時期に建てられた建築も、都市部ではめっきり数が少なくなってしまった。

上町台地の西側斜面、大阪市立中央小学校前に建つ金甌（きんおう）青少年女性会館は、昭和二十四年（一九四九）の竣工で、戦前の面影をよくとどめた建築である。

所在地｜大阪市中央区瓦屋町2-12-4
竣工年｜昭和24年（1949）
構造・階数｜木造　2階
屋根形式｜切妻造平入桟瓦葺

内部見学不可。

外観　玄関ポーチを中心に左右対称の構成。建物の上端一列と玄関ポーチにはS字瓦が使われている。全体に昭和初期の雰囲気を感じさせるが、2階の屋根瓦を直接見せない点や、2階に横長の大きな窓を取る点は、戦前の建築にはあまりみられない。

戦前―戦後を結ぶ意匠

建物の正面に立つと、玄関ポーチを中心に左右対称の構成をみせる。外壁の上端や玄関ポーチの屋根には、S字型の洋風瓦が使われている。淡いクリーム色の外壁とS字瓦の組み合わせは、戦前に流行したスパニッシュ・スタイルの建築でよくみられた。さらに正面の腰壁には、茶系統の装飾タイルが使用されている。こうした素材使いは、昭和初期の建築と何ら変わらない。異なるのは、いくぶん装飾が控えめであることと、壁面の凹凸が少ないことだろう。

玄関を入ってすぐのホールは、やはり古風な印象である。漆喰天井と壁の間には、近代建築にみられるような段々状の飾りがあり、照明器具も戦前のものと変わりがない。その理由は竣工時期のせいばかりでなく、前身建物の部材を使っているためでもある。その経緯を知るために、この建物の来歴をもう少し詳しくみてみよう。

2階の広間　3歳児未満の子どもたちの遊び場や、各種行事に充てられている。右手の窓の向こうには、大阪市立中央小学校の校舎がみえる。

1階ホールの照明器具　乳白色ガラスを用いたシェードで、表面に凹凸模様がある。前身建物の様子を伝えてくれる貴重な存在。

玄関ポーチの柱　木の柱の上から、1辺24mm角のタイルを貼りめぐらせている。柱の角の部分がちょうどタイル1枚分にあたる。タイルの下は人造石仕上げ。

会館の歴史

現在、向かいに建つ大阪市立中央小学校は平成三年（一九九一）、桃谷、桃園（とうえん）、東平（とうへい）、金甌の伝統ある四校が統合して誕生したもので、その敷地はかつての金甌小学校のものだった。金甌の名は、中国の故事「金甌無欠」と、「甌」の字が校区である瓦屋町の区からなっているために、名づけられたという。

この会館は、金甌連合自治会が学区の人びとの各種集会施設として使っていたものだ。昔は金甌会館と呼ばれ、戦前は旧金甌小学校の北東にあったが、昭和二十年（一九四五）に校庭を拡張してプールをつくるために、現在地に移転・新築された。その際、旧会館の照明器具などの部材が取り外され、現会館に使用されることとなった。

その後、時代のニーズに応えるため、平成十年（一九九八）別の場所に新館が建設された。そのため、ここは金甌青少年女性会館と呼ばれるようになった。

2階の流し　白いタイル、使い込まれた木部に戦後まもなくの建築の表情がよくあらわれている。窓の向こうには現在、高いマンションが建っているが、上町台地の斜面に位置するため、昔は島之内方面の家並みが見渡せただろう。

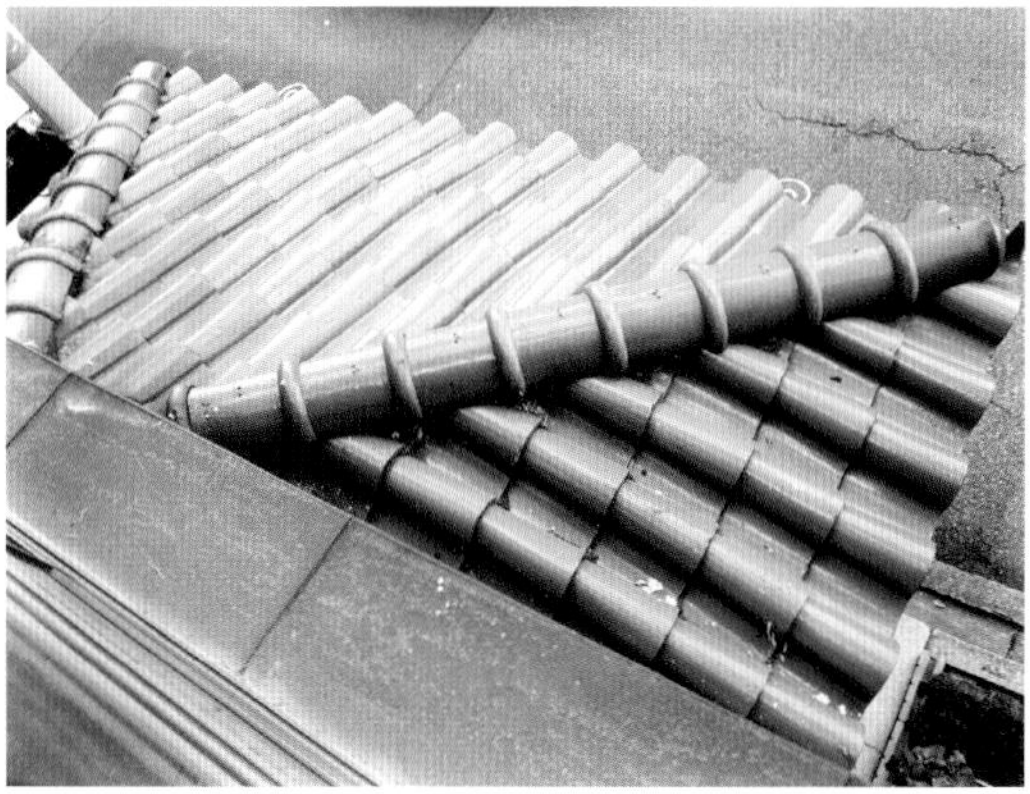

玄関ポーチの瓦　2階から見下ろしたところ。緑釉のS字瓦（断面がS字型の瓦）が葺かれている様子が分かる。

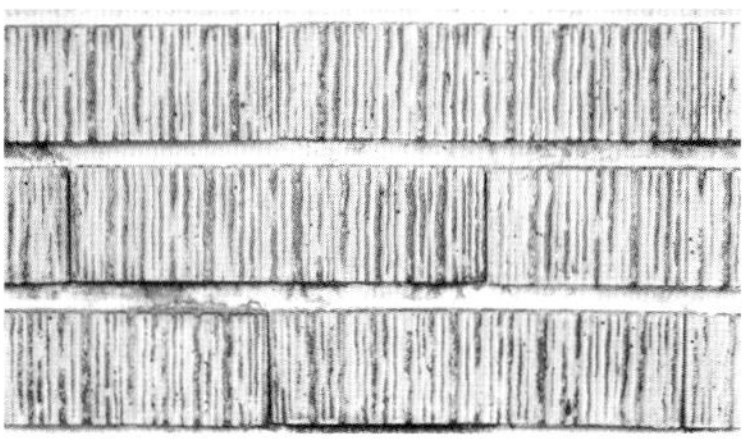

腰壁のタイル　タイルは縦60mm×横235mmで、二丁掛けと呼ばれるサイズ。昭和初期に流行したスクラッチ・タイルに似ているが、表面になだらかな凹凸模様があり、やや異なるタイプ。ここだけみると戦前の建築にみえる。

1階座敷　二間続きで、奥に床の間がある。部屋境には欄間があり、三重塔や富士山の彫刻がある。

時代に対応する柔軟性

この建物には、一、二階にそれぞれ広間がある。一階は現在も畳敷きの座敷で、床の間や欄間などの伝統意匠をみることができる。

二階は窓の多い、明るい広間である。もともとは和風であったため、格天井（ごうてんじょう）や小さな床の間がみられるが、カーペット敷にした現在は、和洋折衷の雰囲気がある。

古い会館であるが、活動内容は先端的だ。三歳児未満の子どもを遊ばせる施設がほとんどなかった数年前、金甌連合会長の桑原兵充氏は、住民の希望を聞き入れ、この会館を開放する事業を実施した。その試みは現在、大阪市全体に広がっているという。

古い建物は意外と柔軟性がある。戦後すぐの時期にしては、極めて質の高いこの会館は、戦後の志がつまっている。時代に合わせた活用で、次の世代にもこの舞台を引き継いでもらいたい。

初出
『大阪人』二〇〇六年三月号（第六十巻三号）

中西金属工業

並び建つ明治の面影

レンガ館と本社棟　手前がレンガ館、右手奥が本社棟。本社棟の屋根は遠くからみるとよく見える。本社棟の屋根は和風の寄棟造桟瓦葺だが、軒の出が小さく、屋根の傾斜がきついのが明治の洋館らしい。

所在地｜大阪市北区天満橋3-3-5

［レンガ棟］
竣工年｜明治時代
構造・階数｜煉瓦造　2階
屋根形式｜切妻造桟瓦葺

［本社棟］
竣工年｜明治時代後半
構造・階数｜木骨コンクリートブロック造 2階（推定）
屋根形式｜寄棟造桟瓦葺（1階一部片流れ銅板葺）

内部見学不可。

赤煉瓦といえば、近代建築を代表するものだが、大阪市内ではその数がめっきり少なくなってしまった。大阪市中央公会堂はその代表格だが、実際の赤煉瓦建築は工場や倉庫として使われたものが多かった。ＪＲ大阪環状線で天満駅から桜ノ宮駅に向かう途中、市内でも代表的な赤煉瓦の工場建築を見ることができる。

車窓から見える赤煉瓦

現在は中西金属工業となっているこの工場、当初は紡績会社のものだった。車窓から目に飛び込むのは、レンガ館と呼ばれる二階建の大規模な赤煉瓦建築で、三つの

レンガ館外観　環状線側（南側）の外観。3つの切妻屋根と、2階正面の壁にならぶ5つのアーチ窓が印象的。市内でも有数の大規模煉瓦造建築。

切妻屋根が印象的である。レンガ館の側面には隣接していた工場の屋根型が残っており、昔は他にも多くの赤煉瓦建築があったことをしのばせる。

内部はきれいに改装され、現在は製品開発にあたる技術者たちがパソコンと向かい合っている。しかし、室内を見渡すと異様に柱の本数が多く、しかも柱の上部がV字型に広がっているのに気付く。これは昔、二階の床を支えていた木造の柱の名残である。上から新建材でおおって改修したために、柱の本数や形がそのまま残ったのだ。外壁は煉瓦造、内部の床や屋根は木造という当時の煉瓦造建築の姿をよくとどめている。

明治の香り漂う階段

中西金属工業が現在の敷地と建物を入手したのは昭和十三年（一九三八）のこと。会社の記録によれば、もとは東洋紡績に吸収された大阪合同紡績の天満工場だっ

本社棟1階窓　窓枠は現在、アルミ・サッシに変わっているが、当初は木製の建具だったことが、アルミ・サッシ外側のわずかな木の痕跡から分かる。

本社棟全景　1階は石積風仕上げ、2階はタイル貼仕上げ。2階にくらべ、1階の縦長窓はすらりと背が高い。

たという。大阪合同紡績の前身は明治二十年（一八八七）設立の天満紡績会社であるから、このレンガ館も明治期の建築であることが十分考えられる。

　敷地内にはもう一棟、明治の雰囲気をたたえる建築がある。守衛所のすぐ脇に建つ本社棟である。一階が石造風、二階がタイル貼の建築である。すらっとした縦長窓がならび、屋根が寄棟造桟瓦葺という和風のものであるが、軒の出がほとんどない点が明治の洋館らしいたたずまいと言える。内部はレンガ館同様、ほとんど現代風に改装されているが、階段を上がると明らかに明治の香りが漂う。大変急な勾配、手摺りまわりの古風な意匠、そして今では考えられない手摺りの低さなど、明治期ならではの古風な要素がつまっている。

　二階の外装タイルは、昭和十年前後に流行したもので、中西金属工業の所有となった頃にやりかえたものだろうが、それ以外は明治期の洋館の雰囲気を存分にたたえた外観といえる。

二十×四十センチの謎

　本社棟の中で特に興味深いのが、一階を覆う石積みである。本来なら、もっとごつごつした表現になるはずだが、ひとつひとつの石が小さく表面がおとなしい。

　近寄ってみると、これは石ではなくセメントを使った人工の仕上げであることがわかった。寸法を測ってみると、縦二十センチ×横四十センチという整数になる。これは明らかに規格品である。すると、この石積風の仕上げは擬石ブロック（コンクリート・ブロックの一種）ではないかという仮説が思い浮かぶ。外壁に面した部分だけ、石積にみえるように加工したものだ。

　このような擬石ブロックの使用は、明治後半から大正時代にはすでに確認できる。当時は、木骨（木造の骨組み）と煉瓦または擬石ブロックを組み合わせた構造がみら

本社棟階段　とても急な傾斜の階段で、手摺りや親柱の造作が明治時代の洋館を思わせる。手摺子（てすりこ：手摺り下の小さな柱）にも徳利状の装飾が見られる。2階床から手摺り上端までわずか68cmと、かなり低い。

本社棟2階窓　縦長窓の周りはタイル貼り。このタイルは一辺7～8cmほどの正方形で、昭和10年頃のものであろう。窓の上下にある石材（窓まぐさ・窓台）は花崗岩製で当初のもの。

レンガ館1階内部　昭和の終わり頃まで、倉庫と研究室として使用されていたが、現在は全体が事務室。紡績工場時代の名残で、2階の床を支える柱が林立し、柱上部がV字型に広がっている。木の柱の上に新建材を貼り、現在のような姿になった。

本社棟外壁　一番下は花崗岩で、小さな床下換気口がみられる。その上の石積みに見える部分は、本物の石ではなくセメントで石を模した擬石ブロック。大きさは20×40cmときれいな数字である。

レンガ館外壁　煉瓦の長い面（長手）だけの段と、小さい面（小口）だけの段が交互にあらわれたイギリス積。

れた。これらのことから考えると、本社棟の完成時期は明治後半ではないだろうか。

　レンガ館と本社棟、二つの明治期の建物が並び建つ姿は、工業都市大阪の歩みを肌で感じさせてくれる重要な存在といえるだろう。

初出

『大阪人』二〇〇六年四月号（第六十巻四号）

OSAKA BOOK

48

輸出織維会館

ふたつの海のものがたり

中地階への階段　心斎橋筋側の玄関から緩やかに下る階段。手摺の意匠は工芸品のようだ。天井高が約2.1mと低いのは、次の空間への配慮から。

所在地｜大阪市中央区備後町3-4-9
竣工年｜昭和35年（1960）
設　計｜村野・森建築事務所＋大阪建築事務所
施　工｜戸田組（現・戸田建設）
構造・階数｜鉄骨鉄筋コンクリート造　地上8階、地下3階、塔屋3階付
屋根形式｜陸屋根

内部見学不可。

整然と並ぶ窓。よほど注意していなければ通り過ぎてしまうようなシンプルな外観。心斎橋筋と備後町通を行き交う人びとの中でも、このビルに振り向く人はほとんどいない。一見すると、どこにでもある戦後のビルに見えてしまうからだ。実際、この建築が建てられたのは昭和三十五年（一九六〇）のこと。しかし、今から五十年近く前とは思えない斬新な佇まいである。

船の中へ

心斎橋筋側にある金属屋根の車寄せを入ると、落ち着いたベニヤ仕上げの空間があり、ゆっくり地階へと導かれる。ここは主たる玄

外観　左手が心斎橋筋、右手が備後町通。築50年近いとは思えない斬新な外観。活気あふれる界隈で悠然と聳える。

関でありながら、高い吹抜けもなければ、エレベーターもない。あるのは天井の低い下り階段のみである。しかし、他のビルにはない落ち着きを感じる。中地階の受付を抜けると、広い前室が姿をみせる。高い天井、窓のない部屋、まるで豪華客船のロビーのようだ。

通常、窓のない部屋では圧迫感を感ずるものだが、ここは不思議と居心地がよい。初めて訪れた者でも、居場所を見つけることができる。

前室からは五つの会議室とホールへアプローチできる。どの部屋も格調高いデザインであり、シャンデリアやドアの引手の位置・高さなど、それぞれに計算し尽くされた配置である。

あえて窓のない中地階に主要な部屋を配したのは、市中の喧騒を離れ、船旅のようなくつろぎと静寂さをもたらそうとしたためだろう。

海の中へ

このビルのもうひとつの顔は事

第5会議室　中地階にある会議室のひとつ。5灯のシャンデリアが、絶妙な高さと間隔で配置され、心地よい雰囲気をかもし出す。

前室　中地階の前室に入ると開放的な空間が広がる。落ち着いたウォールナットのベニヤ張りの室内を飾るタペストリーは、堂本印象画伯の原画で龍村美術織物が制作したもの。帆船の上に広がる世界地図は、当時の繊維産業の隆盛をうかがわせる。

前室の椅子　座面が広く、腰掛けると見かけ以上にくつろぐことができる。すべての椅子で裂地の模様の裁断の位置がそろう。

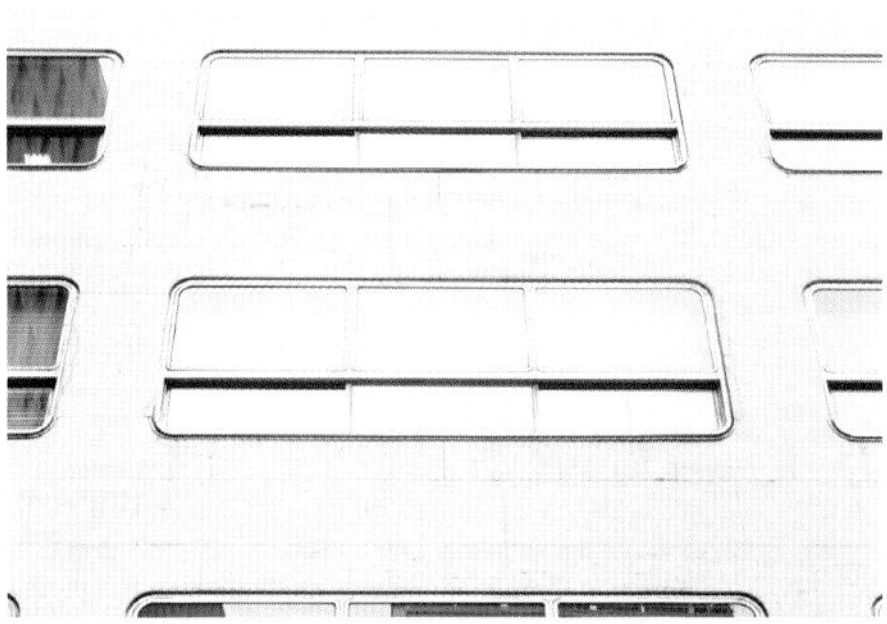

窓の詳細　トラバーチン（イタリア産大理石の一種）とアルミ製の窓枠がほぼ同一面で処理され、フラットな印象を与える。一見単純に見えるが、桟で窓を6分割する構成や角の曲線などは、熟考の末の形状であろう。

務所である。そのエントランス・ホールは、備後町側にある。一歩足を踏み入れると、ガラス・モザイクで覆われた華麗な空間が広がる。

壁画の画題は具象的にも抽象的にもみえるが、私には海の中をのぞいているように感じられてならない。タイルの色彩は黄色やピンクといった原色系が多いが、不思議と深海をのぞいているような気分になる。外側は色調を引き締めながら、内部では元気と活力の源になりそうな色鮮やかな空間が展開する。

建物内の壁画が時とともに影が薄くなってしまうことはあるが、この壁画の鮮やかな色彩は、どんなに時間が経過しても色褪せることはないだろう。壁画の作り手にとっても、ビルの利用者にとっても、忘れ難い存在である。

大阪らしい建築

再び外に出ると、外観のそっけない雰囲気がかえって新鮮に感じ

備後町側の階段（中地階部分）　1階ホールの壁画が、階段部分では地下まで続く。階段と壁画の間にはわずかな開きがあり、階段を下りると、海の中を潜っていくような気分になる。

裏階段　1階備後町側エントランス・ホールと中地階前室を結ぶ裏階段。鋼鈑を折り曲げたもので、寸法の誤差がほとんど許されず制作は大変難しい。

壁画細部　エントランス・ホールの壁画には、1辺2.1cmのガラス質タイルを使用。ひとつひとつ手作業でカットしたのだろう、1枚ずつ微妙に形が異なる。目地の色もタイルの色に合わせて、場所ごとに変わる。制作した職人の苦労と楽しさが伝わってくる。

エントランス・ホール　備後町側の事務所入口に広がるガラス・モザイク。この壁画も堂本印象画伯の指導による。村野同様、堂本の作品も場面によってがらりと作風が異なる。

られる。外壁を覆うトラバーチン（イタリア産大理石の一種）は、中地階の壁を飾るベニヤ板と呼応するような、控え目で飽きの来ない素材使いである。アルミ・サッシの窓枠は角が丸く、下段のみが開閉する機能的な仕様。大理石とアルミという異種素材をほぼ同一面で見せながら、外壁は一枚の壁のようであり違和感がない。一階に窓がないのは、この種のビルとしては特異なことだが、それは中地階の主要室を外の喧騒と切り離すための配慮だったのだ。

随所に心憎い気配りがなされたこのビルは、建築家・村野藤吾の代表作のひとつである。注意していなければ通り過ぎてしまう外観。だが、ひとたび中に足を踏み入れたら忘れることができない深い印象。これらは、戦前から続く大阪の建築の伝統である。開発が進む船場の荒波の中でも、この船は昔ながらのゆとりを感じさせてくれる。

初出
『大阪人』二〇〇六年五月号（第六十巻五号）

OSAKA BOOK

49

エレベーター時代の建築
明治屋南本町ビル

1階事務所入口周辺　店舗側入口とは違った風格を感じさせる。床はえび茶色のタイルが幾何学模様を描く。壁にはアーチ型の飾りが、天井にはかつて照明を吊っていた中心飾りがある。

1階エントランス・ホール　2基のエレベーターが並ぶ。現在は左手のみが稼動中。右手のドア周りには竣工当時の装飾が額縁のように残る。写真右端の階段室入口には「STAIRS」と書かれた赤い照明がある。普段はエレベーター、階段は非常時という意識のあらわれだろうか。

三、四階くらいなら、なんとか階段で上り下りしようという気も起きるが、それ以上になるとエレベーターの力を借りたくなる。それは、今も昔も変わらないようで、たいてい五階建以上の建築にはエレベーターが付いている。大阪でそのような高層建築が建てられ始めたのは、おおむね「大大阪」と呼ばれた大正時代後半以降のことだ。その頃の大阪都心部では、七・八階建の高層建築が続々と誕生した。

世界の一流品がそろう堺筋

明治屋大阪支店は、その先駆けをなすビルとして、大正十三年（一九二四）に完成した。一階が明治屋の店舗、上階が事務所になっていた。このビルの面する堺筋には当時、北に三越と白木屋、南側には髙島屋と松坂屋があったから、明治屋が堺筋を選んだことは、高級食料品を求める人の流れを上手く捕えた結果といえよう。

堺筋の百貨店は、どれも豪華な建築で商品価値をアピールしたが、食料品を専門とする明治屋もそれに引けを取らなかった。七階建という規模、そして銀行や商社など全国の主要建築を手がけていた曾禰中條（そねちゅうじょう）建築事務所が設計したことは、当時の一流の条件を追及した結果だと言える。そして、ビル設備にもその姿勢がみられる。

所在地｜大阪市中央区南本町2-1-8
竣工年｜大正13年（1924）
設　計｜曾禰中條建築事務所
施　工｜竹中工務店
構造・階数｜鉄筋コンクリート造 地上7階、地下1階、塔屋付
屋根形式｜陸屋根（塔屋：宝形造銅版葺）

現在は風蘭ビルディングというテナントビルとして活用されている。

外観　全国の明治屋関係のビルで現存最古のものだが、時代が経ても古さを感じさせない。コーナーの曲面を挟んで、左右で窓の表情が異なるのは、筋と通りの違いを意識した工夫だろうか。屋上左手にわずかに見える塔が、2基のエレベーター用機械室。もう少し離れて眺めると、塔はより一層際立って見える。

屋上塔屋　左手が堺筋に面した階段室と2基のエレベーター機械室を兼ねた塔屋。四隅に壷形飾りがあり、屋根付近には立派な雨戸が巡る。右手は荷物用エレベータ機械室の塔屋。その右の赤い鳥居はお稲荷さん。

4階会議室　曲面を描くコーナーに面した部屋。天井には大変短い間隔で梁が入る。大正12年（1923）の関東大震災後の完成であるため、耐震性には特に気を使ったのだろう。左手の柱と梁のつなぎ目には、三角形の装飾的なハンチがある。

5階廊下　廊下の扉のいくつかは、当時の面影が残る。また、左手の両開き窓も昔日の面影を伝える重要な要素。

美しき塔屋

屋上に上がると二つの塔屋がそびえている。普通のビルであれば、塔屋は一つであり、そこが屋上に上がる階段室やエレベーター機械室を兼ねている。このビルの二つの塔屋は、いずれもエレベーター機械室だったのだ。

そのうち、堺筋に面した南東側のものは、階段室を兼ねたひとまわり大きなものだ。ここでは地下一階から屋上階まで、二基のエレベーターが行き来していた。百貨店と変わらない充実した設備だ。そして塔屋も半円窓や壷形飾りなどをあしらった華やかなものである。外壁から少し内側にあるために、近くの道路から屋上を見上げたときにはそれほど目立たないが、少し離れてみると大変引き立って見える。

当時、堺筋に面した百貨店同士で、屋上のデザインを競い合っていたとすれば、明治屋もそれらに負けない美しい屋上をめざしたのだろう。塔屋のほか、屋上手摺り

南側階段室　エレベーターが垂直移動の主役であるこのビルでも、ちょっとした上下階の移動には階段が使われていた。手摺りの親柱は八角柱で装飾的に仕上げられている。また鉄板を用いた階段裏面や側面のリベットの丸い跡も美しい。

屋上の壷飾り　屋上手摺り壁の堺筋側には、2つの壷飾りがある。これは本物の石ではなく、コンクリート製で擬石仕上げとしたもの。当時の建築装飾には、このような擬石仕上げもよくみられた。

荷物用エレベーター　現在もハンドルにより手動で操作する。高さは自由な位置で止めることができる。幾度か改造を経ているが、エレベーターかご内の銘版には「A B.SEE ELEVATOR COMPANY,INC./NEW YORK CITY,U.S.A./SOLE AGENTS IN JAPAN/UCHIDA TRADING CO. LTD./CCN TRACTORS AND ENGINEERS/KOBE TOKYO OSAKA」と当初のメーカー銘が記されている。

壁に巨大な壷形飾りがあることも、その意識をうかがわせる。

現役の底力

堺筋側と反対側にあるもう一つの塔は、荷物用のエレベーター機械室と煙突を兼ねていた。こちらのエレベーターはやや大型で、アメリカ製のものが使われていた。機械の一部は各時代の点検や改修で新しくなったものの、エレベーターのかごや扉は非常に古風な表情を残す。今でも月一度の点検を受け、現役で活躍している。

堺筋は今、百貨店が撤退し、明治屋の店舗もコンビニへと変わった。これは時代の流れであろうが、一方で超高層マンションが増えて住民も増加し、まちの雰囲気は変わりつつある。竣工当時から全く衰えを見せず、当時の威風を感じさせる明治屋大阪支店の建築は、堺筋の美しいモニュメントとして、新旧住民の誇りとなっていくことだろう。

初出
『大阪人』二〇〇六年六月号（第六十巻六号）

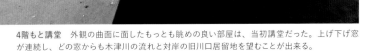

4階もと講堂　外観の曲面に面したもっとも眺めの良い部屋は、当初講堂だった。上げ下げ窓が連続し、どの窓からも木津川の流れと対岸の旧川口居留地を望むことが出来る。

OSAKA BOOK

50

旧大阪府立工業会館

再生を待つ窓辺

所在地｜大阪市西区江之子島2-1-53
竣工年｜昭和12年（1937）
設　計｜大阪府営繕課
構造・階数｜鉄筋コンクリート造
地上4階、地下1階、塔屋付
屋根形式｜陸屋根

現在は大阪府立江之子島文化芸術創造センターとして活用されている。

日本が開国して間もなく、外国人の居住や貿易が許された居留地が、全国七カ所に設けられた。函館、新潟、東京・築地（つきじ）、横浜、神戸、長崎、そして大阪の川口である。およそ百五十年の間に川口の景観は一変したが、今でも川口基督教会などいくつかの近代建築がその名残をとどめている。

江之子島に新たな歴史

川口居留地をはさんだ木津川の対岸・江之子島に、明治七年（一八七四）二代・大阪府庁舎が建てられた。当時の人びとから「政府」と呼ばれた威厳ある建物で、居留地を見据えるように構えてい

正面外観　南西側の優美な曲面を描く外観は、向かいの旧川口居留地や、地下鉄中央線の車窓からもみえる。曲面に面して2階から4階まで7つの上げ下げ窓が連続する。その表情は見る角度、位置によって、さまざまに表情を変える。

た。文明開化の象徴でもあったこの庁舎は、大正十五年（一九二六）に大手前の現・府庁舎が完成するまで、五十年以上にわたり庁舎として使われた。そして移転後は、大阪府工業奨励館として保存・活用されたのである。

この旧府庁舎の建物の南隣りに、昭和十二年（一九三七）に完成したのが今回紹介する大阪府立工業会館である。旧府庁舎とは対照的に、白亜のモダンなビルディングであった。鉄筋コンクリート造地上四階地下一階の規模を持つこのビルは、当時の建築の中で特別大きいというわけではないが、この一帯では群を抜く規模で洗練された佇（たたず）まいだった。

川口、木津川とともに

この建築の最大の特徴は、川側に面した窓である。居留地は、明治三十二年（一八九九）の不平等条約改正に伴い廃止されたが、昭和初期の川口は居留地時代の面影

屋上塔屋付近　屋上への出口となる塔屋にも深い庇が伸び、ビル全体の美観に寄与している。塔屋の丸窓は、曲面を描く外観とも呼応するかのように、アクセントとなっている。今も周辺に高いビルが少ないので、竣工当時の雰囲気を感じやすい場所のひとつ。

4階バルコニーの眺め　南側から曲面部分にかけてバルコニーがめぐる。バルコニーは内側までタイルが張り巡らされた丁寧な仕事。ここからは木津川や対岸の旧川口居留地が一望できる。写真右手の木津川橋の袂には、初代・大阪市役所もあった。

1階玄関内側のガラス　玄関の2重扉内側にある3枚1組のガラス絵。機械や歯車をイメージしたものだろう。当時流行したアール・デコの意匠とも一脈通じるデザイン。

1階の玄関付近　玄関は木津川に面した西側にある。玄関上部は一段と深く庇が張り出す。また地上面左手の黄土色の竜山石（たつやまいし）は、当時の車寄せの名残。

をいくらか残しており、手前を流れる木津川も都市大阪の躍進を支える大動脈として息づいていた。川側に面した各階の窓からは、これらの風景を見晴らすことができたのである。

　しかし、戦争はこの地にも深い影を落とした。空襲により旧府庁舎一帯は焼けてしまい、この建物だけがかろうじて残った。また、戦後の発展により、川口の景観も一変した。だが、幅の広い水面が風景の大半を占めるためか、その部分だけは昔と変わっていない。注視すれば、川の手前に木造洋館、そして対岸に赤煉瓦の川口基督教会が顔をみせ、まだまだ戦前の雰囲気が多く残っているエリアであることに気付く。

水辺の歴史とともに

　こんなにも川面が近く感じられる窓がありながら、このビルは今、使われていない。戦後は大阪府立産業技術総合研究所（旧館）とし

2階廊下付近　建物にあわせてL字型の中廊下がある。廊下が折れ曲がる部分では、建物の外観に合わせて、各階に曲面の部屋があらわれる。写真中央は当初給仕室で、戦後は写真用の暗室として使われていた。左手のアーチの奥は階段室。

4階もと貴賓室　講堂の隣は貴賓室。シンプルながら、天井の段々模様（繰形：くりかた）は他の部屋よりも凝っている。戦後はこの部屋も分析室に変わった。

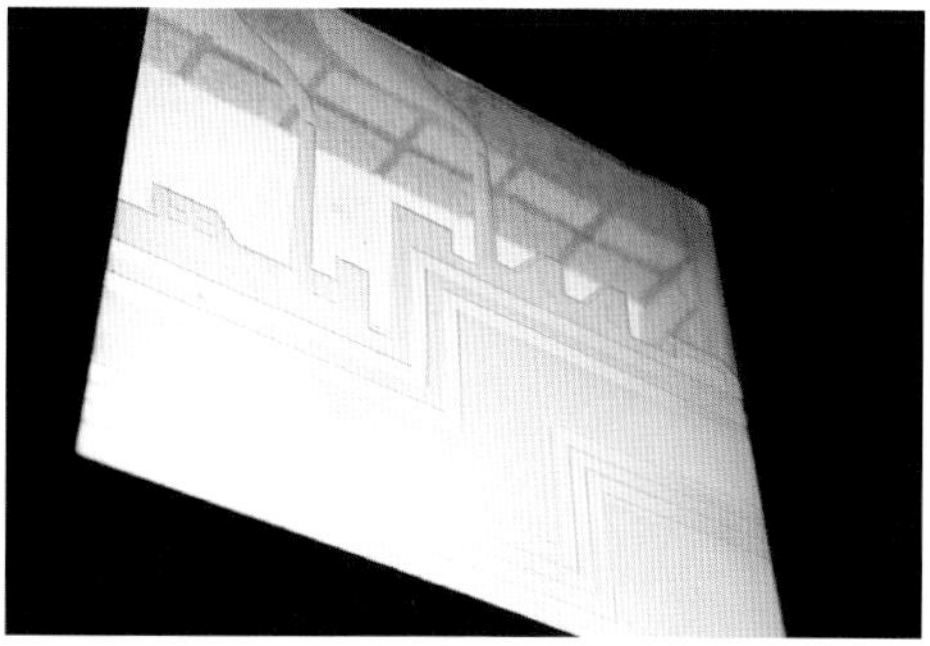

1階玄関外側のガラス　玄関の外側にあるガラス絵の1枚。ノコギリ屋根の工場群や、煙突から煙が上がる様をデザインしたもの。工業都市・大阪の活力が伝わる。

て使用されていたが、ここ十年ほどは主を失ったままだ。

ビルの完成した昭和十二年（一九三七）は全国的に戦時色が強まり、建築にも目立った装飾がほとんどなくなった時代である。このビルも大筋ではその潮流を反映しているが、角地に面して大きく曲面を描く点、アクセントとなるバルコニーや深い庇の張り出しがある点が、建物に豊かな表情を与えている。シンプルにして優雅な意匠は、むしろ現代の建築が追い求めながら、いまだに手にすることに苦心している点でもある。

開国以来、江之子島〜川口地区は、幾度となく脚光を浴びてきた。このビルがふたたび息を吹き返せば、ひとつの建物だけでなく、エリア全体が大阪における近代化の出発点として注目を集めることだろう。

人びとがこの窓辺から、近代大阪の歴史を身近に接する日が訪れるだろうか。静かに見守っていきたい。

初出
『大阪人』二〇〇六年七月号（第六十巻七号）

ゆがんだ真珠
ミナミ株式会社

軒まわり装飾　屋上から正面の外壁上端部をみたところ。西洋古典建築の彫りの深い表情が良く出ている。

入口付近　玄関の上部には円弧型の飾りがある。通常はペディメントと呼ばれる三角形の飾りだが、ここでは外壁の湾曲に合わせた円弧型（櫛型ペディメント）である点が珍しい。外壁は主にモルタルによる擬石仕上げで、外壁最下部と石段のみ花崗岩（かこうがん）が使われている。

写真がひずんでいるのではない。建物の正面（ファサード）が、ゆるやかに円弧を描いているのだ。私たちは普通、建物が水平線と垂直線でできていると考えてしまうが、この建物はその常識を軽快に覆してくれる。

立地条件が生んだファサード

JR東西線・新福島駅の近くにあるこの建物は、新しいビルが林立する中でひときわ人目をひく。ユニークなファサードは、敷地の形状から自然と生まれたものだった。つまり、斜めに合流する道の鈍角部分、一五〇度ほどの角度がある変形五角形の敷地に位置するのである。建物の形はすべて、この立地条件から計画されたものだろう。

しかし、この建物が完成した昭和九年（一九三四）頃の大阪、あるいは全国を見渡しても、ファサード全体が緩やかな円弧を描くという建築はほとんどない。筒型の外壁を取り入れた建物としては大阪と東京の証券取引所、巨大な円弧を描く建物としては神戸朝日会館くらいであろうか。とにかく類例が少ない上、この建物は他に比べて規模が格段に小さいのである。

所在地｜大阪市福島区福島5-17-7
竣工年｜昭和9年（1934）、昭和30年（1955）増築
設　計｜川崎貯蓄銀行建築課（矢部又吉）
施　工｜竹中工務店
構造・階数｜鉄筋コンクリート造　地上2階、地下1階
屋根形式｜陸屋根

平成11年（1999）国登録有形文化財。
内部見学不可。

外観　正面外観が緩やかに円弧を描いている。4本並んだ溝付きの円柱が外観に華やかさを添え、両端の角柱が輪郭を引き締める。柱の頭部（キャピタル）は、両端が渦巻き型になったイオニア式の特徴を示す。

2階踊り場付近　2階に上がる途中にも金庫室がある。扉は「YALE」とあり、当時のドア・クローザなどでよくみられた会社であるが、ここでは金庫扉で同社の製品が使われている。

階段　裏手にあった階段室。親柱の装飾も手が込んでいるが、この階段の見所は、踊り場の窓と、階段が折れ曲がる付近での手摺の曲線であろう。手摺は昔、ペンキではなくニス塗りであったという。

ドイツ仕込みの建築家

　街路に沿って建物のファサードを曲面にする例は、ヨーロッパの都市宮殿などで稀にみられる。特にバロック時代の建物には、このようなファサードの扱いが多かった。バロックとは「ゆがんだ真珠」を意味するポルトガル語（またはスペイン語）に由来する。ここではバロック建築の定義はひとまずおくが、「ゆがんだ真珠」という日本語のもつ響きが、どこかこの建物にふさわしく思われてならない。

　ところで、今日のように海外渡航が自由でなかった時代、この建物のデザイン的な試みは驚愕に値するものだった。なぜ、このような意匠が可能だったのか考えた時、もともとここが川崎貯蓄銀行福島出張所だったこと、設計が同銀行の矢部又吉（一八八八—一九四一）だったことに思いがいたる。

　この一帯は昔、メリヤス産業を中心に殷賑を極め、有力な銀行が出店したのだろう。矢部は、同銀行関係の建物を数多く手がけている。また、ドイツでの修業時代が長く、本場の建築を数多く実見し、実務経験豊富であった。そんな彼の建築家人生の中でも、この建築はひときわ異色のものだった。

　同銀行系列の建物として、大阪市内では他に旧大阪支店（現・堺筋倶楽部／アンブロシア）があり、彫りの深い装飾で知られている。旧福島出張所も、そうした装飾表現では共通する。

新しい人生

　昭和三十年（一九五五）頃、この建物は現在のミナミ株式会社社屋として生まれ変わった。銀行だった時代、建物は一、二階を貫く吹抜けの営業室があったが、空間の有効利用のため、二

1階内部　銀行時代は吹抜けの営業室。当初はこの天井がなく、上の階まで吹抜けが続いていたので、さらに開放的な空間だった。格子状に吊るされた蛍光灯は、現在の用途になってからのものだが、ユニークな使い方。

2階　当時、吹抜けの上部だったところに床を張り、2階に改造した。現在、ここで布地の選定や内覧会が行われている。壁際や天井の装飾は本来、1階から見上げるものであったが、今は間近に眺められるため、とても迫力がある。

ギャラリーの痕跡　銀行時代、吹抜けに面した2階にギャラリー（廻り廊下）が巡っていた。今、吹抜けはなくなったが、ギャラリーを柱から持ち出して支えるコンソール（渦巻き模様の支持材）が、吹抜け時代の名残として残る。写真左端が昔の吹抜け部分。

2階柱頭　内部の柱はすべて角柱の付け柱。柱の幅は約65cm。柱頭は、上部の斜め45度に伸びる渦巻き型と下方のアカンサスの葉を組み合わせたコリント式。

階に床を張って部屋にした。吹抜けに二階が増設されたといっても、一階内部に足を踏み入れると、かなり天井が高いという感じがする。実際、建物の東側の敷地に増築部があり、もとの建物は二階建であるのに対し、増築部は全体が同じ高さで三階分とれたことも、その事実をうかがわせよう。

　ミナミ株式会社はカットソー素材の生地専門商社として知られる。糸偏（いとへん）産業が盛んだった福島らしい職種であるが、銀行とはおよそ相容れない。しかし、デザイナーを擁し、建物内で来シーズンの生地を吟味しているこの会社にとって、様式美あふれる社屋は創造の源泉になるのではないだろうか。

初出
『大阪人』二〇〇六年八月号（第六十巻八号）

OSAKA BOOK

52

モダニズムの先にみえるもの

大阪中央郵便局

1階職員通用口　階高をお客様ロビーとあわせているため、非常に天井が高く開放的。無駄な装飾を省いた質実剛健的空間は、昭和10年代半ばの公共建築によく見られる。内装タイルは白系統だが、やや黄色がかっている。

3階大型郵便物の作業場　建物の背面にあたる西側には、集配車から届いた郵便物を仕分けする空間が広がる。ここでは八角形の柱が空間を支える。集配車が到着すると、一気にあわただしい場所と化す。

再開発の進む西梅田地区の入口に立つグレーのビルがある。昭和十四年（一九三九）に完成した大阪中央郵便局だ。高層ビルが増える中、日増しに目立ちにくい存在になっているが、実はこのビルこそ、日本におけるモダニズム建築の最高峰として評価されている存在なのだ。

モダニズムという評価軸

戦前のビルディングは大きく分けて、西洋の古き伝統を汲む様式建築と、鉄やコンクリートによる合目的な美をめざしたモダニズム建築、そして両者の過渡的な建築に分けられる。このうち、モダニズムの建築は今日の四角い箱型ビルの原型となったもので、様式建築や過渡的な建築と比べた時、瞬時にその魅力を知ることは難しい。モダニズム建築は様式建築の持つ華麗な装飾や石材の重厚さを否定し、工業製品による新しい美意識を求めた。それゆえ、結果として出来上がった建物は、鉄とコンクリート、ガラスによる造形理念を追求したものだった。そこでは、幾何学的な造形や比例の美、そして機能性が大きな評価基準となる。

これらを念頭に大阪中央郵便局を見た場合、モダニズム建築としての評価すべき点が見えてくる。

所在地｜大阪市北区梅田3-2-4
竣工年｜昭和14年（1939）
設　計｜逓信省経理局営繕課
（吉田鉄郎）
施　工｜清水組
構造・階数｜鉄骨鉄筋コンクリート造
地上7階、地下1階
屋根形式｜陸屋根

現存せず。

外観　南東側から見た外観。1階から5階にかけて、窓の高さが徐々に逓減（ていげん）する。窓の横桟でその比率を見てみると、下から順に5･4･4･3･2の比になっている。

6階廊下の窓　桟により上下2段に分割された窓。下段は固定窓（開かない窓）、上段は上端を固定して外側に開く。居心地の良い空間は、こうした何気ない細部の集積でできている。

北東側階段室　塔屋から見下ろしたところ。建物四隅と南側中央階段室はどれも一面ガラス張り。特に北東側階段室からはJR大阪駅付近の線路を一望できる。なお、竣工当時は大阪駅ホームと郵便局が地下通路で結ばれていた。

窓にみる比例と機能

　まず、外観における比例を見てみよう。建物の窓の大きさは、今の感覚からすれば驚くに当たらないが、当時の一般的な建造物と比べた場合、極めて巨大であった。各窓は縦横に走る桟（さん）により細分化されているが、横桟によって分割される各階窓の段数を数えてみると、一階から五階にかけて五・四・四・三・二という比になっていることがわかる。一階は来客用のロビーであり、十分な天井高が必要だった。二、三階は郵便の仕分けとその付帯設備に必要な適度の高さ、四、五階は主に事務室で比較的低い階高とされた。このように各階の機能に応じて、外観から見たときに最も美しい比例になるよう考えられたのだ。

　窓自身も実用的な造りで、メカニカルな美が宿る。一階を例に取れば、窓の下二段分は上げ下げ窓、上三段分は手元のハンドルによって十二組の窓が一斉に外側に滑り出しながら開閉する仕組み。今から六十年以上前とは思えない優れた機構だ。

モダニズムを超えた質

　モダニズム建築が幾何学的比例や機能だけで評価されるならば、何か冷徹なものに思えてしまう。しかし、実際の優れたモダニズム建築には、それだけでは割り切れない良さが感じられる。モダニズムの本質は表面的な形の問題だけではなく、旧来の考え方にとらわれない新しさを志向する意思そのものといえる。

　大阪中央郵便局では、新しい建築のあるべき姿を求めたさまざまな痕跡が見出せる。例えば六階の屋上庭園を見てみよう。六階の壁面は下階のそれより大きく内側に後退し、その部分が庭になっている。そこには小さな花壇が設けられ、今日の屋上緑化の原点を思わせる。六階の東・南側廊下は屋上庭園に面し、全面ガラス張りの温

6階廊下　南面と東面は一面ガラス張りでサンルームのよう。今は天井にダクトが配されているが、竣工当時はもっと開放的であっただろう。床はジントギ（人工石研ぎ出し）仕上げで、真鍮のラインがアクセントになっている。

1階お客様ロビーの窓　普段郵便物を出しに訪れる1階ロビーでも、美しい窓に触れることができる。下2段分は上げ下げ窓、上3段分は壁際のハンドルを回すことで、12組の窓がいっせいに外側に滑り出すように開く。

1階駐車場　建物の西側にある平屋建の駐車場も竣工当時のもの。背面の柱とそこから伸びる斜めの太い梁によって、大きな屋根が支えられている。たくさんの集配車を止めるため、途中の柱を省略した構造的工夫。

屋上　南東角から6階と搭屋を見たところ。屋上に面した6階の周りには花壇があり、昔はここに幼稚園児を招待し、芋ほりを楽しんだことがあるという。

室のような空間である。都心にいるとは思えないゆったりとした時間の流れ。鉄とガラスとコンクリートが生み出した空間は、幾何学美や機能性を超え、安らぎと心地よさを生み出している。これは一九六〇年代、北欧の建築が備えたヒューマン・スケールの空間とも似通っているが、こちらはそれより二十年以上前のものだ。

　が、竣工は日中戦争が激しさを増す昭和十四年（一九三九）であるから、万事が理想どおり完成したわけではない。白いタイル張りを希望していたであろう設計者の思いはかなわず、灰紫色のタイル張りとなった。空襲に備えて建物の存在を目立ちにくくする一種の迷彩色である。モダニズム建築の最高傑作は、知られざる戦争遺産でもあったのだ。

初出
『大阪人』二〇〇六年九月号（第六十巻九号）

応接室　事務所棟の2階。天井の球形照明や扇風機はもちろん、内装のほとんどすべてが竣工当時のまま。

OSAKA BOOK

53

映画のシーンのように

久金属工業株式会社

所在地｜大阪市西成区北津守3-8-31

［第1～第3工場］
竣工年｜昭和9年（1934）

［事務所棟］
竣工年｜昭和12年（1937）
構造・階数｜木造　2階
屋根形式｜寄棟造桟瓦葺・庇フランス瓦

内部見学不可。

大阪のまちを縦横に貫く河川。地図を眺めていると、まるで生きものの血管のように見えてくる。中でも大阪港近くを南北に貫く木津川は、大動脈の一つだ。その川沿いには大阪の近代化を支えてきた物流倉庫や工場がひしめき、都市の新陳代謝を活発にしている。今や現実の大動脈は幹線道路に変わってしまったが、川沿いの工場群が持つ都市のアキレス腱のような働きに変わりはない。

町並みを支える工場

木津川付近の幹線道路には、トラックなどの大型車が行き交う。しかし、南海汐見橋線・木津川駅

事務所棟　通りに面した2階アーチ窓を中心に、左右対称の構え。左手の門柱は、大きく外に張り出した庇（ひさし）状の曲面が印象的。

南方の一角に、昭和三、四十年代を彷彿とさせる町並みがぽつりとある。現実の世界から銀幕の中に迷い込んでしまったかのようだ。

都心部で空襲にあったところを除けば、町並みが急変を遂げるのは戦後の高度経済成長期、そしてバブル経済期であろう。一変してしまった風景を懐かしむかのように、最近はこの時代に注目が集まっている。

久（ひさ）金属工業があるのは、昔ながらの町並みの中心部。通りに面したその事務所棟はクリーム色のタイル張り。緩やかなカーブを描くアーチ窓を中心に左右対称に構える外観は、周囲の建物より大きくて堂々としている。その隣の門柱は、この会社が現在地で操業を始めた昭和九年（一九三四）ごろに流行したアール・デコのデザインを思わせる流線型が魅力だ。門の前に立つと、この一帯の町並みが生き続けているのは、久金属工業という強力な磁場があったからだろうと思わせる。

応接室扉　扉のガラスと板壁。マーブル模様のように見える板は、上からペンキで模様を描いたもの。事務所棟2階では随所にこの仕上げが施されている。

旧鉄工場（現・生産技術グループ）外観　事務所棟と通りをはさんで向かいに建つ。写植機の発明で知られるモリサワの工場として使われた。昭和30年代に久金属が譲り受け、鉄工場とした。手前にはタイル張りの防火用水槽がある。

会議室　事務所棟の2階にある。2つの窓の間に神棚が祭られているため、求心性の高い空間になっている。天井は蛍光灯以外、当時のまま。

旧鉄工場（現・生産技術グループ）内部　現在は、自社工場で使う機械の部品などを製造する。

キャップ生産者の誇り

事務所棟の階段を上がると、そこは応接室。タイムスリップしたような感覚はさらに強まる。天井の球形照明、窓の桟やガラス、そしてユニークな板壁など、どれも竣工当時をしのばせる。時間が止まったままのように感じてしまうのは、古風な陳列ケースにびっしりと並ぶ自社製品のせいであろうか。

久金属工業は創業以来、国内有名メーカーのウイスキーやペンキ、医薬品などのキャップを製造し、常に大きなシェアを占めてきた。生産の主力は他施設に移転したものの、常に先端を走る製造業の誇りが、古い社屋や工場の磨きぬかれた細部にうかがえる。

応接室の向かいには会議室がある。応接室とだいぶ雰囲気が異なるのは、白漆喰の天井のせいだろう。何より目をひくのは、部屋の中央に神棚が祭られていることだ。そして天井にはいくつもの古い要素を見ることができる。まるで、

第2工場（左）と第3工場（右）　当時の中心的な生産ラインがあった3棟の工場のうちの2棟。3棟とも現存するが、現在は主に倉庫として利用されている。

もと社長室　小ぶりながら、扉両脇に上げ下げ窓を配する左右対称の構成。クリーム色の縦溝タイルの外壁を背に、庇の赤いS字瓦が映える。

第3工場内部　中央の柱に鉄骨を使うほかは木造。屋根を支える構造は、三角形に斜めにのびる木材（洋小屋）と水平垂直の木材からなる部分（和小屋）が組み合わされている。

部屋全体が当時の設備を展示する博物館のようだ。

個性が光る建築群

事務所棟を出た通りの向かいには、写植機の発明で知られるモリサワが使っていた工場がある。昭和三十年代、久金属工業がこの工場を譲り受け、鉄工場とした。

再び事務所棟側の工場群に戻ってみよう。中心には三棟の工場がそびえる。小さな缶やキャップを製造していた工場とは思えない壮大な規模である。

ところで、工場建築といえば画一的なものを思い描いてしまうが、敷地内には実に個性豊かな小建築がひしめく。その一つが当時の社長室。まるで映画のセットのために作られたかのような魅力的な外観、手の込んだ細部である。

工場建築には、都心部の近代建築とはひと味違った輝きがある。いつかここを舞台に映画が作られる日も来るのではないか。そんな期待を胸に現地を後にした。

初出
『大阪人』二〇〇六年十月号（第六十巻十号）

会議室の天井　手前のベルのようなものは電気の中継ボックス。白漆喰を背景に存在感が際立つ。

OSAKA BOOK

54

芝川ビル

形態に込められたメッセージ

3階窓飾り　アールを描く外壁の両端にひとつずつ、ドクロのような人面飾りがみられる。ドクロはマヤ建築での神聖なモチーフだった。

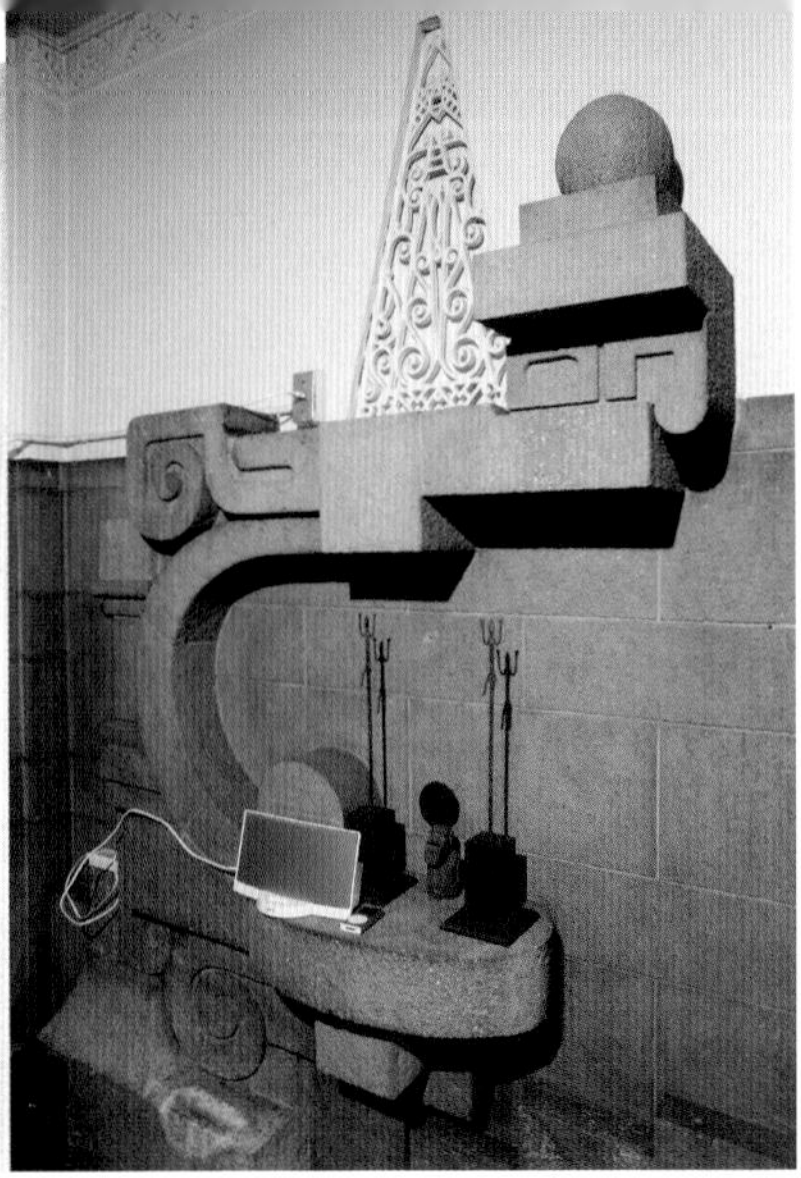

1階北西室装飾　梁の下には怪獣か邪鬼（じゃき）のような装飾が潜む。全国の近代建築の中でも、ここまで具象的なマヤ建築装飾を想起させるモチーフは他にないだろう。

建築というものは通常、その用途と形が対応していることが多い。戦前の建築は特にその傾向が強く、銀行であれば顧客の信頼を得ているために重厚な外観、庁舎は左右対称の威厳ある形、病院であれば白いタイル張りの清潔感あふれる姿というように。

想像を超える外観

心斎橋筋の北端近く、北船場の伏見町に少々風変わりな近代建築がある。交差点に面して曲面を描くその外観は、柔らかそうな石材と茶色いタイルで構成されている。入口付近の石材は凹凸の激しい装飾に彩られ、不思議な雰囲気をかもし出す。三階の窓上部にはドクロのような不気味な人面装飾がみえる。外装タイルは一見、粗くそっけない感じだが、注意してみると木の床にワックス掛けしたときのような釉薬（ゆうやく）がかかっている。

他に類例をみないこの外見とテクスチュアからは、その用途が想像できない。実は竣工当時、ここは芝蘭社（しらんしゃ）家政学園という女学校であったのだが、建物の容姿とはなかなか結びつかない。想像をたくましくすれば、これらの風変わりな装飾や素材は、生徒たちを外界から守る魔除け、神社の狛犬のようなものとして意図されたのだろうか。

所在地｜大阪市中央区伏見町3-3-3
竣工年｜昭和2年（1927）
設　計｜本間乙彦＋澁谷五郎
施　工｜竹中工務店
構造・階数｜鉄筋コンクリート造　地上4階、地下1階
屋根形式｜陸屋根

平成18年（2006）国登録有形文化財。

外観　右手が心斎橋筋、左手が伏見町の通り。入口の石段は花崗岩であるが、その他の石材は竜山石。2、3階の縦長窓の間のタイル装飾や、入口の幾何学的な装飾が建物に独特の風貌を与える。外壁最上部は赤いスパニッシュ風のS字瓦をアクセントにする。

4階階段室　ひときわ太い階段親柱上部の六陵星は、この建築の中心を表現しているかのようだ。手摺り下にはホルンのような形の装飾が見られる。なお、この飾りは木製に見えて金属性。

4階廊下のタイル　外壁よりだいぶ暗い焦げ茶色のタイルを網代模様に張っている。日本の伝統文様であるが、マヤ文明の幾何学文様とも時空を超えて調和している。なお、写真右手は当時屋上で、後に増築された。

ライトからマヤ文明へ

　この風変わりな建築意匠の誕生には、建築家の個性が大きく関わっていた。設計者は澁谷五郎と本間乙彦、ともに当時は大阪市立都島工業学校（現・大阪市立都島工業高等学校）で教鞭をとっていた仲だ。このうち澁谷は構造を、本間が意匠を担当した。

　本間は芸術家肌の建築家として知られるが、この芝川ビル設計にあたって意識したのは、米国人建築家フランク・ロイド・ライトであったと思われる。

　ライトは大正十二年（一九二三）に東京の帝国ホテルを完成させ、当時の新進気鋭の建築家たちに大きな影響を与えた。この建築は、それまでの洋風建築とはまったく異なる造形、素材使いを特徴とした。建物全体の形は複雑で、彼が古代中南米の建築からの影響をうけていたことを物語っている。そして大谷石という黄土色の柔らかい石材と、茶褐色のスクラッチ煉瓦が建物に神秘的な雰囲気を与えていた。

　振り返って芝川ビルを眺めてみると、外壁の人面装飾、そして一階西室の怪獣のような装飾は、どこか中南米の古代遺跡を思わせる。そして外壁の竜山石は、大谷石に似た凝灰岩の一種だ。入口まわりの竜山石による凹凸装飾、そして茶褐色のタイルもライトのそれを思わせる。

　では、本間はライトの真似をした建築家だったのだろうか。当時、ライトに心酔した建築家たちは、ライトの作品と見まごうような建築を設計していた。ライトの才能と個性が余りに大きかったのだ。ところがライトは、中南米の古代建築に感化されながら、具象的な装飾モチーフを用いることは皆無だった。本間はおそらくライトに強く影響を受けたが、ライトの発想の源泉たる中南米建築を研究し、とりわけマヤ文明の建築装飾にとりつかれていったのだろう。その結果、ライトに心酔した建築家の

1階北面室

2階北西室　暖炉は大理石製で、床面部分はタイルのように色とりどりの美しさをみせる。

中では、まったく独自の世界を築くことになった。もっとも、これらの意匠の採用には、施主である芝川又四郎の好みもあっただろうが、本間が当時の雑誌で中南米建築をしきりと紹介していたことも見逃せない。

伝統と創造の狭間で

本間の狙いは何だったのか。彼は芝川ビルの設計と前後して「郷土建築」に着目した。「郷土建築」とは、江戸時代以来の古い町家や明治初期の西洋館など、古社寺以外の身近な古建築のことで、昭和初期の都市開発の中で次々と姿を消しつつあった建物をさす。それらに変わって誕生したのが新しい機能主義的なビルディングであった。彼はそれらに対抗し、町家のような繊細な細部と力強い生命感をこのビルに吹き込んだのだ。

一見、女学校とは思えないデザインであるが、そこには古き伝統を失わないで欲しい、しかし旧態墨守ではなく新しい創造をすべきであるとの設計者のメッセージが込められていたのかもしれない。これは船場の人びとの気質にも通じるように思われる。

2階北西室　正面入口上部の部屋で当時は応接室だった。天井の漆喰装飾が見事。

地下1階　腰壁の茶色と緑色のタイルが独特の表情をみせる。

初出
『大阪人』二〇〇六年十一月号（第六十巻十一号）

中国茶會【無茶空茶】

中国と日本、百年前と現代の邂逅

通りに面した店内　日本の古い町家と、中国風の調度が融合している。正面の陳列棚の柱は内側が段々状になっており、近くの町家の古材を再利用したもの。およそ100年前の竣工当時は、写真右手の入口から奥まで「通り庭」と呼ばれる土間があり、写真手前（天井の梁から手前側）には座敷があったと思われる。

大阪随一の骨董街として知られる老松町。現在、町名は西天満となり、古い町家も次々と新しいビルやマンションに建て替えられるなか、西天満小学校の向かいに築百年ほどの町家が元気な姿を見せている。

新しい息吹

扉を開くと、新旧が融合したような店内に、若い人たちがくつろいでいる。中国茶を専門とする店らしく、古い町家の良さと中国風の異国情緒がさりげな

所在地｜大阪市北区西天満3-9-12
竣工年｜明治中～後期
構造・階数｜木造 2階、一部地下1階
屋根形式｜切妻造平入桟瓦葺

解体に伴い店舗は大阪市西区西本町に移転。

1階奥の部屋　もとはお座敷だったが、板敷きで椅子座に改装した。古船板を活かした長テーブルや床の間の絵は、ここに住む黄鋭氏の作品。

く溶けあっている。店の一角を占める陳列棚は、近くの民家を解体した際に古材を譲り受けて利用したものだという。一階奥の部屋にある大きなテーブルは、琵琶湖で引き上げられた鮎捕り船の古舟板を再生した作品だ。作品と言ったのはこの店を営み、かつ住まいとする黄安希さんの夫・黄鋭さんが現代美術の作家であり、自ら内装を手がけたからである。古舟板は江戸時代以来、船場や天満の古い町家や土蔵の外装材としても利用されていたから、伝統を踏まえた扱いといえる。古舟板のテーブルがあるのは、もともと奥座敷。当初は畳敷きで床の間もあった。現在は板敷きにして、テーブルを囲んでお茶やお菓子をいただくようになっている。床座と椅子座という生活形式が変わりながら、不思議と違和感が無いところが面白い。

外観　右手半分が中国茶會「無茶空茶」。左手の町家とひと続きになっている。かつては右手にも同じ町家が続いていた。裏手には超高層マンションがそびえる。

百年の歴史が随所に

この町家が明治半ばに建てられたと聞いたとき、果たしてそれほど古いものだろうかとの疑問がわいた。全体にこぎれいであり、もう少し新しく感じられたからだ。ところが、子細にながめてみると、古風な構造であることがわかってきた。

間取りをみると、現在お店のある一階には三つの部屋が並んでいる。いずれも板敷きに改装されているが、当初は入口を開けると奥まで一直線に「通り庭」と呼ばれる土間が続き、それに沿って三部屋の座敷が並んでいたと考えられる。これは、江戸時代から続く大坂の伝統的な町家の造りと同じだ。後に、表側（老松通側）の座敷が土間に変わり、さらに現在のような板敷きとなったのだろう。この町家はかつてテーラーで、それ以前は薬屋さんだったというから、いずれかの時点でこのような変化が起こったと推定できる。

細部にも明治の香りが残る。例えば入口脇にある庇（ひさし）を支える金物には、美しい曲線を描く草花の飾りが見られる。これは、ヨーロッパで十九世紀末に流行を見たアール・ヌーボーの特色を示し、日本では明治中後期を思わせる意匠だ。

和風タイルの万華鏡

この町家の創建年代を物語るものが、地下室にもあった。そこは戦時中、防空濠としても使われたというが、戦後は土で埋められていた。黄さん夫婦がここを使うようになってから、二トントラック二台分の土を取り除き、元の姿に復したのである。その時現れたのが、万華鏡のように美しく輝く、床一面のタイルだった。

タイルと言えば洋風建築を連

路地裏　中国茶會「無茶空茶」裏側の路地。

2階居室　2階は昔のままのしっとりとした雰囲気。窓の向こうには、前栽の楓の木が見える。

地下1階の床　一面に本業敷瓦と呼ばれる和風のタイルが敷きつめられている。タイルは瀬戸美濃焼。8寸（約24cm）角と大振り。目地幅も1寸（約3cm）と大きい。こうした古風な敷きつめ方は、後の時代ではほとんど見られない。当時、タイルは高価な品。ここは何か特別な意味を持った地下室だったと考えられる。

入口の飾り金物　庇（ひさし）を支えるための金物だが、流麗な曲線を描く草花文になっている。彫が深く重厚感があり、古風な感じがする。

想させるが、町家でもしばしば使われていた。しかもこのタイル、白地に藍色の花柄という美しい配色・図柄ながら、あまり西洋風という感じがしない。それもそのはず、これは本業敷瓦（ほんぎょうしきがわら）とよばれた国産タイルの原形で、明治時代後半に瀬戸美濃地方で生産されたものである。本業敷瓦は陶器製で欠損しやすく、このように美しく残っている例は極めて珍しい。戦後、埋められていたからこそ、生き残ったのかもしれない。

中国と日本、そして現代美術が融合した町家には、同時に百年前のものが脈々と生き続けていた。天満の奥深さを感じさせる、頼もしい存在である。

初出
『大阪人』二〇〇六年十二月号（第六十巻十二号）

江戸堀コダマビル

都市に開かれた窓

2階の窓とバルコニー　小さな窓であるが、半円形のバルコニーによって、この建物でもひときわ魅力的な存在。

屋上から見下ろした庇　3階窓の庇を見下ろしたところ。左手前の銅版屋根は、2階の半円形バルコニーと呼応して、スカートの裾のように広がる。奥は3連窓の上にあるスパニッシュ瓦の庇で、こちらは対照に直線的。

地下鉄・肥後橋駅の周辺は、近代建築が数多く残るエリアとして知られている。赤煉瓦の日本基督教団大阪教会、屋根の形が印象的な金光教玉水教会など、個性的な建築がひしめく。そのなかで江戸堀コダマビルは、窓の姿がひときわ心に残る存在である。

和洋がとけこんだ窓

通りに面したこのビルの間口はそれほど大きくない。階数も三階建で周囲のビルより一回り小さく、おまけに道からやや後退したところに建物を構えている。慎ましやかな佇まいだが、その存在感は群を抜くものがある。それは、一つ一つの窓が道行く人に何か訴えかけてくるような表情を持っているせいではないだろうか。

二階と三階には、三つの窓が一組になった三連窓がある。二つの階を通して四本の柱が窓を囲うように貫く。よく見ると、三階の柱上部には庇を支える横長の部材がある。これは日本の寺社建築に見られる肘木という組物に似ている。洋風の外観に、日本の伝統意匠が隠し味のように使われているのだ。さらに、二、三階の窓の間には青海波のような文様がある。一つならず使われた和風の要素からは、和洋の融合したデザインを意図したことがうかがえる。

所在地｜大阪市西区江戸堀1-10-26
竣工年｜昭和10年（1935）
設　計｜岡本工務店
施　工｜岡本工務店
構造・階数｜鉄筋コンクリート造
地上3階、地下1階、塔屋付
屋根形式｜陸屋根

平成19年(2007)国登録有形文化財。

外観　通りに面して開かれた窓が印象深い。竣工当時は手前に庭があったため、建物は通りから後退して建つ。1階手前のガラス屋根はオーナーの友人で、ミラノ在住の建築家クラウディオ・サロッキ氏によるデザイン。平成3年（1991）に付加された。

1階の3連窓　1階には店舗があり、開放された3連窓は道行く人びとの視線を誘う。手前の大きな花崗岩製の柱頭（ちゅうとう）は、四つ橋筋に面して建っていた旧日本火災海上保険のもので、解体時に譲り受けたという。

3階バルコニーの手摺り　もと子ども室に面したバルコニーの手摺り。壁に開いた花模様の開口部は角が傷んでいたが、最近の修復で復元された。

屋上　床面は当時流行した模様のクリンカータイル敷き。向かいには金光教玉水教会があるため、3階建ながら眺望と風通しは良い。写真奥の高層ビルの先には土佐堀川が流れる。かつては東側（右手）に三越が見えたという。

小さなバルコニー

三連窓の隣りにある小窓も見逃せない。それは、半円形に張り出したバルコニーに面する両開き窓で、バルコニーは花台の役割を兼ねている。バルコニーを囲む繊細な手摺り子とあわせて、ひと目見たら忘れられない表情をしている。

三連窓と同じく、小窓も二、三階で一組になっている。これらの窓上部には、それぞれに個性的な庇が付いている。三連窓の庇が半円形断面の赤いスパニッシュ瓦葺（かわらぶき）なのに対して、こちらは銅版を円形にそって放射状に広げたような格好だ。

いずれの場合も、窓は単独で存在するのではなく、複数で関連付けられ、庇を伴ってより魅力的な表情を生み出している。

地域に開かれた窓口

このビルはもともと、綿布商だった児玉竹次郎氏によって建てられた。現在のオーナーは、その

玄関付近　最近実施した改修で、玄関の天井をはがすと、昔の垂木（たるき）があらわれた。当時は靴を脱いで上がっていたという。ステンドグラスも当初のまま。

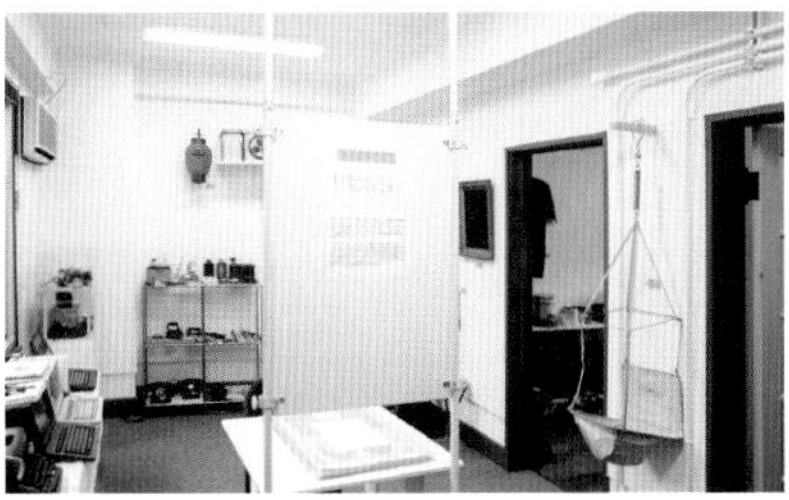

3階もと運動室　天井にはブランコを吊っていた吊り元が残っている。この運動室から2つの子ども室につながっていた。現在は「大正・昭和の家庭用品展示室」となっている。

3階廊下と階段室　建物は間口が狭く奥行きが深い、町家と同じような敷地に建つ。そのため、中ほどに階段室と廊下を配置し、その脇（写真右手）に光庭を取っている。突き当たりは、通りに面した部屋で現在は談話室。

孫にあたる竹之助氏で、三歳までこのビルで過ごし、長い時間をおいて昭和五十三年（一九七八）、再び戻ってきた。その時点で一度改修を行ったが、今年再びビルの復元改修を手がけた。その時に留意したことは、当初の姿へのこだわりだった。

例えば三階のもと子ども室と運動室。子ども室の床は当初のフローリングに復元した。また、運動室の天井からはブランコを吊っていた金物が見つかった。今回の改修では、これら当初への復元に重点が置かれた。

一階は以前からブティックや音楽スタジオとして貸し出されてきた。もと子ども室と運動室は今回、新たに「大正昭和の家庭用品展示室」として公開されることとなった。当時の姿を大切にしながら、少しずつ地域への門戸を広げつつある。外壁の美しい窓と同様、ビル自体が地域の文化に開かれた窓のような存在になりつつある。

初出
『大阪人』二〇〇七年一月号（第六十一巻一号）

OSAKA BOOK

57

煉瓦の廻廊

三共株式会社大阪工場

工場全景　手前の横長の建物が10号棟、それと垂直に右端に2本延びる細長い棟が14号棟、その左隣が13・12号棟。14号棟の向こう側（写真上手）に城北公園通が接する。

所在地｜大阪市北区長柄東2-9-63
竣工年｜大正4年（1915）頃
構造・階数｜煉瓦造　平屋
屋根形式｜［旧事務所棟］寄棟造
［10・12・13・14号棟］切妻造鉄板葺

現存せず。

大川と新淀川の分岐点を過ぎて最初の橋である毛馬橋を北区側に渡ると、左手に大きな工場が見える。通りに面して赤煉瓦の建物が少しだけ顔をのぞかせていることから、ここが歴史ある工場であることがわかる。

市内随一の赤煉瓦工場

新淀川が開削され、大川（旧淀川）との分岐点に水門の役割を果たす毛馬閘門（けまこうもん）と洗堰（あらいぜき）が設けられたのは明治四十年（一九〇七）のこと。やや遅れて大正四年（一九一五）、今回の舞台となる敷地にロイヤル・ブラッシュ・カンパニーの工場が建設された。その敷地と工場群を

旧事務棟全景　赤煉瓦に白い帯がアクセントとなっている。寄棟造の屋根には、通気口の役目を果たす屋根窓がある。

大正十三年（一九二四）に購入したのが、現在も当地で操業を続ける三共株式会社大阪工場である。

城北公園通からみえる古い建築はほんの一角に過ぎないが、同工場にはロイヤル・ブラッシュ・カンパニー時代からの赤煉瓦建築が合計五棟現存する。旧事務棟のような小さいながら細部まで造り込まれた建築もあれば、市内ではほとんど類例がない長大な建築もある。一つの工場で、これだけの数と規模の赤煉瓦建築が残っているという点では、おそらく市内随一といえよう。

端正な細部の旧事務棟

正門を入ってすぐのところに旧事務棟がある。現在は向かいの新しい建物にその機能を移し、資料保管室などとして使用されている。阪神淡路大震災でもほとんど被害を受けることが無かった、古いながらもしっかりとした建築である。

この建物は一見すると、工場内

14号棟のトンネル　14号棟の中ほどには、人や小型車が通り抜けられるトンネルがある。トンネルの先には、正門付近の社が見える。社の左手には旧事務棟がある。

旧事務棟の2連窓　旧事務棟の窓の多くは、2つの縦長窓を1組にした2連窓。窓下端の窓台は花崗岩製、上端の楣石（まぐさいし）は擬石仕上げ。上端の帯は、窓の部分だけ1段高くなっている。

の施設とは思えない。赤煉瓦の壁を白い帯が水平に貫く姿は、当時船場など都心部の銀行やオフィスビルで流行したスタイルだからである。ただ、寄棟造の屋根で平屋建の小建築である点が、どこか牧歌的な印象を漂わせる。寄棟造は明治時代の洋館や、工場の事務棟などに比較的よく見られた造りで、工場内でも入口を飾るに相応しい形だ。

　赤煉瓦の壁には縦長窓が開けられ、その上下を白い帯が引き締めている。下端は窓台の役目を兼ねた花崗岩製、上端は煉瓦の重みを支えるため水平に渡す楣石を兼ねた人造石仕上げである。楣石には、アーチ状の窪みと中央にキーストーンと呼ばれる楔形の花崗岩があり、窓まわりの表情を豊かなものにしている。

L字に延びる旧工場棟

　旧工場棟は現在、倉庫として使われている。長大な十号棟とそれに直角に取り付く十二・十三・十四号棟からなる。四棟に分かれているものの、全体が巨大な煉瓦建築の塊のようである。それは壁伝いに歩いてみたとき、一層強く感じられる。

　旧事務棟に近い十号棟沿いを歩くと、延々と七十メートルはありそうな煉瓦の外壁が続く。旧事務棟と違い、力強いアーチ窓が連続している。外壁上部には煉瓦で凹凸を作り、変化のある外観を形作る。そして十号棟が途切れたところで壁沿いに曲がると、十四号棟が連続している。十四号棟のもう一方の端はちょうど敷地北端の城北公園通まで続いており、こちらも長大な建築といえる。

　ところで、十四号棟の中ほどにはトンネルのような通路がある。トンネルの先には、正門付近の藤三大神の社が見える。つまり、この煉瓦建築群の壁沿いを歩き、トンネルを抜けると、この工場の中心部を一巡できる仕組みだ。まるで、寺院の中心伽藍を巡る廻廊を

14号棟のトンネル内部　14号棟は切妻屋根の細長い建物を2棟つないだような形をしているため、トンネル内では切妻屋根裏側の山形が2つ連続して見える。屋根は木造で、キングポスト・トラスと呼ばれる洋風の小屋組が支える。

旧事務棟南東側入口の庇（ひさし）　木製の庇を支える金物は朝日をモチーフにしたデザイン。

10号棟　東西に長い10号棟にはアーチ窓と出入口がずらりと並ぶ。煉瓦の大きさはおおよそ225×105×62mm。

石標　ロイヤル・ブラッシュ・カンパニー時代の石標で花崗岩製。上端が下端にくらべて幅広いことや正面だけが平坦に加工されていることから、かつては旧事務棟の入口アーチ上端を飾るキーストーンだった可能性がある。

歩いているような気分である。
　工場内を移動する従業員も、この赤煉瓦の壁沿いを歩き、時に十四号棟のトンネルを抜ける。生産ラインが移転した現在も、これらの建築群は工場の中心であり続けているのだ。

初出
『大阪人』二〇〇七年二月号（第六十一巻二号）

OSAKA BOOK

58

宇治電ビルディング

完成されたオフィススタイル

エントランス付近　「宇治電ビルディング」のロゴは竣工当時から変わっていない。周囲の乳白色タイルは35×158mmの大きさで、縦長に張りつけられている。

バルコニーから見た装飾　上から雲、雷、水、そして女神。複数の陶板より構成されているのが分かる。女神は片手に電球、もう片手に柱上変圧器（電柱上に取り付けられた変圧器）のようなものを持っている。

建築家は設計の際、建物のファサード（正面外観）と使用者の動線に沿った空間の見え方に最も気を使う。宇治電ビルはその両面において優れた成果を収めた建築と言えるが、残念なことに現在は正面に新御堂筋の高架が立ちはだかり、真価が伝わりにくい。しかし、そんな周辺環境の変化にも動じない力強さを、このビルは兼ね備えていた。

外装細部に込められた思い

宇治電ビルの竣工は昭和十二年（一九三七）。電力会社のビルだけあって、当時最先端の耐震耐火構造である鉄骨鉄筋コンクリート造で建てられた。一見、現代のビルと何も変わらないように見える。それは外壁を淡いクリーム色のタイル張りで、フラットに仕上げているためだろう。しかし、宇治電ビルには他のビルに無い独特の味わいがある。

まず、ビルの両脇を飾る陶板壁画。当時の記録には「人像及水力電気を現はす文様」（『新建築』昭和十二年九月号）と書かれている。実際は雲、雷、水源、女神を表現しているようで、小さな陶板の集積によって出来ている。このアクセントが、他のビルとの

所在地｜大阪市北区西天満4-8-17
竣工年｜昭和12年（1937）
設　計｜長谷部竹腰建築事務所
施　工｜清水組（現・清水建設）
構造・階数｜鉄骨鉄筋コンクリート造
地上9階、地下1階
屋根形式｜陸屋根

現存せず。

外観　4階を水平に貫くバルコニーと壁面の装飾がアクセント。窓の奥行き感(壁からのへこみ)が少なく、壁面全体がフラットな印象。古い洋風建築が窓の奥行き感を出して、壁の重厚な雰囲気を強調していたのとは対照的で、新しい時代の表情を出そうとした設計者の意図が表れている。

ガラス扉　各階のエレベーターホールと事務室の間はガラス扉になっている。かつて社長室があった4階だけ、ガラスに模様が見られる。他の階は無地のすりガラス。

1階エレベーターホール　エレベーターは竣工当時から3基ある。写真左手のメール・シュートは、各階のエレベーターホールから投函した郵便物を1階で集める集配箱で、現在も使われている。

圧倒的な差異を生んでいる。

よく見ればタイルの表面も乳白色の釉薬が印象的で、細長く縦長に張り付けている。一般に外装タイルは煉瓦の積み方から発展したため、横長に張っていく事が定石であった。それゆえビル全体にわたってタイルを縦長に張ることは、現在でこそ珍しくはないが、当時としては大変画期的なことであった。

バルコニーの水平線

他に類例が無いのは、四階に張り出したバルコニーである。外からだと三階部分のように見えるが、一階の窓が大きく、二階分の高さを兼ねているためである。

三階から九階までの窓は、規則的な縦長窓であるが、バルコニーに面した四階だけは窓の形が違う。窓は通常、人の出入りを考えないものだが、ここはバルコニーに出られる扉のような窓が並ぶ。フランス窓と言って、窓の中で唯一、人が出入りすることが出来る窓だ。完全な屋外との出入りではなく、バルコニーやベランダといった半屋外と行き来するために用いられる。

水平に貫くバルコニーが外観のアクセントとなっているが、なぜこのフロアにあるのだろうか。じつはこの階に、かつて社長室や役員室などの重役室が集約されていた。そのために、他階とは差異化されたデザインが求められたのだろう。

完成されたオフィス空間

一階のエントランスホールを入ると、天井の高いゆったりとした通路の奥にエレベーター・ホールがある。ここから三台のエレベーターが人びとを各階へと運ぶ。

オフィスビルにおいて、標準

西側階段室　エレベーターホールの西側の階段室。写真は4階の階段室で、タイル張りの床、ジントギの直線的な手摺壁が昭和10年代前半らしい質実剛健な仕上がりを見せる。

4階元役員室　北側にある役員室。左手のフランス窓からバルコニーに出られる。大理石製の暖炉があるが、これは電力会社のビルらしく電気ストーブを設置するためのもの。

1階エントランスホールのグリル　壁の床面付近にある換気口には幾何学的な文様のグリル（装飾格子）がはめられている。稲妻形の模様は、このビルに一貫したデザイン。グリル内でも位置によって微妙に桟（さん）の厚みや角度が異なっている。

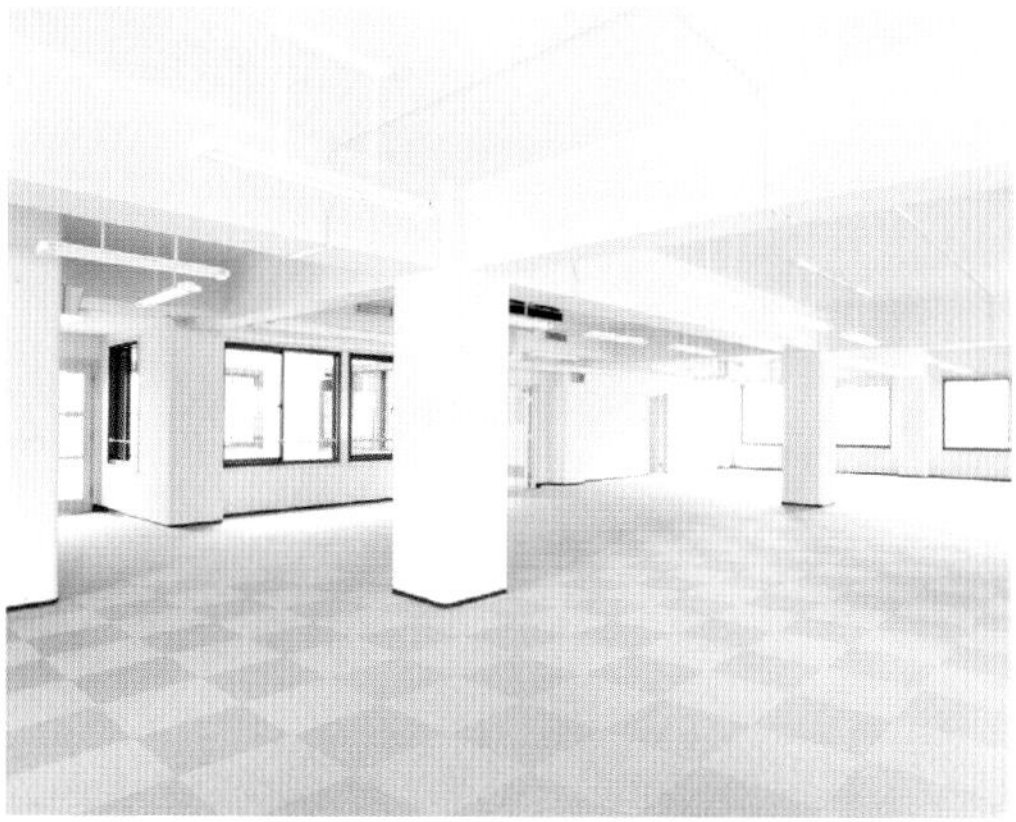

807・808号室　基準階の事務室。現在はOA化に対応できるよう、床下にOA配線用のスペースをとっているが、天井高は現在の標準的なビルよりもゆったりとしている。写真左手に光庭がある。

的に造られたフロアのことを基準階と呼ぶ。宇治電ビルでは基準階に二カ所、吹き抜けの光庭（ひかりにわ）があり、窓から奥行きのある場所でも、外光により明るさを補っている。また、戦後に出来たビルよりも天井が高く、OA化時代に対応するために床を上げた場合でも、十分に対応できるゆとりがある。

そしてところどころ、ガラスや金属部分に幾何学的な装飾があるのも、この時代の雰囲気をよく伝えている。

現在のオフィスビルの水準を満たし、なおかつアクセントとなる装飾を適宜配する点は、実用的で飽きの来ない空間と言える。こんなビルがたくさん出来ていたら、日本の町並みも変わっていたことだろう。

初出
『大阪人』二〇〇七年三月号（第六十一巻三号）

OSAKA BOOK

59

三津寺

近世と近代、和と洋の架け橋

所在地｜大阪市中央区心斎橋筋2-7-12

［庫裡］
竣工年｜昭和8年（1933）
設　計｜大林組
施　工｜大林組
構造・階数｜鉄筋コンクリート造
地上3階、地下1階
屋根形式｜入母屋造本瓦葺

［本堂］
竣工年｜文化5年（1808）
構造・階数｜木造　平屋
屋根形式｜入母屋造本瓦葺

庫裡は現存せず。令和2年（2020）5月時点で建て替え工事中。

私はこの建物と初めて出会った時のことが忘れられない。夜の御堂筋を歩いていると突然、城のような存在に出くわしたからだ。その昔、私にとって御堂筋といえばオフィスビルや百貨店が建ち並んでいるイメージがあった。しかし、なぜ城がここに？　という一瞬の戸惑いは、いまだに脳裏に焼きついている。

天守閣の正体

城の正体が古刹（こさつ）・三津寺（みつてら）であることは南側正面の表札を見てすぐに納得できた。本堂は文化五年（一八〇八）に完成した重厚なたたずまいで、それに接して建つのが

御堂筋側外観　白漆喰の壁に本瓦葺の屋根をいただく姿は、さながら天守閣のよう。鉄筋コンクリート造で窓を少なくしたのは、防音のためでもあろう。2階左手の大きな連子窓（れんじまど）の部分が大広間。

白亜の三津寺庫裡（くり）である。同庫裡は御堂筋の拡幅にあわせた昭和八年（一九三三）の竣工で、大阪城天守閣の建設工事を請け負った大林組が設計・施工したことを知ると、城に見えることが当初からの意図であったのだろうと納得できる。しかし、御堂筋に面して城郭を模した庫裡を建てることは、大きな決断であった。伝統ある寺院だけに、新しい試みは下手をすれば軽率に見えてしまう。

だが、完成した建物は凛とした表情をたたえている。それは、細部意匠が伝統にのっとっているからだ。鉄筋コンクリート造の建物でありながら、外壁には蟇股（かえるまた）や虹梁（こうりょう）など、寺社建築の造形を学習した成果がうまく取り入れられている。大阪城天守閣を手がけた技術者の関与が成功の鍵だったのだろう。

和と洋の見せ場

内部の見所は、当初のデザインがよく残る大広間や応接間である。

全景　右手が木造の本堂、左手が鉄筋コンクリート造の庫裡。御堂筋拡幅で境内の約5分の2が削られたため、3階建の庫裡を建立。本堂は文化5年（1808）の建築でそのままの位置に建つ。明治12年（1879）には本堂で第一回大阪府議会が開催された。

本堂外陣（げじん）から内陣をみる　外陣は白木であるのに対し、内陣は極彩色で装飾性豊かな空間。洋風の応接間に対し、こちらは寺院建築の伝統的なしつらえを見ることができる。

山門の本瓦　丸瓦の瓦当（がとう：瓦の先端部）には、三津寺の寺紋である「三組七宝（みくみしっぽう）」が見られる。瓦は庫裡、本堂と共通の意匠。

大広間は階段を上がって二階突きあたりにある三間続きの大座敷だ。幅が狭く奥行きが長い、まるで大阪の町家のような間取りである。しかし、部屋同士を区切る襖を開ければ五十七畳の大空間になり、奥行きの深さが部屋の広さを強調している。また、コンクリート壁の内側に木造の和室を作っているから、構造と関係なく柱が繊細な印象を与えることも、部屋を広く見せる一因であろう。

応接間は一階にあり、全体を貫く和風意匠の中で唯一、洋風のデザインが施されている。また、窓からのぞく御堂筋の車や人は、ここが現実の大阪都心部であることを悟らせる。山門をくぐって以降、一貫して和風の意匠に統一されていたため、応接間の意外さは群を抜く。さらに、御堂筋を間近に見ながら、その静けさに驚かされる。現在は窓のサッシが新しくなったとはいえ、鉄筋コンクリート造を採用した利点の一つが防音であったことに改めて思いがいたる。

1階応接間　室内の天井や壁裂、床など、ほとんどの仕様が洋風である。窓の向こうには御堂筋。窓の下はラジエーターを収めていた部分で装飾格子がはまる。なお、ラジエーターは戦時中の金属回収で供出されたという。

2階大広間の床の間　床の間の天井は折上小組格天井（おりあげこぐみごうてんじょう）という複雑なつくり。正面の金箔貼部分は書院の花頭窓（かとうまど）の上部。

時空を超えた静寂の場

三津寺庫裡が御堂筋の賑わいから静寂な環境を守るための塞だとすれば、それに連なる本堂はこの寺の歴史の核といえる。応接間の前にある鉄扉の向こうには、本堂のガラス戸と華麗な内装がうかがえる。ガラス戸は、表面がゆらゆらと波打つガラスが使われた古風なものである。その奥には、極彩色の空間が現れる。

寺院建築は、外観は白木で古風であっても、内部はきらびやかに荘厳されていることが多い。応接間で洋風の華やかな雰囲気を味わった後に、本堂の格式ある装飾を目のあたりにすれば、また別の驚きがある。

三津寺本堂と庫裡は、近世と近代、和と洋の装飾が一続きの空間となっている。御堂筋と心斎橋筋に挟まれた繁華街で、ここだけが時空の隙間になっているかのようだ。

初出
『大阪人』二〇〇七年四月号（第六十一巻四号）

OSAKA BOOK

60

朝陽館

明治の雅、昭和の格

唐門　禅宗寺院を思わせる唐門。扉は「松に鷹」の透かし彫りなどでうめつくされている。松の木立に囲まれて、この先にどのような建築が待ち構えているのか想像しにくい。

聖天さんとして親しまれている正圓寺の南側、阪堺電軌阪堺線と上町線の二つの路面電車に挟まれた閑静な住宅地に、今回紹介する朝陽館は位置する。道修町で薬種業を営む小西久兵衛が建てたこの別荘には、明治と昭和、二つの時代の和風建築の粋が息づいている。

見え隠れする空間演出

南側に開かれた正門を入ると、円弧を描く細長い路地がしばらく続き、その先に禅宗寺院のような唐門が現れる。別世界への入口を意識させずにはおかない存在感が漂う。唐門をくぐった先にある玄関も、床に敷瓦を張り詰めた禅寺

所在地｜大阪市阿倍野区橋本町6-16

［御殿］
竣工年｜明治45年（1912）
大　工｜岡崎駒太郎
構造・階数｜木造　平屋(一部地下1階)
屋根形式｜入母屋造桟瓦葺

［新御殿］
竣工年｜昭和7年（1932）
構造・階数｜木造　平屋
屋根形式｜入母屋造桟瓦葺

平成29年（2017）国登録有形文化財。
内部見学不可。

御殿大広間　右手が床の間と違い棚、左手には御所車が描かれた襖（ふすま）がはまる。襖絵には「篁圃」（明治3年京都生まれの絵師・高谷篁圃）のサイン。

を思わせるたたずまいだ。
玄関から廊下を進むと、広い庭に面した御殿にいたる。今まで唐門や玄関といった個別の建物が見えていただけで、その先にどのような空間があるのか想像できなかっただけに、御殿の大広間と庭園が現れ、急に視界が開けた際の驚きは格別のものがある。庭園は中心に向かって窪んでおり、それを取り囲むようにいくつもの和風建築が取り囲んでいる。庭園の高低差を活かすことで、点在する建物同士の遠近感を生み、奥行きを演出している。

優雅なる美意識

御殿は明治四十五年（一九一二）に建てられた和風建築である。控えの間、次の間、大広間と三つの座敷が続く。もっとも格式高い大広間には、床の間と違い棚、御所車の襖絵などが空間を華やかに彩る。通常の和風建築では、これだけで十分な造作と言えるが、ここ

新御殿から見た御殿　昭和の新御殿から明治の御殿を見る。庭の高低差を利用して、御殿の下には茶室が設けられている。

新御殿謁見室　さまざまな賓客を迎え入れた部屋。和室でありながら椅子座を基本としており、明治時代の御殿大広間に比べるとモダンな印象。

新御殿謁見室床の間　椅子から見た時に掛け軸が引き立つよう、床の間全体が床から50cmほど高くなっている。これは普通の和室には見られない工夫。

御殿から新御殿をみる　左手に茶室、その奥に新御殿が見える。庭は中央が窪んでおり、変化に富んだ景を生んでいる。

にはもう一つの大きな見所がある。天井を見上げると、碁盤の目のようになった格天井（ごうてんじょう）になっており、天井板には金箔を散らしている。そして中央に陣取るシャンデリアは、和室の中に調和しながら、それ自身が強い存在感を持つ。照明器具の側面には幾何学的にデザインされた花模様があり、それは十九世紀末〜二十世紀初頭のヨーロッパで流行したアール・ヌーボーの強い影響がうかがえる。中央のシャンデリアは六灯の電球を備えていたが、それを補うように部屋の四隅にも照明器具があり、夜間でも十分な明るさを確保していたと思われる。

椅子座の格調

御殿からは庭園を取り囲むように廊下が延び、昭和七年（一九三二）に建てられた新御殿へと続く。同じく贅を尽くした和風建築ながら、雰囲気は大きく異なる。御殿から二十年という時間差は、空間にど

新御殿東の縁側　ガラス管を使った照明器具が、天井の金色の壁裂（かべぎれ）に映える。黒漆塗りの欄間（らんま）の意匠もユニーク。

御殿大広間の照明器具　大広間中央のシャンデリア。6灯の電灯が延びる六角形の枠には、アール・ヌーボー風の花模様が見られる。

玄関　唐門の先には四半敷（しはんじき）の敷瓦を持つ玄関がある。天井から吊られた魚鼓(ぎょこ)とあわせ、やはり禅寺の雰囲気を備えている。

全景　朝陽館に隣接した朝陽幼稚園から見たところ。手前が新御殿。庭園では園児が散歩を楽しむ日もあるという。なお、屋根瓦の一部には「大阪城東鴫野橋南詰／瓦浅□／川山淺次郎」のスタンプが見られる。

のような変化をもたらしたのだろうか。

新御殿の中心となる謁見室(えっけんしつ)は、和室ながら椅子座が想定されている。室内は紛れもない和風建築であるが、じゅうたんを敷き椅子やテーブルを置く。もともと椅子座が想定されていたためだろう、洋室のように天井が高く、床の間も床面から五十センチほど高い位置に設けられている。明らかに椅子からの目線を意識した高さである。

御殿の雅やかな座敷と、新御殿の洋室のごとき格調を備えた空間は、近代における日本建築の変遷をたどっているかのようである。

初出
『大阪人』二〇〇七年五月号（第六十一巻五号）

居留地時代からの歴史を秘めて
大阪信愛女学院本館

外観　左手が講堂、右手が教室などのある校舎。大小のアーチ窓が連なる様が美しい。左端の塔は、平成16年（2004）に竣工した聖堂のカリヨンタワー。

所在地｜大阪市城東区古市2-7-30
竣工年｜昭和7年（1932）
設　計｜竹中工務店
施　工｜竹中工務店
構造・階数｜鉄筋コンクリート造
地上3階（一部4階）
屋根形式｜陸屋根（講堂は寄棟造）

内部見学不可。

建築は時に、ある閉じた世界を作り出す。普段、特定の人しか入り込むことが出来ない施設はその一例で、独自の空間文化を形成している。今回紹介する大阪信愛女学院は、カトリック系の学校として旧川口居留地時代以来の伝統を今に伝えてくれる貴重な存在である。

時を超えた内部空間

大阪信愛女学院の歴史は明治十七年（一八八四）、川口居留地に開校したことに遡る。現在地の城東区古市（当時は東成区千林町と呼ばれた）に移転したのは昭

玄関付近のアーチ　玄関を入ると、3連アーチが人びとを迎える。左手（南側）に学院長室や応接室が、右手（東側）に教室が連なる。

和七年（一九三二）のこと。今では住宅地が広がるが、当時は田畑に囲まれた牧歌的な雰囲気であっただろう。幼稚園から短大まで続く同学園の中で、中学校校舎の一部として使われている本館は、移転当初からある歴史の証人だ。

白亜の外壁に大小さまざまのアーチ窓が並ぶ外観は、修道院のような優しさと威厳を兼ね備えている。車寄せ風の正面玄関を入ると、外界とは異なる空気が充満していることに気付く。百二十年を超える教育の燈と、七十年以上の風雪を耐えた校舎が自然と醸し出す雰囲気からは、厳粛さの中にも今を生きる建物の温かみが伝わってくる。

学院を支える円柱

正面玄関は、L字形平面になった校舎の角付近に当たる。三連アーチがかかる柱から廊下

2階廊下　教室と廊下の間は、縦長の上げ下げ窓になっており、さらに縦長窓の上部にも内開きの換気窓がある。ゆったりとした天井高や洋風の上げ下げ窓は、ミッション・スクールらしい洗練された意匠。

2階講堂　舞台に向かって左右に4組の半円アーチ窓があるが、天井が湾曲しているため、アーチ先端が放物線のようにみえる。

正面玄関　中央に掲げられた校章の外形は、十字架とその輝きを表しており、天井から吊られた照明器具の吊り元も十字架形になっている。

中庭から見た本館全景　右手・講堂の天井の高さは、垂直に伸びるアーチ窓からもうかがえる。

は二手に分かれ、左手が講堂や学院長室のあるエリア、右手が教室のあるエリアとなる。交点には階段室と吹抜けがある。つまり、玄関を入るとL字に伸びる廊下と上階に続く吹抜けがあり、一気に視界が開けるのだ。

階段は吹抜けを取り囲むように配されている。階段の踊り場付近には、吹抜けに面して一本の円柱が一階から三階まで延びている。円柱は学院の中心をなす幹のようであり、視線は天に抜けるかのごとく自然と上方へ導かれる。本来なら、この円柱は空間の広さに対してもう少し太くても良いのだろうが、必要な細さに抑えられていることで、軽快な印象を生んでいる。床を支える梁、階段の登り梁が円柱で交わる様は、建築にある種のリズム感を与えている。

中央階段室見上げ　3連アーチの先にある中央階段室では、吹抜けを囲んで階段が配置されている。踊り場付近の角には、1階から3階まで貫く円柱がシンボリックにそびえる。直線的な造形が多い中で、アーチや円柱は空間に適度の安らぎをもたらしている。

2階作法室　2間続きの和室で、床の間、付書院、違い棚を備えた本格的なつくり。外側・廊下側それぞれの壁との間には緩衝地帯となる細い廊下が設けられており、モダンな校舎と和室が違和感なく同居している。

2階特別教室　通常の学校に比べ、どの教室も天井が高く、窓の幅・高さも大きいため、明るく開放的な印象。

南側階段　1階南側突き当たりにある階段は、曲面を描く壁に沿って設けられた幅の狭いもの。階段の先は2階講堂の舞台に通じている。

ミッション・スクールの息吹

教室は中庭に面している。七十年以上前の校舎とはいえ天井は高く、窓は幅・高さとも十分な寸法があり、差し込む光は明るい。教室と廊下の間に窓があるのは、どの学校でも見られる光景であるが、ここでは木製の上げ下げ窓である点が特徴的だ。古い校舎で水平にスライドする引き違い窓が多いのは、和風建築の影響と思われる。それに対し、上げ下げ窓は洋風建築に由来し、ここがミッション・スクールであることをうかがわせる。

すべてが昭和七年当時、あるいは、さかのぼって居留地時代の雰囲気さえ感じさせる校舎が現役であることは、建築の持つ力強さのあらわれであろう。休み時間に響く生徒たちのはしゃぎ声は、連綿と続く歴史のひとコマのように感じられる。

初出
『大阪人』二〇〇七年六月号（第六十一巻六号）

OSAKA BOOK

62

青山ビル

蔦の奥には緑のオアシス

1階階段室 重厚な素材感と壁の面積が多いために薄暗い雰囲気であるが、踊り場のステンドグラスの光は金・赤・青・白・乳白色に輝き、存在感を発揮している。

所在地｜大阪市中央区伏見町2-2-6
竣工年｜大正10年（1921）
設　計｜大林組
施　工｜大林組
構造・階数｜鉄筋コンクリート造
地上5階（当初3階塔屋付）、
地下1階
屋根形式｜陸屋根

平成9年（1997）国登録有形文化財。

大阪で「蔦のはう古い建物」といえば、青山ビルが思い浮かぶ。冬の一時期を除いて、建物の正面がほとんど蔦で覆われているからだ。現在の蔦は二代目で、阪神甲子園球場からの株分けだという。果たして、蔦の内側にはどんな世界が広がっているのだろう。

緑のすきまにのぞく窓

蔦のところどころには穴が見える。ポツポツとうがたれた穴は、窓のある部分を示している。人通りが多い船場・伏見町通の喧騒を避けるかのように、普通のビルよりは窓が少なく、かつ個々の大きさも小ぶりだ。このビルを神秘的

外観　一面蔦に覆われた外観は、西洋の古城のような雰囲気。

に思わせる所以だろう。

正面向かって左寄りには、両側にねじり柱を従えた窓や、二、三階付近を貫く縦長のアーチ窓がアクセントとなっている。そして、ところどころにはステンドグラスがはめ込まれている。蔦の間から顔を見せる瀟洒な窓たちは、都心部の雑踏を忘れさせるような魅力に満ちている。

階段に導かれる光

玄関から中に入ると、蔦で覆われた館の内部は少々薄暗い。古城に迷い込んだかのような感じがする。タイルや石材が醸し出す落ち着いた雰囲気は、昔の町家が備えていた感覚とも通じ合う。

中央の階段室は、踊り場のステンドグラス窓が印象的だ。決して大きな窓ではないが、乳白色や金色のガラスが煌めく様は、深く心に焼きつく。階段を上がると、随分と明るい雰囲気になる。二階踊り場から三階天井付近まで貫く、

2階北東室の窓　両開き窓の中央付近にあるステンドグラスは、2枚1組で左右対称の図案となる。モチーフは鳩と薔薇であろうか。周囲が透明ガラスであるために、明るく開放的。

2階南西室の窓　ステンドグラスのある窓越しに、南側の神農さん方向を望む。表通り側と違い、緑のある落ち着いた環境。

階段室の窓　ステンドグラス入りの小さな窓は1、2階をつなぐ踊り場にあたり、アーチを描く縦長窓は2、3階の階段室を貫く。一つひとつの窓が多彩な表情をもっている。

大きなアーチ窓があるからだ。窓の幅はそれほど大きくないものの、その高さによって差し込む光は一段と明るく感じられる。

緑に溶け込む ステンドグラス

このビルは、もともと野田源次郎氏の住宅だったものを、現オーナーの青山正美氏の父が昭和二十二年（一九四七）ごろに購入した。それゆえ、ビルといっても住宅のように繊細なつくりである。

ステンドグラスや天井など、当時の内装が残っている部屋が多い。特に、ステンドグラスは小ぶりなせいか、通常のものに比べて手が込んでいる。花や鳥など、都心にいることを忘れさせるようなモチーフが多用されている。図柄のほとんどが左右対称である点は、古風な印象と安定感を与える。

しかし、醍醐味は表通りとは反対側の部屋に見ることができる。南側は町境に当たり、道修町（どしょうまち）の神

3階階段室　3階から階段室を見下ろしたところ。縦長のアーチ窓が天井付近まで達しているために、1階とは打って変って明るく開放的な雰囲気。半円アーチと窓の桟が、繊細な手摺りと相まって、優しい雰囲気を出している。

1階暖炉　元は食堂。暖炉はストーブを設置するために設けられたもので、両側にはイオニア式の柱を従え、風格を出す。天井付近には葡萄唐草文（ぶどうからくさもん）が見られる。

2階北側の部屋　竣工当時は書斎として作られた。天井の漆喰細工は幾何学的な模様を連続させており、床材の木目は市松模様に配されている。

農さんの境内と接する。神農さんの神木である楠と、青山ビルの裏庭に育つ楠は、兄弟木だという。南に面した部屋の窓は大きく、そこからの眺めは緑のオアシスそのものである。改めてステンドグラス越しに緑を眺めてみると、草花や鳥の図案がなんともしっくりとくる。

　閉鎖的な表と開放的な裏、緑とシンクロする花鳥の図柄は、設計者の土地を読む慧眼の賜物といえよう。そして蔦をはわせ、手入れするオーナーに恵まれて、ビルの魅力は連綿と生き続けている。

初出
『大阪人』二〇〇七年七月号（第六十一巻七号）

OSAKA BOOK

63

鶴橋温泉

湯けむりに映えるアール・デコ

女湯浴室　中央に2つの浴槽、奥に電気温泉がある。浴室の内装は主に、戦後改修されたものであろう。男湯も共通のつくり。

日本一の銭湯激戦地帯といわれる大阪市生野区。現在、同区内には六十五件ほどの銭湯が営業しているという。地下鉄、JR、近鉄の鶴橋駅南東に位置する鶴橋温泉は、戦前から続くレトロな風貌によって、最新の銭湯建築に負けない人気を誇っている。

総タイル張りのファサード

鶴橋温泉は昔、鶴橋浴場と呼ばれ、今でもそちらの方が馴染みある常連客もいる。建物はそれほど広くない道に面しているが、午前中から人通りが絶えることはない。

所在地｜大阪市生野区鶴橋2-9-14
竣工年｜昭和初期
構造・階数｜木造 2階
（浴室部分：鉄筋コンクリート造 平屋）
屋根形式｜切妻造（脱衣室部分）

現存せず。

外観　1、2階とも正面外観はすべてタイル張り。建物や塀の最上部には緑釉(りょくゆう)のスパニッシュ瓦が用いられている。2階は銭湯とは直接関係のない貸し部屋。大正時代に建てられたという説もあるが、現在のデザインはおおむね昭和10年前後のものであろう。

住宅や商店が並ぶ中で、表構えが総タイル張の建築は、一種独特の存在感を持っている。銭湯と言えばタイルが連想されるが、主に浴室内に使われ、鶴橋温泉のように外観一面を覆っている例は稀であろう。

正面に立つと、シンメトリーに近い外観で、中央のエントランスに向かって湾曲した塀が特徴を成す。そこには橙色に近い褐色で、中ほどがわずかに盛り上がった正方形タイルが張りつめられている。

二階を見上げると、中心に五本の柱のような装飾がそびえる。外壁にこのような柱状装飾を設けるのは、昭和二十年代の商店建築に多く、鶴橋温泉の例は早い時期のものといえる。

アール・デコのモチーフ

もう一つ、外観で見逃せないのが、二階向かって右側に設けられた円窓である。この部分に着目すると、シンメトリーが少し崩れ、

女湯脱衣室　浴室入口側から番台方向をみる。天井は格天井（ごうてんじょう）で、昭和初期に建てられた大阪の他の銭湯と似ている。写真手前のロッカーは、ベビーベッドを兼ねたもの。

バーナー室　銭湯の一番奥（北側）、煙突の脇にある。ここで男湯・女湯両方の湯を沸かす。昔は薪を使っていたが、現在は写真のような重油（および廃油）式バーナーを使用。

外壁タイル　1階外壁は一片55mmのタイル張り。特に坪庭を囲む塀は鋭く湾曲しており、中央がわずかに膨らんだタイルの表情とあわせ、独特の魅力を生んでいる。

丸窓がアクセントとなっていることが分かる。かつてはステンドグラスがはまっていたが、現在は失われてしまった。

円窓は、昭和十年（一九三五）前後の建築によく見られるモチーフである。特にアール・デコ様式の流行したこの時代の商業建築にもてはやされた。

玄関を入れば、床にも幾何学的なタイル模様。番台裏側の壁面にも鮮やかなモザイクタイルがあるではないか！　特に後者は金銀のガラス質タイルを用いたもので、七十年近い時を経たとは思えない若々しいモチーフと、色使いの鮮やかさに驚かされる。

自由な気風が漂う銭湯

脱衣場や浴場は一部改修されており、新しい設備が入っている。脱衣場に雑誌や漫画がたくさん置かれているかと思えば、浴場入口の壁にはフランスの画家デュフィの版画が掲げられているなど、懐

入口壁モザイク（部分）　金、銀、乳濁色など、ステンドグラスに用いられるようなガラスを使っている。三日月や植物紋など、幾何学的とも具象的ともいえる個性的な図柄。

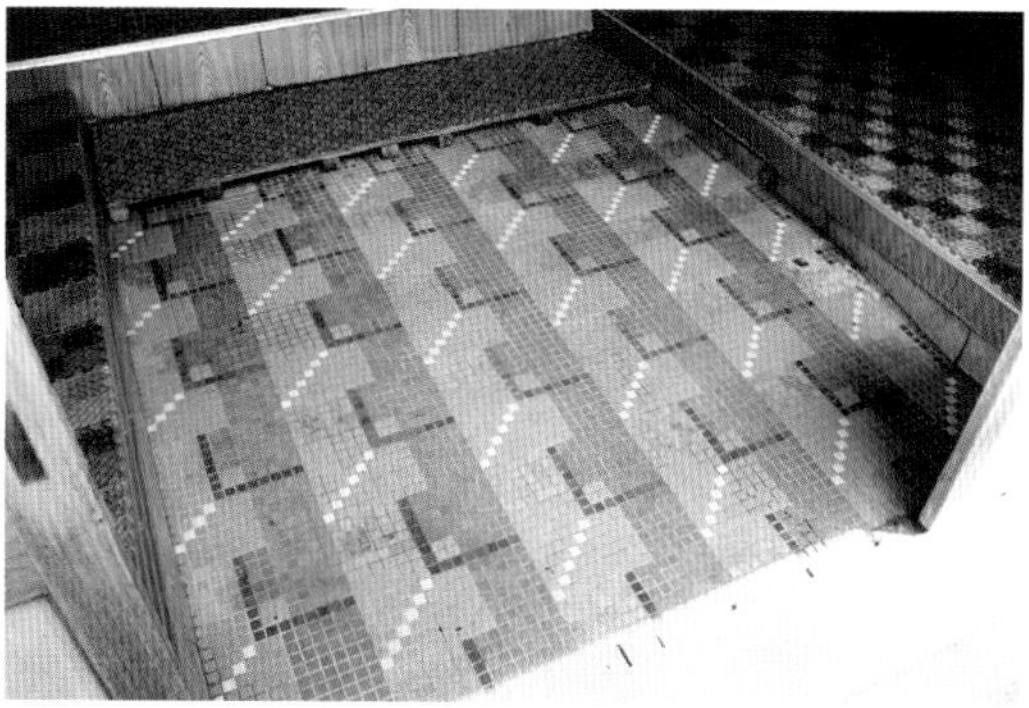

入口床モザイクタイル　入口の床面にも幾何学的なモザイクタイル模様がある。一片18mm角のタイルは全部で5色。平面ながら躍動感のある図形を描く。

男湯脱衣室坪庭　道路側に面した男湯の坪庭には、重厚な石組みと石燈籠、太鼓橋がある。男湯の坪庭の意匠は、女湯に比べていくぶん派手。

入口　左手が男湯、右手が女湯に分かれる。中央の番台裏の壁面には、ガラス質モザイクタイルによる壁画とステンドグラス装飾がみられる。

の深さを感じさせる。

アール・デコ様式は本来パリで生まれ、アメリカに渡り、商業建築の中で開花した。幾何学的な図案の扱いや流線型への志向などが見られるが、様式としての統一感はそれほど感じられない自由な雰囲気がある。

モダンで幾何学的な外観、和風の脱衣場や坪庭の意匠は、お互いの個性を尊重し合っているかのようだ。長寿を誇るこの銭湯には、初めからさまざまな要素を受け入れる土壌が備わっていたのだろう。

アール・デコの時代といえば、経済不況や戦争へ向かう重苦しい空気があった。しかし、当時を生きた人びとの自由な雰囲気と力強さが、この造形には込められている気がする。

初出
『大阪人』二〇〇七年八月号（第六十一巻七号）

OSAKA BOOK

64

大阪朝日ビル

丹精込めた工業化建築

南東側外観　写真左手に、ガラス張りの南側階段が見える。昭和43年（1968）に大阪朝日ビルをL字型に取り囲むように朝日新聞ビルが新築された。元々あるビルから少し離して建てられたのは、大阪朝日ビルの外観に敬意を払っているかのようである。

最近の建築は無機質で冷たいと言われる。特に装飾のない建築にはそのような評価が付きものだ。だが、果たしてそうだろうか。建築は自動車や家電製品のような工業製品と違い、ほとんどすべてが注文生産で、原則的に二つとして同じものがない。均質な工業製品のように思われる建築ほど、じつは苦労が多いものだ。

新しさへのチャレンジ

大阪朝日ビルは、一見すると築三、四十年程に感じられるが、実際はその倍ほどの寿命を生きている。現代であれば当たり前の材料であるタイル、ガラス、そして銀色に輝く金属板を大々的に使っている。十階建というビルのスケールも、戦後の高度経済成長期であれば、ごく自然なものだ。しかし、このビルが竣工したのは昭和六年（一九三一）であり、いずれも斬新なことだった。

群を抜いて高い屋上には航空標識塔があり、ランドマークとしての存在感を高めた。最上階にあった洋食堂アラスカは眺望が話題を呼び、屋上のアイススケートリンクは都心部に新たな娯楽の形をもたらした。単なるテナントビルではない新しさの追求は、ビルのデザインばかりでなく、中身にも及んでいたのだ。

所在地｜大阪市北区中之島3-2-4
竣工年｜昭和6年（1931）
設　計｜竹中工務店
施　工｜竹中工務店
構造・階数｜鉄骨鉄筋コンクリート造
地上10階、地下2階
屋根形式｜陸屋根

現存せず。

北東側外観　大きな曲面が印象的。1、2階はニッケル・クローム鋼（ステンレス・スチール）、3〜9階は主に白いタイル、10階は巨大なガラス窓と3層に変化を持たせている。

主階段室　エレベータ・ホールに接して、地下1階から屋上まで続く。曲面を描く手摺りの形状が特徴的。

南側階段室　一面ガラスに囲まれた階段室。非常階段なので、普段は使われていることがなく、当時の意匠が極めてよい状態で残っている。手摺りや階段の裏側にみられるシャープな造形美には、設計者の思いが強く表れている。

賛否を呼んだ「猟奇的」材料

今ではごく普通のことでも、最初に実行するには勇気がいる。その象徴が一、二階の外装に使われた金属板ニッケル・クローム鋼（ステンレス・スチール）だ。白いタイル、巨大なガラス窓は、当時としては珍しかったが、前例はあった。しかし、外壁の大きな面を銀色の金属板で覆うのは突拍子もないことで、建築の専門誌で「新規を衒ふ、猟奇的だ」（『建築と社会』昭和七年二月）と評する専門家もいたほど、センセーショナルだった。

新しい工業製品を大々的に建築に取り入れることは、設計者にとって大きな冒険であり、事業主にとっては新築ビルの話題づくりになる点は、今も昔も変わっていない。

モダニズムの苦労

このビルを設計したのは、竹中工務店の石川純一郎。彼は建設会社に所属していた建築家だが、建築への工業製品導入と合理主義的な設計を追及したモダニズム建築の旗手として知られていた。

工業製品に合理主義と言えば、いかに経済的で機械的に建てるかを追及したかに思えるが、実態はその逆である。新しい技術や材料を導入し、新時代の象徴として見せるためには、想像以上の根気と研究が必要である。現在も、このビルの骨格を支える部分にその跡がうかがえる。

十階建の巨大なビルの隅を、大胆な楕円近似曲面で仕上げること。そして、最上階は大きなガラス張りとする。シンプルであるが際立った造形は、ニッケル・クローム鋼、白いタイル、湾曲する巨大ガラスという材料を引き立たせた。

南面の階段室は、三方がガラス張りの空間に、白と黒、グレーで幾何学的な構成とした。銀色に輝く「猟奇的」な外装と対照的に、モノトーンの幾何学美を演出している。当時は、この新奇な階段室

中庭　屋上から見下ろしたところ。大阪朝日ビルと朝日新聞ビルの間が中庭状になっている。左手の大阪朝日ビルの庇（ひさし）上面も一面タイル張りなのが分かる。

1階ピロティ　1階四ツ橋筋側は、柱で支えられたピロティ。竣工当時のピロティは正面玄関付近のみで、今のように北から南まで連続していなかった。右手壁面のタイルは46mm角で、竣工当初のタイルとはサイズが異なる。

塔屋階段室　建物の内装は度重なる改修で当初の材料はあまりないが、塔屋階段室に竣工当時と思しき茶色いタイル張りが残る。外観とは一風変わったクラシックなイメージ。

屋上塔屋　屋上には、さらに2層分の塔屋がある。当時はその上に航空標識塔があった。現在見えている塔は、隣の朝日新聞ビルの屋上にあるもの。

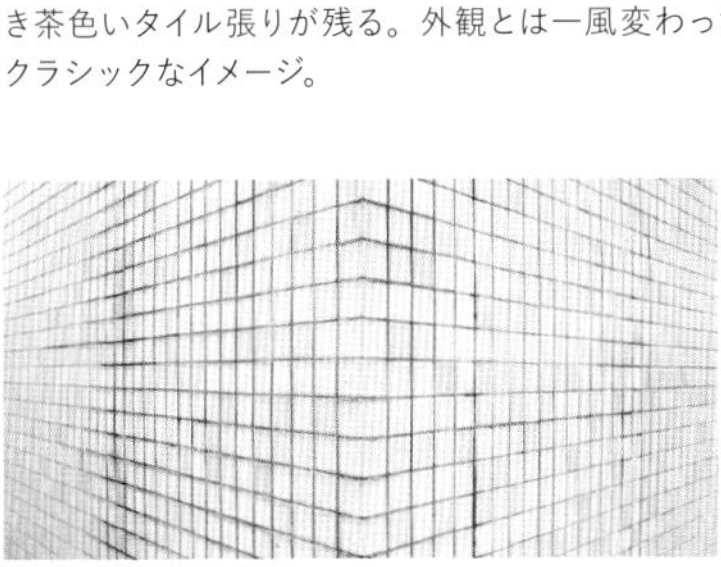

塔屋外壁のタイル　竣工当時と思われるタイル張り。1辺35mm角のタイルは近くで見ると白というよりはクリーム色に近く、色むらも多い。石材のような斑点もある。

から古き船場の家並みが見渡せたことだろう。

装飾的な建築は、人の心に響きやすいが、モダニズム建築は、見る側が設計者の意図を積極的に読み解いていかねばならない。だが、建築は一点生産という原則を忘れずに接すれば、大阪朝日ビルは装飾的な建築同様に多くを語りかけてくれるだろう。

初出
『大阪人』二〇〇七年九月号（第六十一巻九号）

OSAKA BOOK

65

髙島屋東別館

装飾パターンが生む華やぎ

1階南西階段　大理石がふんだんに用いられた階段室。太い柱は手摺や格子の細さをより強調している。階段を上るにつれて、眺めは次々と変わっていく。

所在地｜大阪市浪速区日本橋3-5-25
竣工年｜昭和9年(1934)・12年(1937)
設　計｜鈴木禎次
施　工｜竹中工務店
構造・階数｜鉄骨鉄筋コンクリート造
地上7階、地下2階、塔屋付
屋根形式｜陸屋根

平成31年(2019)国登録有形文化財。令和元年(2019)ホテルへのコンバージョン工事が行われた。3階に髙島屋史料館がある。
写真は全て特別な許可を得て撮影したものです。

昭和十二年(一九三七)、松坂屋大阪店が社運をかけて堺筋の店舗を建て替えた。中部建築界の大御所・鈴木禎次の設計で、四万三千六百平方メートルという東洋一の百貨店が誕生した。しかし、開店の時期はちょうど、大阪のメインストリートが堺筋から御堂筋へと移行しつつある時だった。松坂屋はこの建物で戦後まで営業を続けたが、後に天満橋へ移転したため、昭和四十三年(一九六八)からは髙島屋の所有となった。

堺筋繁栄の頂点を示す

現在、ここは髙島屋東別館として、家具売場や髙島屋史料館などが入

外観　全長110mの建物は3期に分けて完成した。北側（手前）が昭和9年（1934）に完成し、南側（奥）と中央部分が昭和12年（1937）にそれぞれ出来上がった。ただし、南側は昭和3年（1928）竣工の6階建を大改造したもの。乳白色にみえる外装材は、1階柱の一部を除き、すべて伊賀窯業製のタイルとテラコッタ。

居する。店内には竣工当時の繁栄を伝える意匠が随所に残っている。

七階建の屋上には、大阪で初めての屋上プールが設けられた。堺筋でもミナミには高層建築が少なく、見晴らしはよかった。当時は西に南海ビルディング、北に長堀髙島屋、北西に千日前の大阪歌舞伎座や心斎橋のそごう・大丸などが望めただろう。現在は、周囲に高層ビルが増えたものの、東には寺町かいわいの緑が健在である。

高層化と並んで、地下化にも力が注がれた。現在の地下鉄御堂筋線がようやく梅田から難波まで開通した時代、地下鉄堺筋線の完成を見越して、地下二階に駅とつながるアーケードが用意されていたのだ。実際、堺筋線が開通したのは昭和四十四年（一九六九）で、ここに新駅が設けられることは無かったが、壮大な構想に驚かされる。

テラコッタと大理石

材料にも、この建築にかけた思

1階中央エレベーター・ホール　当時は4基のエレベーターが地下2階から屋上まで結んでいたが、現在は職員用として中央の2基が使用されている。

1階アーケード　西側全体を通して、壁面を舗道からやや後退させてアーケードをつくっている。長大なショー・ウィンドウ（飾り窓）の構成や床面の装飾パターンは当時のまま。

外壁テラコッタ　半円アーチに沿って、石のレース模様のように見える。テラコッタ表面には、70年経った今もほとんどひび割れが無い。

1階中央エレベーター・ホール階数表示盤付近　エレベーター両脇の幾何学的な植物文、階数表示盤背後の装飾格子は、建物全体で繰り返されるモチーフ。

いが読みとれる。石造に見える外壁は、ほとんどがタイルとテラコッタからなる。特に複雑な模様が施された正面アーチなどに、テラコッタが多用された。テラコッタとは建築装飾用のやきもので、表面が石に見える乳白色の釉薬がかけられている。テラコッタで覆われたビルと青空の対比は、ここが日本橋とは思えない、どこか異国の都市風景を見ているような感覚をもたらす。

内部は一転、大理石のショールームのような輝きを放つ。階段やエレベーター・ホールなど、上下階への移動の場は、美しい模様の石材で覆われている。テラコッタの明るい色彩とは対照的に、大理石の肌は深みと柔らかさを備えている。

繰り返されるモチーフ

最新の設備、そして贅沢な材料が整えば、次はそれらをまとめるデザインの出番だ。ここでは、当時の商業建築で流行したアール

屋上　南側（手前）から北側（奥）を見たところ。北側には大阪初の屋上プールの跡が残る。左手には難波駅付近の高層ビルが見える。

1階北東側階段室　当初メザニンフロア（中2階）が計画されていたようで、右手にはその名残がみえる。アール・デコとメザニンフロアの構成は大丸心斎橋店と双璧をなす。

3階応接室のステンドグラス　このステンドグラスは小川三知（さんち）の作で、大正11年（1922）竣工の長堀髙島屋（設計：岡田信一郎）で使われていたもの。（注：ステンドグラスの作者は諸説あり。）

1階中央入口付近　扉の周りには一面に鉄製の装飾。頂部のジグザク模様はアール・デコのモチーフだが、その下の繊細な草花文はそれ以前のアール・ヌーボーの残り香を感じさせる。華やかな文様の繰り返しが店内への期待感を高める。

・デコで全体がまとめられている。アール・デコとは、フランス語で装飾芸術を意味し、一九二〇～三〇年代に大流行した。フランスで誕生した後にアメリカに渡り、商業建築の中で開花した。本建築のアール・デコは、その流れを汲む。

　アール・デコの特色であるジグザグ模様や幾何学的な植物文が、外壁やアーケードの床面、エレベータの装飾、手摺などいたるところに繰り返されている。同じ文様が、テラコッタや大理石の重厚な材料から、格子や手摺の繊細な表現にまで展開されていく様も見所だ。材質や使用箇所の変化で、文様の反復は退屈さに陥らず、むしろデパートという晴れやかな場所にふさわしい楽しさを醸し出している。

　一階の長大なアーケードを歩くだけでも、アール・デコ盛んなりし時代に私たちをいざなってくれるだろう。

初出
『大阪人』二〇〇七年十月号（第六十一巻十号）

OSAKA BOOK

66

水道記念館

煉瓦とタイルのモニュメント

所在地｜大阪市東淀川区柴島1-3-1
竣工年｜大正3年（1914）
設　計｜宗兵蔵
構造・階数｜煉瓦造　平屋
屋根形式｜寄棟造

平成11年（1999）国登録有形文化財。
内部見学可（無料）。

煙る都に身は住めど
皆　水道の水汲めば
谷の清水にいやまさり
のびる命は百までも

昭和九年（一九三四）、大阪市水道四十周年に併せて披露された「水道行進曲」の一節には、水道施設の充実に対する喜びがうたわれている。柴島（くにじま）浄水場の一角にある水道記念館は、上水道への誇りを今に伝えてくれる建物だ。

上水道のあけぼの

都市化の中で、上水道が不可欠なことは改めて言うまでもあるまい。大阪市に初めて上水道がで

全景　正面玄関を中心に、東西各7つのアーチ窓が並ぶ。屋根は戦災により被害を受けたため、戦後改修したもの。

きたのは明治二十八年（一八九五）。背景にはコレラなどの伝染病防止の目的もあった。当時は淀川で取水した水を浄化し、大阪城内の配水池から市内に給水していた。

しかし、都市化の進展の中で水不足や断水が頻発（ひんぱつ）。三十年（一八九七）から四十五年にかけて第一次水道拡張工事が行われ、桜ノ宮水源地などが整備された。

続いて明治四十一年（一九〇八）から第二次水道拡張工事が始まり、現在の水道記念館がある柴島水源地一帯が整備された。大阪市内の水不足はひとまず解消され、今日に至る都市基盤の礎が築かれた。

求められた記念性

なぜ水源地に、立派な建物を造ったのだろう。水道記念館の建物は大正三年（一九一四）、第一配水ポンプ場として建てられた。浄水された水に圧力をかけて市内に給水するためのポンプ機を設置した建物で、施設のかなめとなるも

噴水　水道記念館の前庭を飾る。凝灰岩製であることや特徴ある幾何学的デザインから、大正後半から昭和初期に流行したものと思われる。

正面玄関　赤煉瓦の壁面に白い花崗岩の帯が美しく映える。正面玄関部分は、建物本体から独立した壁面で、正面を立派に見せている。

展示室内部　第一配水ポンプ場だった時代、建物の内部は半地下になっており、配水ポンプなどの設備が置かれていた。水道記念館になったときも、その造りを利用して展示場が作られた。

創業当時の内壁　第一配水ポンプ場として使用されていたときは、赤煉瓦の壁の内側に、白と赤のタイルを張っていた。タイルのところどころに接着剤のようなものを塗った跡があるのは、改修工事の際に耐震補強用の鉄筋を斜めに挿入し、その上を樹脂で補強したもの。

のだった。それゆえ、大阪市の水道拡張のシンボルとして、華やかなデザインが施されたのだろう。

　設計者は宗兵蔵。明治建築界の大御所・片山東熊の下で奈良や京都の国立博物館の設計監理に携わった人物である。本建築も、水道施設とは思えない優雅なたたずまいだ。

　赤煉瓦と白い花崗岩の組み合わせは、明治時代後半から大正時代前半にかけて、東京駅や大阪市中央公会堂をはじめ、各地の銀行や駅舎、公共建築などで用いられた。水道記念館も、その代表作の一つと言ってよいだろう。

赤煉瓦の秘密

　平成七年（一九九五）、第一配水ポンプ場は水道記念館として生まれ変わった。内部は水道の歴史や仕組みをはじめ、琵琶湖・淀川水系の自然を楽しみながら学べる施設となっている。そのなかで、やや地味ではあるが見逃せない一角

赤煉瓦とタイル　左手の大きな塊が赤煉瓦（225×110×60mm）。煉瓦の表面に見える「◌」のマークは大阪窯業の社印。右下の小さな板が赤煉瓦形の外装タイル（105×60×24mm）。タイルの裏面には「OSAKA YŌGYO」の銘文がみられる。なお、大阪市中央公会堂の煉瓦とタイルも大阪窯業の製品である。

外壁の赤煉瓦　水道記念館の建物は煉瓦造であるが、外壁には赤煉瓦の形をしたタイルを貼り付けている。

ポンプ機　スイス・ズルツァ社が考案した横軸両吸込ディフューザポンプ。大正10年（1921）に電業社機械製作所で製造されたもので、56年間使用された。背景のパネルは、建物がポンプ場だった当時の様子。

節制井上屋　水道記念館の前庭に建つ。明治41年（1908）の竣工。八角形の平面や屋根飾り、軒裏の装飾などに明治時代の雰囲気が現れている。

がある。当初の建物の壁を見せているコーナーだ。

　手前の展示ケースには、普通の赤煉瓦とともに小さくて薄い煉瓦が並んでいる。建物は、外観で分かるように確かに赤煉瓦を積み上げて造ったものだ。しかし、表面には当時「化粧煉瓦」と呼ばれた仕上げ材が貼り付けられている。これが今日のタイルの原型である。煉瓦は片手で持てるほどの土を焼いた塊であり、建築の構造材に適したものだが、外壁の仕上げ用には焼きムラの無い美しい表面が必要だった。そこで登場したのが赤煉瓦に似せたタイルだったのだ。

　赤煉瓦とタイルは、ともに大阪窯業の製品である。大阪府は当時、日本最大の煉瓦生産量を誇り、大阪窯業は大阪最大の煉瓦会社だった。デザインばかりでなく、材料に至るまで、大阪のシンボルとしてふさわしいものだったと言える。

初出
『大阪人』二〇〇七年十一月号（第六十一巻十一号）

OSAKA BOOK

67

大念佛寺

近代が生んだ木造建築の到達点

本堂と瑞祥閣　右手の巨大な銅板屋根の建物が本堂で、左手の瓦葺の建物が瑞祥閣。瑞祥閣の門は、江戸時代の普化宗（ふけしゅう）の門を移築したものだという。

所在地｜大阪市平野区平野上町1-7-26

［本堂］
竣工年｜昭和13年（1938）
設　計｜伊藤平左衛門
施　工｜西川茂逸
構造・階数｜木造　平屋
屋根形式｜入母屋造平入銅板葺

［瑞祥閣］
竣工年｜昭和29年（1954）
設　計｜西川茂逸
構造・階数｜木造　平屋
屋根形式｜重層入母屋造妻入桟瓦葺

本堂は平成15年（2003）国登録有形文化財。

古い家並みが残る旧平野郷に、遠くからも見渡せる巨大な緑青の屋根がある。融通念佛宗総本山として知られる大念佛寺本堂である。大念佛寺の境内には、江戸時代以来の古建築が幾つも残っている。今回は近代以降に建てられた大規模木造建築である本堂と瑞祥閣に注目してみよう。

大阪府下最大級の木造建築

まずは、寺の歴史を簡単におさらいしておこう。

融通念佛宗は平安末期、念仏信仰の先駆けとして知られる良忍により開かれ、鎌倉末期の法明の時、摂津・河内に教えが広まった。し

本堂内部　外陣から内陣を見たところ。巨大な欅（けやき）の柱が建ち並ぶ。手前の外陣の天井付近には、年中行事のひとつ「百万遍大数珠繰り」で使われる巨大な数珠が巡っている。奥の1段高くなった所が色彩豊かな内陣である。

かし、融通念佛宗が公認され、大念佛寺が本山として地位を確立するのは元禄年間のことであった。江戸時代には、「摂津名所図会」にも描かれた立派な本堂が存在したが、明治三十一年（一八九八）に惜しくも焼失。その後、再建されたのが現在の本堂である。

寺院建築を見る場合、とかく奈良・平安時代などの古建築に目が行きがちであるが、木造建築技術は時代とともに進化を遂げ、明治・大正・昭和初期に最高潮に達したとの見方もある。現在の本堂は、大阪府下最大級の木造建築であり、内部装飾も見所に事欠かない。

白木と極彩色の対比

本堂に足を踏み入れた第一印象は、とにかく広く、奥行きが深いことだ。本山寺院ならではの貫禄が漂う。内部は他の寺院と同じく、参拝者の入る外陣（げじん）と、本尊が祭られる内陣からなる。外陣は美しい木目をみせる白木造りなのに対し、

本堂宮殿　内陣の中央に位置する金色の部分が宮殿。特に外陣から見えやすい組物や欄間（らんま）の装飾が見事。

本堂宮殿の裏側　宮殿裏側の壁を来迎壁という。中央に釈迦如来、左手に普賢菩薩、右手に文殊菩薩が描かれている。写真は釈迦如来と普賢菩薩。

本堂内陣の天井　天井には十六羅漢や山水画、植物画などが描かれている。写真は宮殿南側の天井で、天女が描かれた部分。

内陣は中央の宮殿（くうでん）を中心に金色や極彩色で彩られている。とりわけ、外陣の小組格天井（こぐみごうてんじょう）の見せる繊細な白木の美と、内陣の鮮やかな天井画の対比は見事なものだ。

　本堂は、抜群のロケーションも実感させてくれる。これは毎年五月一日から五日に行われる「万部おねり」とも関係する。「万部おねり」のクライマックスは、本堂外側に巡らされた仮設の橋の上を、金色の諸菩薩が本堂まで練り歩く行列だ。境内は多くの参拝客や露店でにぎわう。そのため、本堂の周りは広い空地が広がり、客席となる本堂の縁側も大きく取られている。普段は、本堂から広い庭越しに諸堂を見渡すことができる。大阪市内とは思えない伸びやかな開放感が味わえる。

戦後復興期の瑞祥閣

　瑞祥閣は、本堂の南隣りに立っている。巨大な本堂のすぐ脇であるため、小さく感じられるが、近

解体中の学生寮　今年8月に解体が進められていた学生寮。学生寮とは僧坊にあたる建物で、10年ほど前まで使用されていた。7部屋からなる長屋状の建築。解体工事中に棟札が発見され、明治13年（1880）の建立と判明。

瑞祥閣正面　門の奥、正面には立派な唐破風を備える。屋根は二重であるが、内部は1階のみ。

瑞祥閣内部　瑞祥閣は奥行きが深く、柱は角柱が中心。正面奥に見える白木の宮殿に法華経と大通の遺髪を祭る。

本堂側面　本堂を北側から見たところ。屋根を瓦でなく銅板葺にしたのは、重量を軽減する意味もあっただろう。屋根側面で三角形に開いた妻面には、銅板による青海波（せいがいは）などの装飾、白漆喰の壁、蟇股（かえるまた）などの木部の対比が美しい。

づいてみると通常の寺院本堂よりも大きいくらいの規模である。

　外観は二重仏殿、つまり屋根が二重にかかっているために二階建に見えるが、実際には一階しかない。内部は本堂同様、奥行きが深く、正面には法華経と江戸時代に寺を再興した大通（だいつう）の遺髪を祭った白木の宮殿がある。

　平屋建でも十分なこの建築を、なぜ二重仏殿のようにしたのだろう。建築が完成したのは昭和二十九年（一九五四）。戦災復興が一段落したところ、復興の象徴として、本堂に見劣りのしないような仏殿を建てようとしたのかもしれない。二重の屋根と並び、正面の立派な唐破風は、戦後に継承すべき伝統のあり方を示しているようだ。

初出
『大阪人』二〇〇七年十二月号（第六十一巻十二号）

OSAKA BOOK

68

ビジネス街に山小屋の風情

中央電気倶楽部

所在地｜大阪市北区堂島浜2-1-25
竣工年｜昭和5年（1930）
設　計｜葛野壮一郎
施　工｜大林組
階　数｜地上5階、地下1階
屋根形式｜陸屋根

会員制のため原則内部見学不可。

限られた土地をいかに有効に利用するか。都会において、建築家に課せられた使命である。オフィスビルであれば、少しでも床面積を増やすための努力に向けられるであろうが、倶楽部建築の場合はアプローチが異なる。倶楽部とは、特定の会員が利用する都市の社交場であり、居間のようにくつろげ、かつ品格ある場所でなければならないからだ。

対抗意識みなぎる倶楽部

中央電気倶楽部は、電気に関連する職種の人々の交流の場として、大正三年（一九一四）に創立された。

外観　左右対称とせず、中央やや右寄（西側）に入り口を構える。四角い窓と半円アーチ窓、彫刻レリーフが入り交ざり、かつ壁面に凹凸を与えることで、建物の印象に多様性を持たせている。

当時、政府が電気を五〇サイクルで統一しようとしたが、西日本は六〇サイクルを主張し、そのまま今日まで続いている。関西の電気関係者の勢力を物語るエピソードであるが、倶楽部の名称を大阪とせず中央電気倶楽部とした点からも、意気込みが伝わってくる。現会館は、昭和五年（一九一六）竣工の旧会館が手狭になったため、昭和五年（一九三〇）に新築されたものである。

大正十三年（一九二四）、先行して完成していた大阪倶楽部が意識されたことは想像に難くない。大阪倶楽部の立地は北船場で、地上四階地下一階の規模、安井武雄の設計で名建築の名を欲しいままにしていた。

対する中央電気倶楽部は、電力会社や電鉄会社の本社にも近い堂島の地に、前者を上回る地上五階地下一階の規模で、大阪建築界の実力派・葛野（かどの）壮一郎が設計に当たった。

5階講堂　天井は緩やかにアーチを描き、圧迫感を軽減している。天井の構成は、和風の格天井（ごうてんじょう）にも通じるが、木部が太く、手斧（ちょうな）ではつったような痕跡がある。天井面に幾何学的な模様を入れる点は、洋風建築を意識したものだろう。蛍光灯の白さと、白熱灯の黄色い光が合わさり、優しい印象を生みだす。

3階食堂　濃茶色の横張りの松材が、山小屋のような雰囲気をかもし出す。欄間に使われたガラス装飾が、モダンな雰囲気を加える。

1階ビリヤード場　ビリヤード場は手前のロビーや喫茶室から階段3段分ほど下がった位置に床を張る。段差により、ビリヤード場の開放感を出すことはもちろん、ロビーや喫茶室で椅子に座る人と、ビリヤードに興じる人との同じレベルの目線を考慮してのことだろう。

立体的な空間構成

茶褐色のスクラッチタイルや石材で建築を装飾する手法は、大阪倶楽部と共通する。しかし、大阪倶楽部にはない空間的な特色を、この建築は持っていた。建物の各階に高低差を付け、吹抜けを取り入れた立体的な空間構成である。

五階ホール前のホワイエや三階食堂前の広間は、二層分の吹抜けとなり、ホテルのロビーのような開放感がある。通常であれば、一階の入口に設けるべき吹抜けを、あえて上階二カ所に設定した点に面白みがある。加えて五階ホワイエは、ホールの向かいすぐの位置に小階段があり、半階分上がった待合からテラスへとつながる。実際の敷地以上にゆったりとした開放感に浸ることができる。こうした空間演出は、戦前の大阪では珍しいものだろう。

屋上　5階ホールの側面を見たところ。正面外観同様、側面も凹凸を持たせている。背後の木々は、屋上にある宜光稲荷神社のもの。都会の屋上でも、小さな鎮守の杜（もり）をつくっている点に驚かされる。

4階窓　一見縦長窓にみえるが、さりげなく上部に3連アーチを描くものがある。左隣は半階分ずらして、どこか電気をイメージさせるような植物レリーフが見られる。

5階ホワイエのタイル　床面を埋め尽くす1辺約185mm角のタイルは、美術タイルとして有名な泰山（たいざん）製陶所の製品。1枚でも、4枚1組でも、あるいは床全体に連続する模様としても、眺めることができる。

5階ホワイエ　面積は小さいが、吹抜けや高低差を設けたことで開放感が生まれた。右手がホール、左手は階段を上がるとテラスに通じる待合い。

くつろぎを重視した内装

高低差が空間を分節し、吹抜けが開放感を生みだす一方で、そこに使われた内装材も考え抜かれたものだ。五階ホールの天井や、三階食堂の壁に用いられた米松の板は、山小屋のような落ち着きをもたらしている。そして、二階の読書室を始めとする諸室の暖炉は、深みのある色の美術タイルを用いた優雅なたたずまいだ。倶楽部建築の場合、各室を競って豪華に飾る傾向にあるが、ここではリラックスして長い時間を過ごしたくなる雰囲気を優先している。

利用者は、電気という先端技術に携わる人々。迎える建築は、先進的流行をむき出しにするのではなく、熟練と風格、時に素朴さえにじませる空間でこたえた。竣工時、五十歳を迎えた葛野の円熟した自信みなぎる建築といえよう。

初出
『大阪人』二〇〇八年一月号（第六十二巻一号）

原田産業

小さな宝石箱

外観　いくつもの四角形が入れ子状に組み合わされ、大ガラス窓のある左右対称の部分を揺さぶるように動きを与えている。幾何学的な構成と適度に加えられた装飾は、見る者を引きつける。

所在地｜大阪市中央区南船場2-10-14
竣工年｜昭和3年（1928）
設　計｜小笠原鈅
施　工｜竹中工務店
構造・階数｜鉄筋コンクリート造
地上2階
屋根形式｜陸屋根

内部見学不可。なお、最近の状況は公式HPのPhoto Galleryで見ることができる。

　建築家の息遣いが聞こえてくる建築がある。太く濃い鉛筆で何度も繰り返しスケッチを重ね、構想を練る。そして薄く鋭い鉛筆あるいは烏口（からすぐら）で細やかな線を、時間をかけて決めていく。線を描く手の痕跡が突き刺さるように胸に響くのが、原田産業の建築である。

階段ー空間の主役

　広くはない間口に、深い奥行き。大阪の町家が備えていた標準的な敷地である。玄関を入ると正面に広がる吹き抜けは、他の名建築と比べ決して大きなものではない。
　吹き抜けを囲うようにL字型の階段が上階へと延びる。階段の途

2階東側応接室　暖炉上部に仏像があるため、仏間とも呼ばれている。暖炉の表面は一辺152mmのタイル状トラバーチン（大理石の一種）張り。応接セットの椅子はキャスター付。

中には、南向きの大きな窓から明るい日差しが差し込む。そして、吹き抜けを囲むように二階応接室の窓や、天井から吊り下げられた照明が現れる。窓からの景色、階段室を囲む豊かなデザイン、目線は留まるところを知らない。踊り場のない階段は壁に沿って急激に折れ曲がり、上階へと続く。踊り場がないのは空間のスケール的な問題もあるが、階段のどの位置に立ち止まっても絵になる見所が用意されているからであろう。

　階段の根元に付けられた渦形の飾り（コンソール）、手摺り（てす）のデザイン、巨大な窓の比例などを見ていると、建築家が図面を引いている際の興奮が伝わってくるようだ。

応接室の窓から

　二階には、吹き抜けを囲んで三つの応接室がある。中でも、西と東の応接室は吹抜けに面して窓を持つ。西の両開き窓からは東の、東の片開きのアーチ窓からは西の

階段室越しに見た東側応接室　2階西側応接室の窓から、階段室をはさんで東側にある応接室を見る。部屋が階段室側に張り出し、その下部には部屋を支える構造材（持ち送り）を取り付け、壁にはアーチ窓を用いるなど、屋内にありながら建物の外観を見ているようだ。

2階東側応接室の照明　球形の照明を、濃密な装飾が取り巻く。背景となる壁や天井も手が込んでいるが、白で仕上げられているために過剰な雰囲気は抑えられ、照明器具が引き立てられている。

1階事務室　敷地奥から玄関を見たところ。写真手前の四角い柱のある部分は昭和40年の増築部分。写真奥のややふくらみのある柱の部分がオリジナル。

2階西側応接室　正面左手の窓は、外観を見た時の中央大窓の両脇にある縦長窓のひとつ。外側から見た時の左右対称性を尊重して、窓が床下を貫き、1階まで続いている。

応接室の様子が、吹き抜け越しに見える。屋外に面した窓よりも、吹き抜けに面した窓の方に心ひかれるのはなぜだろう。

　東西の応接室の吹き抜けに面した壁面は、まるで建物の外壁のようにデザインされているのだ。そのため、階段室に面して小さな洋風の町並みがあるように感じられる。

　残るひとつの応接室は、階段を上がった正面にある。中央の応接室を出ると、吹き抜け越しに巨大な縦長窓が目に入る。ガラスの先は南船場の町並み。まるで、映画のスクリーンを見ているような気分になる。

入れ子状のファサード

　外側から建物を見ると、対称形を意図的に避けた風に見える。まず正方形に近い建物の輪郭があり、次に左寄りに大きなガラス窓を中心とした左右対称の正方形に近い形が浮かび上がる。さらに、中央の三点一組のガラス窓も正方形に

階段室見上げ　左手の巨大な縦長窓から、まばゆい自然光が差し込む。光に導かれるように手摺りが上階へとうねる。この建築における最大の見せ場であろう。

玄関の窓　通りから入り口を入った正面、玄関扉のすぐ脇にある窓。普通の上げ下げ窓であるが、手前にある格子のデザインが心を誘う。

階段の細部　階段と床の分岐点には、渦巻き型の装飾（コンソール）が見られる。床には壁や階段を縁取るように1辺5.5〜6cmの大理石タイルで装飾されている

近似する。右下の入り口も上の方が正方形に似ている。ひとつの外観（ファサード）の中に、いくつもの正方形が入れ子のように繰り返されている。視線は最終的に、中央付近の大きなガラス窓に納まる。この場所こそ、応接室に向かう階段室なのだ。

　小さな建物ながら、建築家・小笠原鈅（ますみ）が図面と格闘した跡が伝わってきて、見るものを興奮させる。よく練り上げられたプランに宿る宝石のような輝きは、町並みに欠かせない存在と言えよう。

初出
『大阪人』二〇〇八年二月号（第六十二巻二号）

OSAKA BOOK

70

四天王寺庚申堂

秀逸なる万国博遺跡

内部　中央に太い四本の円柱がそびえるが、その周囲は広く開放的な空間。中央の四本柱から建物隅の柱までは、斜め45度方向にも梁が伸びる。建物全体を通して、梁より下は木曽檜（ひのき）、その上は米栂（こめつが）が使われている。

所在地｜大阪市天王寺区堀越町2-15

［庚申堂］
竣工年｜昭和45年（1970）、47年（1972）以降移築
設　計｜四天王寺復興部建築事務所
施　工｜金剛組
構造・階数｜木造　平屋
屋根形式｜宝形造亜鉛鉄板葺

［茶所］
竣工年｜昭和23年（1948）
構造・階数｜木造　平屋
屋根形式｜宝形造銅板葺

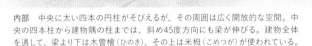

聖徳太子の創建と伝えられる和宗総本山四天王寺は、中門・五重塔・金堂・講堂が一直線に並ぶ四天王寺式伽藍（がらん）配置の寺として知られている。人災や天災でたびたび焼失と再建を繰り返してきたが、境内の一角には六時堂、本坊方丈、五智光院などの重要文化財建造物も多数残っている。今回紹介するのは、南大門の外側に建つ庚申堂の一角である。

万国博の息吹を伝えて

庚申堂の南門を入ると、左手前方に端正な建築が目に入る。屋根は、頂から四隅に向かって均等に稜線が延びる宝形造（ほうぎょうづくり）と呼ばれる形

正面外観　ほとんど直線によって構成されたデザイン。万国博の法輪閣を移築したものだが、外観・内部とも昔のまま。万国博の建築で各地に現存するもののうち、保存状態は最良の部類であろう。

だ。反りや「むくり」はほとんどなく、直線によってシルエットが構成されているため、とてもすっきりとしている。最初から庚申堂として建てられたと言われても何ら違和感のない建築であるが、昭和四十五年（一九七〇）に開催された日本万国博覧会（以下、万国博）のパビリオンの一つだったのだ。

　パビリオンといっても、全日本仏教会が建築主となり、休憩室兼茶室として建てられた法輪閣という名の、一風変わった建物である。当初から四天王寺復興部建築事務所が設計しており、会期終了後は移築することを前提としていたのかもしれない。万国博会場内では西口の近く、富士グループパビリオン（エアドーム）など、ユニークな形の施設の近くであったため、法輪閣のストイックな造形はかえって目立っていたかもしれない。

伝統木造とモダニズム

　庚申堂として移築されたのは、

茶所　境内の南東に建つ戦後の仮庚申堂の建築。現在の庚申堂ができた後に、今の場所に移築されたものであろう。

庚申堂南東角見上げ　普通の寺院建築にみられるような斗栱(ときょう)を一切使わず、単純な木組みで仕上げている。

庚申堂正面入り口　正面には巨大な両開きの扉がある。屋根の軒先は緩やかな曲線を描いている。軒先から顔をのぞかせる円形断面の木材は、屋根の頂から伸びる垂木。

昭和四十七年（一九七二）以降のことという。内部に入ると、中央に太い四本の円柱がそびえ、奥に厨子が置かれている。外観同様、内部も広くすっきりとした構成だ。

醍醐味（だいごみ）は、屋根を支える構造にある。現在、内部を見上げると沢山の釣燈籠（つりとうろう）のために天井が見えにくいが、目を凝らすと屋根の頂から周囲の壁に向かって、垂木（たるき）と呼ばれる構造材が放射状に広がっている。天井裏を設けずに、ダイナミックな屋根の構造をそのまま表現しているのだ。

また、中央四本の柱から建物四隅の柱に向かって斜め四十五度方向に梁（はり）（水平の構造材）を飛ばしている。直線的な建築デザインは、こうした明快な構造によって支えられているのだ。建築界一般では当時、構造や機能を素直に表現したモダニズム建築がもてはやされていたが、この建築は木造の伝統的な形態でモダニズムを表現したといえよう。

庚申堂天井見上げ　屋根の頂点から周囲に向かって、放射状に垂木が伸びている。屋根を支える大胆な構造を、天井裏に隠さずに素直に力強く表現している。

茶所仏壇の柱頭　柱頭は、積み木を積み重ねたような円筒形状の段々があるデザイン。こうした意匠は、明治期の大工が洋風建築を模した時、稀に見られた。

茶所内部　地蔵菩薩などを安置する。建物はすべて四角い柱であるが、仏壇まわりのみ円柱が使用されている。

復興の歴史を伝える茶所

庚申堂を一回り小さくしたような建築が、境内の南東にある。法輪閣を移築する前の仮本堂だった茶所という建物だ。各面とも、柱間が三つずつある方三間の建築で、南側に張り出す形で仏壇がある。

建物全体は四角い柱であるが、仏壇の部分のみは一段、格の高い円柱が用いられている。円柱をよく見れば、上部がすぼまっており、頭に円筒形の段々飾りが付いている。このような形の柱頭の表現は、明治時代の大工が、西洋建築を模して建てた擬洋風建築で稀に見られる。

四天王寺に残る記録では、庚申堂は戦災に遭い、昭和二十三年（一九四八）に旧庚申堂（現・茶所）が仮建築として建てられたという。何かの建物を移築したものか、あるいは一部で古材を再利用したものかもしれない。歴史のある寺院ならではの、奥行き深い小建築である。

初出
『大阪人』二〇〇八年三月号（第六十二巻三号）

大阪市水道局扇町庁舎

直線建築に挑む曲面と自然光

所在地｜大阪市北区南扇町6-28
竣工年｜昭和10年（1935）
設　計｜大阪市経理部建築課
施　工｜小坂井組
構造・階数｜鉄筋コンクリート造 地上5階、地下1階、塔屋付
屋根形式｜陸屋根

現存せず。

近代建築の装飾性がもっとも豊かだったのは、昭和初期だった。その四、五年後の昭和十年（一九三五）に、大阪市水道局扇町庁舎が竣工された。そのころには、より機能性を重視したモダニズムが主流になっていた。戦前期モダニズムのひとつの到達点といえる本建築から、モダニズムの理想を読み解いてみよう。

心地良い空間の追求

モダニズムとは、鉄やガラス、コンクリートといった工業製品を用いて合理的で機能的な建築をめざそうとした革新的な運動を言う。その結果として、近代建築の特徴

外観　北東角から見たところ。曲面に沿って設けられた窓が印象的。竣工当時、外壁は10cm角のタイル張りだったが、現在はモルタル仕上げに変更された。写真右手は主に事務室、左手は創業間もない個人や企業のクリエーターを支援する扇町インキュベーションプラザとして利用されている。

のひとつであった豊かな装飾性は徐々に失われていった。では、モダニズムの追求した建築は、単に機能的で装飾が無い無機的な空間だったのだろうか。答えは、この建築自身が語りかけてくれる。

　室内は広く開放的で、ふんだんに自然光が差し込む。腰高から天井いっぱいまで幅広の窓があり、十分な明るさが確保されているためだ。平面はL字型で、特に北側が正面に当たるため、主な事務室も北側にある。大きな窓面積が何よりも心地よく感じられて、北欧のモダニズム建築を髣髴とさせる。モダニズムの真の目的のひとつは、居住性の良い環境の追求だったのではないだろうか。

ガラスブロックの活躍

　この建築では、ガラスブロックがモダニズムの理念達成のための隠し味になっている。

　かつて地下一階には食堂があった。食堂内は人工照明に頼らざる

舗道窓と正面玄関付近　正面玄関は、扇町公園に面した北側中央にある。玄関上部は緩やかな曲面になっている。建物と歩道の境界には、ガラスブロックを敷きつめた舗道窓。この下は食堂だった。

4、5階中央階段室　踊り場付近を見上げると、階段を支える梁は巨大な円弧曲線。最もダイナミックな空間と言えよう。

3階北側事務室　正面玄関上部の緩やかなふくらみを内側から見たところ。中央の2本の柱から外壁が少し離れて湾曲している。ガラス窓は幅広く、天井付近まであり開放的。

南面外観　建物の背面を見たところ。L字型に折れ曲がる部分を小さく凸形に突き出して、採光面積を大きくしている。左手の半階分ずれた大きな窓は階段室。正面外観に比べると、曲面がなく全体に角ばった印象。

を得ないが、北側一列は、天井から自然光が差し込む。歩道と建物の間にガラスブロック（デッキグラス）が埋め込まれているためだ。こうした天井採光は舗道窓と呼ばれるが、大規模に採用し、地下空間を少しでも快適なものにしようと試みたものだ。

三カ所の階段室があるが、L字型に折れ曲がる部分にある北東階段室は、突き当たりの壁一面がガラスブロックで覆われている。ガラスブロックは通常、外壁を兼ねているが、ここでは違う。外壁と階段室ガラスブロックの間には小部屋があり、光を階段室にまで導いているのだ。屋内における採光可能な面積を少しでも増やそうとする工夫であり、他ではなかなか見かけることが出来ない意欲的な設計と言えるだろう。

曲面と曲線の効果

直線的なこの建築にも、アクセントとして曲面が用いられている。

元食堂の天井見上げ　地下1階北西の部屋は、元食堂。撮影日は曇天であったが、北側天井にある舗道窓から差し込む光は大変明るかった。

4階北東階段室　踊り場正面には一面のガラスブロック壁。ガラスブロックの奥には小部屋を挟んで外部に面した窓があり、間接的な採光方法といえる。

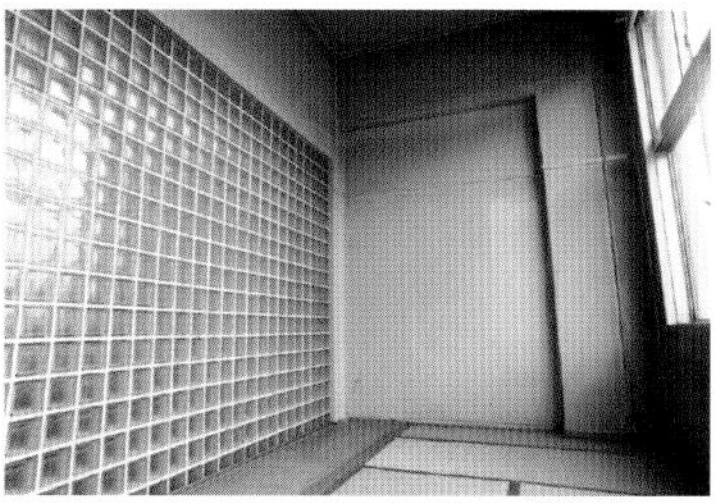

5階北東の小部屋　北東階段室のガラスブロック壁の裏側にある小部屋。高い天井付近まで窓があり、ブラインドを開けると大変明るい。昔は技術職の更衣室として使用されていた。

4階北東角から北側を見る　外壁と呼応するように廊下もアールを描く。各階床面の方位板はちょっとしたアクセント。

まずは、建物の輪郭を決定付けている北東角の大きなアールである。建物の正面だけでなく、アールを描く角地から見たときに建物が美しく映える。

　対照的なのが、北側の正面玄関上部の緩やかな曲面である。建物に関心が無ければ見過ごしてしまう程度の、小さなふくらみだ。しかし、緩やかなふくらみにより、中心性が強調される。もう少し古い時代であれば、中心部を大きく凸形に張り出し、威厳を持たせたことだろうが、ここではソフトな外観に仕上げられている。

　もうひとつ見逃せない曲線が、中央階段の踊り場にある。階段裏側を支えるダイナミックな梁(はり)だ。正面が緩やかな曲線の分、踊り場の大胆なカーブには驚かされる。

　空間の居心地の良さ、採光の工夫、そして装飾を用いなくても人目を楽しませてくれる曲面や曲線の使用が、この建築の醍醐(だいご)味と言えるだろう。

初出
『大阪人』二〇〇八年四月号（第六十二巻四号）

建築の存在感と生命力

555 tête frame（ゴーゴーゴー テートフレーム）（旧三井被服卸会社社屋）

所在地｜大阪市東成区大今里4-27-22
竣工年｜不詳（大正時代頃）
構造・階数｜木造 2階、一部半地下
屋根形式｜寄棟造平入桟瓦葺

近代建築を見る時、私たちは建てられた時の状態に関心を持つことが多い。竣工当時のまま使われている建築も魅力的であるが、中には改造や移築、転用されながら力強く輝いている建築がある。

眠りから覚めた洋館

何年もの間、空き家になっていた建築がある日突然よみがえる、最近そんな例が増えてきた。平成十六年（二〇〇四）にオープンした美容室555 tête frameもそのひとつだ。旧暗越（くらがりごえ）奈良街道と並行して走る国道308号線に面して、ぽつんと残っていた洋館を再生させたものである。長い間、倉庫と

外観　現在は向かって左手に玄関があるが、当時は玄関を中心とする左右対称の建築であった。壁面は柱形のフレームに囲まれたシンプルな構成。

して使われてきたが、美容室になったことで多くの人々の目に留まるようになった。

風格ある建築だが、当初からここにあったものではない。詳しい建築年代はわからないが、大正時代にボタン製造を営む三井家が四条畷に建てた別荘だったという。戦時中、青年学校の教官校舎となり、戦後現在地に移築された。昭和三十九年（一九六四）まで三井被服釦（ぼたん）の社屋として使用され、その後は倉庫として眠っていたものだ。

三井被服釦は明治四十三年（一九一〇）の創業である。高級ボタンは貝や水牛の角、象牙椰子（アイボリーナット）などで作られるが、三井被服釦では代々、エクアドル産象牙椰子を使ったボタンを製造してきた。現在も美容室の奥には、ボタンを陳列販売するための棚が残されている。

歴史を活かした改装

屋根は寄棟造（よせむねづくり）で軒の出はほとん

2階広間　2階は中央の広間と東側（写真奥）の小部屋などからなる。部屋中央の床が一段高いのは、1階天井の形を反映したため。三井被服釦社屋の時代、2階は従業員の宿舎になっていたという。

1階店内　中央の華麗なインテリアは、半地下に下りる階段を隠すためのコアを兼ねる。一見すると現代の美容室らしい洗練されたつくりだが、壁の奥には通路を挟んで当初のデザインが残る。中央が1段高い天井も昔のまま。

玄関鴨居（かもい）　玄関ガラス戸上部の鴨居には複雑な装飾曲線がある。戦前の洋館では、このような曲線がよく見られた。水平に伸びる長方形の連続文は、棚の上部などにも見られる、この建物のモチーフ。

玄関　瓦の下には複雑な装飾曲線、壁の両脇には重厚な照明器具、内側には白い格天井（ごうてんじょう）と、手の込んだデザイン。

どない。建物正面を板壁がフレームのように囲み、やや後退した壁面に窓などの開口部が並ぶ。シンプルで幾何学的なデザインは、昭和十年代の木造建築を思わせる。ところが玄関には、瓦の下に繰形（くりかた）と呼ばれる複雑な装飾曲線、壁に重厚な照明器具があり、やや古風な印象である。外観はこのままでも十分整ったものに思えるが、移築当初は玄関を中心にした左右対称のつくりであった。左手の窓を挟んだ柱形ひとつ分が削られて、現在の形となったのだ。

　複雑な由来を持つ建物であるが、今の店舗にする際にはオリジナルの材料・意匠が尊重された。洗練されたデザインの店内を見回してみると、中央が一段高くなった天井、かつてカウンターがあった柱の溝など、随所にこの建築の歴史が垣間見える。

レトロから本物志向へ

　最近、レトロ調のインテリアが

カウンター付近　玄関の建具や欄間窓など、歴史的な意匠と現代のデザインが組み合わされている。

1階の陳列棚　三井被服釦社屋の時代、釦を陳列・販売していた棚。現在は、マネキンなどが並ぶ。

玄関上部の飾り瓦　玄関を飾る装飾的な赤瓦。いくつかの瓦には「∧（山）本儀八製」、「三号」などの刻印がある。

階段室　北東にある階段は急勾配。1階手すりの親柱以外は後の改造であろうが、歴史を感じさせる。なお、当時の階段手すりも別途保存されている。

はやっている。そうした流行とこの店舗が一線を画するのは、本物志向である点だ。転用・移築などを経ていても、この建物はしっかりとした骨格と繊細な細部意匠を兼ね備えていた。古い建物に理解あるオーナー、テナント、そしてデザイナーが現れたことで、美しくよみがえった。

　本来、日本の木造建築は移築や転用を繰り返し、何百年と持ちこたえてきたものが少なくない。鉄筋コンクリート造の建築でも、内装や部屋割りを変えて使い続けられているものがある。建築とは、単に経済の産物ではなく、その時代の先端的な構造やデザイン、生活様式などを反映していることが多い。歴史的な建物から、当時の考え方の斬新さに触れ、時にそれらが今よりも快適であったと感じることも少なくない。今後、555 tête frame のように、本物志向の建築が増えていくことに期待したい。

初出
『大阪人』二〇〇八年五月号（第六十二巻五号）

あとがきにかえて

酒井一光さんが亡くなってから半年が経とうとしていた年の暮れ、大阪歴史博物館の栄原永遠男館長（現名誉館長）と学芸員の澤井浩一さんからメールが届き、遺稿集を刊行したいので協力してほしいとの要請をいただいた。私はすぐに酒井さんと親交のあった関西圏の建築史家、倉方俊輔さん、笠原一人さん、橋寺知子さんに声をかけ、全体を監督する立場として山形政昭先生にも加わっていただいて、二〇一九年一月二十四日に大阪歴史博物館に集まり会合をもった。これが酒井一光遺稿集刊行委員会の始まりである。

酒井さんの三回忌である二〇二〇年六月二十日までに、雑誌『大阪人』に連載された「発掘 the OSAKA」と、業界誌の『タイルの本』に連載された「新タイル建築探訪」、そして様々な媒体に掲載された主な論考をまとめた「酒井一光論考集（仮）」の三冊を出版する。その目標は、当初から明確に共有されていた。大阪の近代建築と建築部材のタイル・煉瓦は、酒井さんの専門の両輪をなしていたし、『大阪人』は六年、『タイルの本』は九年にも渡るライフワークともいうべき長期連載で、この二つの単行本化は議論するまでもなかった。そしてそれにとどまらない酒井さんの多面的な実績を伝える上で、論考集の出版は是非とも必要だった。

それからおよそ一年半、刊行に至るまでには超えなければならないハードルが三つあった。まずは、編集・出版を引き受けてくれる出版社を見つけること。これは当初から難航が予想された。昨今の厳しい出版事情では、一般向けとはいえ建築の専門書を三冊まとめて出す出版社など簡単には見つからない。しかも「発掘 the OSAKA」は、大阪限定の内容だ。あてにしていた出版社からも芳しい返事をもらうことはできず、三冊まとめての出版をほぼ諦めかけていた六月、笠原さんの尽力によって、京都の青幻舎が三冊まとめての出版を引き受けてくれることになった。八月に委員のメンバーと出版社、そして酒井安純夫人の初顔合わせを行い、青幻舎の古屋歴さん、小島知世さんとの協働が始まる。

引き受けたとはいえ、出版社にとっては非常に大きなリスクである。専門書では慣行としてよくあることだが、青幻舎からは出版に際して相応の買取条件が提示された。二つめのハードルは資金集めである。「新タイル建築探訪」については山形先生に計らっていただき、二〇二〇年一月、平田タイルの平田雅利相談役の尽力によって全国タイル業協会の全面的なスポンサードを得ることができた。しかし「発掘 the OSAKA」がなかなか決まらない。思いつくところ全てを回ったわけでもないが、どうやらこれは難しそうだと感じ始めた頃、クラウドファンディングをやってみようかという気になった。これまで何度か支援をしたことはあるが、自ら資金調達をしたことはない。しかしこの本はひとつの企業に協賛してもらうよりも、みんなで出すのが相応しいような気がした。酒井さんの訃報に接して、生前に付き合いのあった人は勿論、酒井さんを通じて建築に関心を持った多くの人が、何か出来ることはないかと思ったはずだ。だから正直なところ、クラウドファンディングを成功させる自信はあった。しかしスタートの四月七日からわずか五十時間で目標の百三十万円を達成してしまったのには、本当に驚いた。慌てて目標を二百五十万円に引き上げたが、それもあっと言う間に達成してしまった。この頃には他の二冊とは性格の異なる「論考集」は、慌てて三回忌に間に合わせようとせず、論考をじっくり読み込みつつ資金集めに取り組もうと方針を転換していたが、期せずして三冊目の資金調達にも成功してしまった。

三つめのハードルは著者不在のなかでの資料収集、とりわけ写真・画像データの所在探しだったが、大阪歴史博物館に残された資料については澤井さんに調査いただき、西宮の自宅は安純夫人に資料整理をお願いした。また『タイルの本』の編集長を務めた依田郁夫さんの全面的な協力を得ることもできて、最終的にはほぼ全ての写真素材を揃えることができた。自宅にあった酒井さんのパソコンとハードディスクを開いてみると、そこには各建築の画像データが都道府県別に綺麗に分類されていて、酒井さんの几帳面な性格にも大いに助けられた。もしかしたら、闘病中に整理したものかもしれない。しかしながら、最後まで見つけられなかった画像もいくつかある。これについては掲載誌からスキャンするより他になかった。

このようにして、職場や研究者仲間、タイル業界や出版業界、そして多くの酒井一光ファンや建築ファンの協力によって、刊行までこぎ着けることができた。それは何より、酒井さんの仕事が社会にしっかり根付いていたことの証であり、その誠実な姿勢で信頼を築いてきたからこそなし得たことだと思う。だから私たちは肉体を持たない酒井さんに代わって作業を手伝っただけで、書籍の出版を可能にしたのは、他ならぬ酒井一光その人なのだ。

書籍化に際して判型は一回りコンパクトになったが、雑誌に掲載された本文は、明らかな誤りを除いて全てそのまま掲載した。従って既に解体されて現存しない建築や、情報が古く現在の状況とは異なる記述も見られるため、各建築のページ毎に、私たちが簡単なコメントを付して補完した。なお見学などをする際には、WEBサイトなどで必ず詳細を確認いただきたい。古い情報をそのまま掲載することに同意をいただいた各建物関係者の皆様に、この場を借りて御礼申し上げます。写真については紙面の構成上、特に「タイル建築探訪」については掲載点数を大きく減らさざるを得ず、トリミングしたものも少なくないが、Neki inc. さんのデザインによって、掲載誌の雰囲気はうまく再構成できたのではないかと思う。

ともかく三回忌を前に、三つの目標のうち二つを酒井さんの霊前に届けることができた。酒井さんの感想を直接聞くことはもはや適わないが、この本を読んだ読者の皆さんの語る言葉の中から、ついぞ大阪弁に染まることのなかったあの実直な酒井さんの声を聞き取りたいと思う。

髙岡伸一（建築家／近畿大学建築学部 准教授）

クラウドファンディングでご支援いただいた方々（敬称略・五〇音順）

本書は、酒井一光遺稿集刊行委員会が二〇二〇年四月七日から五月十五日の期間に実施したクラウドファンディング、「酒井一光さんが見つめた大阪の建築たち『発掘 the OSAKA』書籍化プロジェクトに賛同いただいた、三二八組の方々のご支援によって出版しました。

■Arts&Crafts 中谷ノボル
■青木祐介
■青木大輔
■青山修司
■（株）アジアン・ビズ・コンサルタンツ
代表取締役 大谷秀昭
■ASOU 企画設計
■Atelier KISHISHITA
■阿部優理恵
■新井ビル
■粟嶋純子
■イケフェス大阪
ボランティアNo.3
■生駒ビルヂング
■伊坂道子
■石川久
■石黒一郎
■石田潤一郎
■石立弥生子
■石田成年
■磯達雄
■伊藤治正
■いとうともひさ
■糸谷浩美

■稲垣陽
■乾泰子
■井上幸子
■井上智勝
■井上真
■井上雅祐
■井口夏実
■今江よお子
■今里志津
■岩本馨
■植木孝子
■上田晴子
■上田長生
■植松清志
■牛尾敬子
■宇野厚子
■梅沢英
■エーティ・ファクトリー（株）
■頴原澄子
■海老澤模奈人
■海老名熱実
■eriyori
■大内栄＋空間工房
■大阪R不動産スタッフ一同

■大阪府ヘリテージ
マネージャー協議会
■大迫力
■大谷明徳
■大谷みゆき
■大西寿々佳
■大野恵子
■大場典子
■おおみやしのぶぅ
■大村美保
■大藪一也
■岡絵理子
■岡崎雅
■岡村忠昭 久野
■岡村聡祐・佳祐
■岡本貴裕
■小川知子
■荻野裕美
■小倉徹也
■小田雅史
■obonta
■折尾順子
■勝本千賀
■門屋敦

■川口明代
■菊地暁
■岸田文夫
■北野幹夫
■北村明美
■木土博成
■木原良介・みき
■君塚木の実
■久保田稔男
■くぼみき
■Club Tap
■黒田陽子
■Keiko Yoshida
■江弘毅
■小島ひろみ
■小谷川勝
■後藤響子
■後藤泰男
■小西マンション
■コバヤシハツエ
■小林紘子
■小山隆治
■近藤高史
■齋藤裕子

■酒井裕一（大阪市）
■酒井政雄・洋子
■坂井基樹
■栄原永遠男
■（株）サカグチワークス
■阪田晴宏
■桜井香栄
■櫻井千香
■櫻井久之
■佐々木亜須実
■佐々木一泰
■佐々木祐子
■佐々木宏
■笹田大樹
■佐藤守弘
■佐野友佳子
■佐野由佳
■澤直
■澤井澄江
■しし一
■七堂賢
■篠原祥
■柴田晃子
■しばたよしみ

■芝野健太
■柴生謙一
■柴山直子
■清水克俊
■清水重敦
■住宅遺産トラスト関西
■純子
■昇勇
■新江戸堀ビル（資）
■神保勲
■杉本照彦
■鈴木重宏
■鈴木順子
■鈴木史郎
■精華小校舎愛好会
■赤城賢彦
■関村啓太
■仙入洋
■船場近代建築ネットワーク
■タイルの本元編集発行人
■田浦紀子
■高井弘
■髙岡知子
■高谷元規
■高月鈴世
■高野清見
■鷹野律子
■高橋真理子
■高松典子

■瀧亮子
■武田裕太郎
■竹村忠洋
■谷口由佳子
■玉井浩登
■玉田浩之
■千島土地（株）
■津倉民哉
■辻本俊彦
■綱本武雄
■坪田眞幸
■都留昭彦
■鶴田晴子
■一級建築士事務所TMN
■寺浦薫
■徳山理沙
■所千夏
■冨家裕久
■冨永善啓
■冨増由起子
■内藤直子
■中井和美
■永井美保
■中江研
■中尾勝悦
■中尾嘉孝
■中川由紀
■中川浩子
■中郷弘泰

■長里善光
■中嶋節子
■中島直人
■中野朋子
■中野渡有美
■中村正樹
■名塩公一
■仁木宏
■西和彦
■西あきこ
■西山翔
■西脇美奈子
■沼尻健彦
■野口和樹
■長谷川治
■長谷川千恵
■濱野宏明
■早川みち子
■早川典子
■林宏樹
■林要次
■Be-TAMA
■肥田皓三
■日野利正
■平塚桂
■平谷昇太
■ひらりん
■hiroki
■広瀬保幸

■弘本由香里
■深井明比古
■福島祥行
■福間健太
■藤田加奈子
■伏見ビル
■藤本和剛
■渕清和
■船越幹央
■ぶなのスタジオ
■降旗千賀子
■古川泰裕
■古屋歴
■古屋栄自
■本多義忠
■前川歩
■前川佳子
■前村敏彰
■makiko
■桝本典子
■松田建築設計事務所
■松田尚弥
■松田尚流
■松本良子
■MANA建築設計研究所
■三木学
■水谷敢
■水谷英昭
■水谷清乃

■ミセス ロビンソン
■湊麻紀子
■三宅拓也
■三輪孝子
■MURANO design
■村元健一
■mosaic_tile ぷんくま
■森上千穂
■森山秀二
■矢ヶ部隆司
■柳本牧紀
■山内章代
■山崎寿郎
■山崎泰寛
■山田雅也
■山野辺敬子
■山本一馬
■結城啓司
■U-CoRo プロジェクト 有志
■百合野耕治
■吉田真紀
■吉村英祐
■若井富美代
■若命陽子
■脇田幸子
■和田眞一
■渡瀬翠
■和田菜穂子
■和田優人

酒井一光（さかいかずみつ）

一九六八年東京生まれ。東京理科大学卒業、東京大学大学院建築学専攻博士課程中退。一九九六年大阪市立博物館（当時）、二〇一三年大阪歴史博物館主任学芸員。日本では数少ない建築を専門とする学芸員として、特に大阪の近現代建築などの調査・研究に精力的に取り組み、煉瓦やタイルなど、図面や模型だけではない、建築部材を用いた建築展示のあり方を探求した。二〇一八年没。

酒井一光遺稿集刊行委員会

栄原永遠男（大阪歴史博物館 名誉館長）
山形政昭（大阪芸術大学 名誉教授）
笠原一人（京都工芸繊維大学 助教）
倉方俊輔（大阪市立大学 准教授）
橋寺知子（関西大学 准教授）
髙岡伸一（近畿大学 准教授）
澤井浩一（大阪歴史博物館 学芸員）
阿部文和（大阪歴史博物館 学芸員）

著者 酒井一光
編集 酒井一光遺稿集刊行委員会
協力 酒井安純
資料協力 大阪歴史博物館
進行 古屋歴、小島知世（青幻舎）
デザイン 桶川真由子、坂田佐武郎（Neki inc.）
写真 渋谷正明

発掘 the OSAKA

発行日 二〇二〇年六月二十日 初版発行
二〇二〇年十二月一日 第二刷発行
発行者 安田英樹
株式会社青幻舎
〒六〇四-八一三六
京都市中京区梅忠町九-一
Tel. 075-252-6766
Fax. 075-252-6770
www.seigensha.com
印刷・製本 株式会社ムーブ

ISBN978-4-86152-791-3 C0052

初出

本書は、雑誌『大阪人』（大阪市都市工学情報センター）に「発掘 the OSAKA」として二〇〇二年五月号より二〇〇八年五月号まで連載された全七十二回をまとめたものです。あきらかな誤りをのぞき連載時の文章をそのまま掲載し、補足として刊行委員会による二〇二〇年六月現在の現況を加えました。写真は連載に掲載のものより一部抜粋の上で内容に合わせ再編集しています。掲載の写真はすべて渋谷正明氏撮影による。